教育部人文社会科学重点研究基地重大项目成果

中国国有企业经营者选拔制度研究

年志远　等著

中国社会科学出版社

图书在版编目（CIP）数据

中国国有企业经营者选拔制度研究／年志远等著.—北京：中国社会科学出版社，2020.6

ISBN 978 - 7 - 5203 - 6340 - 2

Ⅰ.①中… Ⅱ.①年… Ⅲ.①国有企业—企业领导—人才选拔—研究—中国 Ⅳ.①F279.241

中国版本图书馆 CIP 数据核字（2020）第 065473 号

出 版 人	赵剑英
责任编辑	马　明
责任校对	任晓晓
责任印制	王　超

出　　版	中国社会科学出版社
社　　址	北京鼓楼西大街甲 158 号
邮　　编	100720
网　　址	http://www.csspw.cn
发 行 部	010 - 84083685
门 市 部	010 - 84029450
经　　销	新华书店及其他书店

印　　刷	北京明恒达印务有限公司
装　　订	廊坊市广阳区广增装订厂
版　　次	2020 年 6 月第 1 版
印　　次	2020 年 6 月第 1 次印刷

开　　本	710×1000　1/16
印　　张	14.5
插　　页	2
字　　数	245 千字
定　　价	78.00 元

凡购买中国社会科学出版社图书，如有质量问题请与本社营销中心联系调换
电话：010 - 84083683
版权所有　侵权必究

前　言

本书系由我主持的教育部人文社会科学重点研究基地，2015年度重大项目——"中国国有企业经营者选拔制度创新研究"（项目批准号：15JJD790013）的研究成果。该项目2015年12月9日，经教育部社会科学司批准立项。项目立项后，项目组全体成员"潜心研究、大胆探索、勤奋笔耕"，几经讨论和修改，于2018年4月5日完成研究任务，并于2018年5月5日申请结项鉴定。2018年10月15日，项目通过教育部社会科学司组织的鉴定，鉴定证书编号：18JJD154。

随着国有企业改革的不断深入，中国国有企业经营者选拔制度也随之不断改革创新，以适应国有企业改革的需要。为了在理论层面上分析中国国有企业经营者选拔制度创新，在实践层面上为政府完善中国国有企业经营者选拔制度提供决策参考，本书构建了中国国有企业经营者选拔制度创新研究的理论分析框架。

第一，综述国内外国有企业经营者选拔制度研究文献。主要综述国有企业经营者概念，国有企业经营者选拔方式，国有企业经营者选拔制度存在的问题、原因和对策建议等研究文献。

第二，构建国有企业经营者选拔制度一般分析框架。主要研究了国有企业经营者选拔的理论依据、国有企业经营者的选拔原则、国有企业经营者选拔的主体与范围、国有企业经营者选拔的标准与制度、国有企业经营者选拔的程序、国有企业经营者选拔的成本与风险。

第三，研究中国国有企业经营者选拔制度。主要研究了中国国有企业经营者选拔制度的历史演进、中国国有企业经营者选拔制度的现状、中国国有企业经营者选拔制度存在的问题、中国国有企业经营者选拔制度存在问题的原因。

第四，分析国外国有企业经营者选拔制度及其启示。主要分析了美国、德国、日本、新加坡、法国、加拿大、韩国和印度的国有企业经营者选拔制度。

第五，创新中国国有企业经营者选拔制度研究。主要内容是，提出中国国有企业经营者选拔制度创新的基本原则、提出中国国有企业经营者选拔制度创新的理论基础和提出中国国有企业经营者选拔制度创新的建议。

本书研究的学术价值和应用价值：

第一，学术价值。一是有利于中国国有企业经营者选拔理论发展。本书对中国国有企业经营者选拔的理论研究，具有中国国有企业经营者选拔理论特色，有利于中国国有企业经营者选拔理论的发展。二是有利于社会主义市场经济理论发展。中国国有企业经营者选拔制度改革，是在建立社会主义市场经济体制过程中和国有企业改革过程中进行的，有其自身的特殊性。因此，研究中国国有企业经营者选拔制度创新问题，既有利于中国国有企业经营者选拔制度发展，又有利于社会主义市场经济理论发展。

第二，应用价值。一是有利于了解中国国有企业经营者选拔制度的历史演进、现状、存在的问题及其原因。二是有利于借鉴国外国有企业经营者选拔制度的经验。在分析美国、德国、日本、新加坡、法国、加拿大、韩国和印度的国有企业经营者选拔制度的基础上，提出了对我国的若干启示。三是有利于完善中国国有企业经营者选拔制度。

本书研究的可能创新之处，是划分了中国国有企业经营者选拔制度历史演进的阶段；概括了中国国有企业经营者选拔制度存在的问题及其原因；提出了国外国有企业经营者选拔制度的启示。

尽管本书研究取得了一些研究成果，但由于研究者水平有限，难免存在错误、疏漏和不足，欢迎经济学界同仁予以批评指正。

年志远

2018 年 5 月 5 日

目　　录

第一章　国有企业经营者选拔制度研究文献综述 ……………………（1）
　第一节　国内国有企业经营者选拔制度研究文献综述 ……………（1）
　　一　国有企业经营者概念研究 ………………………………………（1）
　　二　国有企业经营者选拔方式研究 …………………………………（3）
　　三　国有企业经营者选拔制度存在的问题研究 ……………………（5）
　　四　国有企业经营者选拔制度存在问题的原因研究 ………………（11）
　　五　国有企业经营者市场选拔制度的对策建议研究 ………………（15）
　第二节　国外国有企业经营者选拔制度研究文献综述 ……………（24）
　　一　企业经营者含义研究 ……………………………………………（24）
　　二　企业经营者选拔研究 ……………………………………………（25）
　第三节　国内外国有企业经营者选拔制度研究评析 ………………（27）
　　一　国内国有企业经营者选拔制度研究评析 ………………………（27）
　　二　国外国有企业经营者选拔制度研究评析 ………………………（29）

第二章　国有企业经营者选拔制度一般分析框架 ……………………（31）
　第一节　国有企业经营者选拔理论依据研究 ………………………（31）
　　一　委托—代理理论 …………………………………………………（31）
　　二　人力资本理论 ……………………………………………………（35）
　　三　领导特质理论 ……………………………………………………（37）
　第二节　国有企业经营者选拔原则研究 ……………………………（39）

一　行政化选拔应遵循的原则 ……………………………………（40）
　　二　市场化选拔应遵循的原则 ……………………………………（41）
第三节　国有企业经营者选拔主体与范围研究 ………………………（42）
　　一　国有企业经营者选拔主体研究 ………………………………（42）
　　二　国有企业经营者选拔范围研究 ………………………………（46）
第四节　国有企业经营者选拔标准与制度研究 ………………………（49）
　　一　国有企业经营者选拔标准研究 ………………………………（49）
　　二　国有企业经营者选拔制度研究 ………………………………（51）
第五节　国有企业经营者选拔程序研究 ………………………………（55）
　　一　国有企业经营者选拔的一般程序研究 ………………………（55）
　　二　偏行政化的组织选拔程序研究 ………………………………（56）
　　三　公开选拔程序与内部竞聘程序研究 …………………………（58）
第六节　国有企业经营者选拔成本与风险研究 ………………………（60）
　　一　国有企业经营者选拔成本研究 ………………………………（60）
　　二　国有企业经营者选拔风险研究 ………………………………（63）

第三章　中国国有企业经营者选拔制度研究 …………………………（68）
第一节　中国国有企业经营者选拔制度历史演进 ……………………（68）
　　一　1949—1978 年国有企业经营者选拔制度建立运行阶段 ……（69）
　　二　1979—1991 年国有企业经营者选拔制度初步改革阶段 ……（71）
　　三　1992—2002 年国有企业经营者选拔制度深度改革阶段 ……（73）
　　四　2003 年至今国有企业经营者选拔制度全面创新阶段 ………（74）
第二节　中国国有企业经营者选拔制度现状 …………………………（78）
　　一　国有企业经营者选拔法律法规 ………………………………（78）
　　二　国有企业经营者公开选拔制度的实践 ………………………（83）
　　三　党组织在国有企业经营者选拔中的作用 ……………………（84）
　　四　国有企业经营者选拔制度的成效 ……………………………（86）
第三节　中国国有企业经营者选拔制度存在的问题 …………………（88）
　　一　选拔制度缺乏系统性 …………………………………………（88）
　　二　市场化选拔制度不完善 ………………………………………（89）

三　选拔范围具有局限性 …………………………………………（90）
　　四　选拔标准与其职责不匹配 ……………………………………（91）
　　五　选拔标准不科学 ………………………………………………（92）
　　六　选拔主体不明确 ………………………………………………（93）
第四节　中国国有企业经营者选拔制度存在问题的原因 ……………（94）
　　一　经理人市场不健全 ……………………………………………（94）
　　二　选拔方式路径依赖 ……………………………………………（97）
　　三　选拔主体对产权制度理解不透彻 ……………………………（98）
　　四　经营者退出机制不完善 ………………………………………（99）
　　五　企业市场主体地位未确立 ……………………………………（100）
　　六　委托—代理问题影响 …………………………………………（101）

第四章　国外国有企业经营者选拔制度及其启示 …………………（103）

第一节　国外国有企业经营者选拔制度 ………………………………（103）
　　一　美国国有企业经营者选拔制度 ………………………………（104）
　　二　德国国有企业经营者选拔制度 ………………………………（107）
　　三　日本国有企业经营者选拔制度 ………………………………（110）
　　四　新加坡国有企业经营者选拔制度 ……………………………（112）
　　五　法国国有企业经营者选拔制度 ………………………………（114）
　　六　加拿大国有企业经营者选拔制度 ……………………………（116）
　　七　韩国国有企业经营者选拔制度 ………………………………（119）
　　八　印度国有企业经营者选拔制度 ………………………………（121）
第二节　国外国有企业经营者选拔制度的启示 ………………………（124）
　　一　选拔制度可以因企业情况不同而不同 ………………………（125）
　　二　选拔制度可以因企业管理层次不同而不同 …………………（128）
　　三　行政任命与市场化选拔没有冲突 ……………………………（130）
　　四　用制度约束经营者的道德风险 ………………………………（131）
　　五　建立长效"激励约束"制度 …………………………………（133）
　　六　市场化选拔与企业内部选拔相结合 …………………………（133）

第五章　中国国有企业经营者选拔制度创新研究 …………………（135）
第一节　中国国有企业经营者选拔制度创新的基本原则 …………（136）
　　一　分类分层分权选拔原则 ………………………………（137）
　　二　内部培养与市场配置相结合原则 ……………………（140）
　　三　党管干部原则 …………………………………………（142）
　　四　中长期考核原则 ………………………………………（144）
第二节　中国国有企业经营者选拔制度创新的理论基础 …………（146）
　　一　国有企业改革理论 ……………………………………（147）
　　二　人力资本理论 …………………………………………（151）
　　三　锦标赛理论 ……………………………………………（152）
　　四　胜任理论 ………………………………………………（154）
第三节　中国国有企业经营者选拔制度创新的建议 ………………（156）
　　一　选拔制度创新的思路 …………………………………（157）
　　二　选拔制度创新的路径 …………………………………（158）
　　三　选拔制度创新的机制 …………………………………（159）
　　四　选拔主体组织制度的优化 ……………………………（161）
　　五　选拔制度分类创新的建议 ……………………………（163）

附　录 ……………………………………………………………（166）

参考文献 …………………………………………………………（205）

后　记 ……………………………………………………………（223）

第一章

国有企业经营者选拔制度研究文献综述

本章主要内容：国内国有企业经营者选拔制度研究文献综述、国外国有企业经营者选拔制度研究文献综述与国内外国有企业经营者选拔制度研究评析。

第一节 国内国有企业经营者选拔制度研究文献综述

我国经济体制改革，核心是国有企业改革。而国有企业改革中的重要内容之一，又是国有企业经营者选拔制度的改革。随着国有企业改革的展开和深化，国有企业经营者选拔制度的改革也随之展开和深化。2015年8月24日发布的《中共中央、国务院关于深化国有企业改革的指导意见》中，又提出国有企业经营者选拔制度改革要求。即要求国有企业董事会依法、按市场化方式选聘和管理国有企业经营管理者。

国有企业经营者选拔制度的不断改革，受到学者的高度关注，引致众多学者展开研究。检索中国期刊网可知，仅1993年以来，研究国有企业经营者选拔问题的论文就高达1433篇。概括起来，研究的内容主要集中在国有企业经营者的概念、选拔制度、存在的问题及其原因、对策等方面。

一 国有企业经营者概念研究

金星火和李迪认为，现阶段，我国国有企业经营者多数不是按企业家标准选拔的，而是按行政干部标准选用的，其主要来源是管理人员、技术人员和党政干部。[①] 李卫红认为，国有企业经营者是一个泛化的概念，是指相对于企业所有者的、不同于企业一般员工和管理人员的企业高层经营管理者，是企业的经营决策者和经营指挥者。对于传统国有企业而言，基本等同于所谓的领导班子成员，包括董事会成员、总经营者、副总经营者、财务总监、总工程师、总经济师等。[②] 刘银国、杨善林和李敏认为，国有企业经营者一般是指厂长、经理（改制前），或总经理、副总经理（改制后）。由于国有企业的改制不规范，经营者与董事会成员重叠，董事长兼任总经理，所以许多学者将董事长和董事会也称为经营者。但在完善的公司治理结构中，上述两职都应分开。[③]

李中建认为，针对我国的国有企业，基于委托—代理关系、公司治理结构及我国实际情况的考虑，董事长和总经理都是企业的经营者。[④] 王新认为，一般来讲，国有企业经营者主要是指国有独资或国有控股企业的法人代表、厂长或经理。[⑤] 郭爱民和谭章禄认为，国有企业经营者并不是纯粹市场意义上的企业家。由于国有企业兼具公共属性和市场属性，因而国有企业经营者具有公共服务人员和经营管理者两重属性。[⑥] 赵威和王永江认为，国有企业经营者一般是指企业的厂长经理。[⑦] 祁玉梅认为，国企经营者是指负责企业战略制定、实施并从事日常管理的企业负责人，是指企业的高级主管人员，即企业总经理，包括直接承担经营责任的董事长或执行董事。[⑧]

李东升将国有企业经营者定义为企业内部具有经营权并直接对企业经营效益负主要责任的支薪高层经理人员，包括总经理（院长）、副总经理（副院长）、总会计师、总法律顾问。[⑨] 欧阳丽宇认为，国有企业经营者的范围有广

[①] 金星火、李迪：《试论国有企业经营者职业化及选拔和培养机制》，《企业家天地》1998年第8期。

[②] 李卫红：《国有企业经营者报酬体系及激励效果的研究》，硕士学位论文，湖南大学，2001年。

[③] 刘银国、杨善林、李敏：《国有企业经营者选择机制探讨》，《经济体制改革》2005年第4期。

[④] 李中建：《国有企业经营者激励问题研究》，博士学位论文，武汉大学，2005年。

[⑤] 王新：《我国国有企业经营者激励机制的约束分析及完善对策》，硕士学位论文，吉林大学，2005年。

[⑥] 郭爱民、谭章禄：《社会总成本控制与国有企业经营者的选择与监督》，《中州学刊》2005年第4期。

[⑦] 赵威、王永江：《浅谈国有企业经营者的选择与激励约束机制》，《北方经贸》2006年第2期。

[⑧] 祁玉梅：《完善我国国有企业经营者选拔任用机制的对策研究》，硕士学位论文，东北师范大学，2006年。

[⑨] 李东升：《央企高管的选拔动机与实际操作：从国资委层面观察》，《改革》2009年第10期。

义与狭义之分。广义的国有企业经营者包括董事会和经理层所有成员，狭义的国有企业经营者只是董事长和总经理。同时指出，在实践中国有企业经营者的范围也各不相同。① 谭浩俊认为，无论是对国有企业而言，还是对非国有企业而言，经营者只不过是董事会聘用的职业经理人，是为投资者服务的。②

郭婧从行政角度将国有企业经营者定位为国有企业干部，其定义：国有企业干部是指在国有企业担任一定的领导工作或管理工作的人员。国有企业干部概念是相对于一般工人而言的，在我国国有企业员工分为干部与工人。从事生产操作性岗位的员工称之为工人，从事非操作性，管理类、专业技术类等岗位的员工称之为干部。③《中共中央、国务院关于深化国有企业改革的指导意见》指出，董事依法按市场化方式选聘和管理国有企业经营者或职业经理人。这里的国有企业经营者包括总经理等全部经营管理层。

二 国有企业经营者选拔方式研究

路明和陈玉领对国有企业经营者选拔的观点进行了总结，认为主要有以下三种观点：第一种观点认为，现代企业制度条件下，国有企业经营者仍要坚持党和政府的委任制为主的选拔制度；第二种观点认为，现代企业制度条件下，国有企业经营者应由出资者选拔；第三种观点认为，国有企业经营者应由职工民主选举。④

王书坚和尤建新认为，从实际情况看，对国有企业经营者的选拔可以采取三种方式：一是委任制，这主要适用于企业党组织负责人、国有独资公司的董事会和监事会成员（不含职工代表董事、监事）；二是聘任制，主要适用于公司董事会对经理层成员的任用；三是选举制。⑤ 赖荣认为，国有企业经营者存在着行政选拔和市场化选拔两种制度。与行政选拔比较，市场化选拔具有以下特点：一是选拔对象事前不存在预定性；二是经营者的任用实现了组织选拔与

---

① 欧阳丽宇：《新时期国有企业经营管理者队伍建设理论与实践研究》，博士学位论文，东北师范大学，2011年。
② 谭浩俊：《如何选聘经营者是国企改革最棘手难题》，《中国中小企业》2013年第12期。
③ 郭婧：《国有企业公开选拔干部研究》，硕士学位论文，华东师范大学，2015年。
④ 路明、陈玉领：《现代企业制度条件下国有企业领导干部的选拔任用》，《经济界》2000年第1期。
⑤ 王书坚、尤建新：《国有企业领导人员选拔任用机制的探讨》，《人类工效学》2002年第3期。

市场配置的有机结合；三是选拔面向全社会公开，打破企业、地区、行业、所有制界限，保证竞选者的广泛性。①

杨善星认为，国有企业经营者选拔制度主要有三种：行政委任、市场化选任、行政委任与市场化选任相结合；其中，行政委任制是最主要方式，其突出特点是政府官员与企业经营者之间可以进行角色互换，政府官员可以变身成为国有企业老总，而国有企业老总也可以变身成为政府官员，而进行角色互换的基础是行政级别相当。② 刘银国、杨善林和李敏认为，国有企业经营者市场化选拔可以面向企业外部市场公开招聘，也可以面向企业内部公平选拔。内部选拔的优势在于意愿经营者的能力显示较为充分，可以部分缓解信息不对称问题，内部选拔的经营者与企业的融合也较快。而外部选拔的优势在于选择范围宽，外部人才的引进能够提高企业的活力和创新能力。外部选拔还可以对内部管理形成一种潜在的压力，降低代理成本。③

年志远指出，国有企业经营者存在行政（计划）和市场两种配置制度。行政配置制度，是指政府以国有企业代理人的身份，通过行政命令配置企业经营者的行为；市场配置制度，是指市场作为配置主体，通过竞争配置企业经营者的行为。④ 孙岩利通过实证数据分析表明，我国国有企业经营者的产生机制仍是以行政指派制度为主，国有企业经营者的控制权主要是通过行政方式来配置的，而非通过经理市场和控制权市场来实现控制权的配置和转移。⑤

韩丽娟认为，企业经营者有行政配置制度和市场配置制度两种。配置制度不同，企业的效率也不同。行政方式配置企业经营者，其主要特点包括以行政命令决定；以政府官员为人选；以行政标准为依据；以权力为推动力。而市场方式配置企业经营者，其主要特点包括人员完全由市场决定；以所有的供给者为人选；以经营管理水平为准则；以利益为吸引力。她认为，如果单纯从经济效益和企业发展的视角来分析，市场配置方式优于行政配置方式。⑥

---

① 赖荣：《我国国有企业经营者市场配置的模式探析》，《经济体制改革》2004 年第 2 期。
② 杨善星：《国有企业领导选拔任用方式的经济学思考》，《管理现代化》2004 年第 5 期。
③ 刘银国、杨善林、李敏：《国有企业经营者选择机制探讨》，《经济体制改革》2005 年第 4 期。
④ 年志远：《论国有企业经营者配置方式选择》，《经济与管理研究》2005 年第 5 期。
⑤ 孙岩利：《企业家的选择机制研究》，硕士学位论文，首都经济贸易大学，2005 年。
⑥ 韩丽娟：《国有企业经营者配置方式研究》，硕士学位论文，吉林大学，2005 年。

吴能全和曾楚宏指出，在我国的国有企业中，存在着一种特殊的经营者选拔制度——行政委任制，即企业的经营者由上级主管部门选拔和委任，即使存在董事会任命的制度，也不能脱离政府最终确认的程序。通过行政委任制选拔出来的国有企业经营者突出地表现为两个特征：第一，就其角色身份而言，既是企业经营者，又是具有行政级别的政府官员；第二，就其升迁路径来说，由上级主管部门任命，职位高低和职权范围均由上级决定。①

田小平和张国旺认为，国有企业经营者的选拔制度有两种：一是市场选拔制度。市场选拔制度是指国有企业在经营者市场上通过招聘的形式来选拔经营者的方式。市场选拔必须从选拔制度上设计一定的信号机制，从而解决由于信息不对称所引起的逆向选择问题。二是内部选拔。内部选拔是指从国有企业内部，通过层层选拔、考核，最后选拔出经营者，即通常所讲的"选拔接班人"制度。②

杨昌辉认为，国有企业经营者有行政和市场两种选拔制度。行政选拔制度是指政府或组织部门通过行政命令方式选拔经营者的行为。其主要特征包括：一是以行政标准为依据；二是以权力为推动力；三是以行政命令决定。而市场选拔制度是运用市场机制，通过竞争方式选择企业经营者的行为。其主要特征如下：一是在经理人市场通过竞争方式选择经营者；二是以候选经营者的学识和经营管理水平为准则；三是以薪酬为吸引力。③

孟倩倩从职业经理人角度将国有企业经营者的选拔程序分为两种，即内部选拔和外部选拔。内部选拔应该摒弃论资排辈现象，唯才是用，唯贤是用，提拔有才能、有品质的年轻人，为领导层补充新鲜血液，带来活力。外部选拔应为纯市场化，从企业外部选聘适合企业发展，有技术才能、管理水平较高的职业经理人。④

三 国有企业经营者选拔制度存在的问题研究

杨典等认为，在传统体制下，厂长经理是由政府部门委派、任命的，其

---

① 吴能全、曾楚宏：《国企经营者选拔机制如何突破"锁定"状态》，《中国人力资源开发》2005年第4期。
② 田小平、张国旺：《国有企业家选择机制研究》，《农场经济管理》2006年第2期。
③ 杨昌辉：《国有企业经营者选择机制研究》，博士学位论文，合肥工业大学，2009年。
④ 孟倩倩：《国有企业职业经理人队伍建设制度体系研究》，《新丝路（下旬）》2016年第4期。

职责只是忠实地完成上级主管部门的行政命令。也就是说，国有企业经营者的选拔更多的是按国家干部标准而非企业家标准进行的。这种体制是不可能把真正的企业家推上企业经营者岗位的，这也造成了多年来国有企业运行的低效率。[①] 张维迎从产权角度分析认为，经营者的选择者需要享有剩余利润占有权并承担亏损或破产责任，才可能得到激励通过竞聘方式选拔好的经营者。政府官员不享有国有企业的剩余所有权和控制权，其选拔经营者的权利只能是"廉价投票权"。[②]

杜金卿认为，在国有企业经营者选拔和任免机制中存在的主要问题：第一，国有资产的委托权被分割和肢解于国资、土地、财政、审计、经贸、劳动、组织等部门，这些部门都在行使部分国有资产代表主体的权力；第二，选拔和确定国有独资、控股公司的董事、监事和经理候选人时，所依循的标准仍然更多的是选拔党政干部的标准；第三，在选任的方法上，是"由少数人在少数人中选人"，优秀人才可能被排除在外；第四，职务终身制，能上不能下，难以优胜劣汰；第五，厂长、经理对自己的副职没有任免权，经理和副经理均由上级"同纸任命"。[③]

王方认为，国有企业实行的"行政任免"用人机制存在如下弊端：一是激励不到位；二是监督和约束不到位；三是经营者的人力资本没有得到应有重视；四是企业经营者做了行政官员的事，造成人力资本的浪费；五是限制了人才的自由流动，未能实现经营管理人才的最优配置。[④] 李福安认为，长期以来我国在国有企业经营者选拔上实行政府主管部门选拔任命制，其弊端有：第一，政府部门选拔党政干部的标准不适应企业选拔经营者的需要；第二，它不具有公开性，存在很强的"内生性"，不利于广开人才渠道；第三，与公司法不协调。[⑤]

刘向阳认为，长期以来，国有企业经营者的行政选拔制度缺乏对经营者的激励和约束，同时使企业经营者供求机制极不完善，难以通过公平竞争的方式

---

① 杨典、秦秀平、仲平：《如何选拔、激励和约束国有企业经营者》，《经济师》1997年第5期。
② 张维迎：《企业理论与中国企业改革》，北京大学出版社1999年版，第99—144页。
③ 杜金卿：《国有企业经营者的选任、激励和监督机制》，《河北经贸大学学报》2000年第1期。
④ 王方：《国有企业经营者市场选择机制初探》，《经济与管理》2000年第1期。
⑤ 李福安：《建立国有企业经营者市场化选拔机制》，《中国经济时报》2000年10月28日第2版。

进入经营者岗位。① 朱永扬认为，现行行政机关直接考察任用企业经营者制度的弊端：第一，不适应市场经济要求；第二，选人视野受限，难以选拔优秀的经营管理人才；第三，选拔模式、标准与机关干部雷同，不利于经营管理人才的培养；第四，"官身依附"和异地、改行做官，使企业经营者缺乏应有的压力和动力；第五，容易导致腐败。②

白青峰认为，在国有企业经营者的任用问题上，我国还是较多地沿袭了计划经济下的做法，仍然由上级主管部门来直接任命公司总经理。③ 梁云认为，在国有企业经营者选拔任用方面存在的核心问题，是没有把企业家人才作为一种难得的资源，从而按市场对资源配置起基础性作用的规律对其配置，即没有形成企业家职业化、市场化的制度。具体表现为政企不分、多头管理、条块分割、管人与管事相分离、选拔制度单一和选拔渠道狭窄、缺乏激励机制、监督约束机制不健全、重使用和轻培养等。④ 彭尚平认为，我们对国有企业经营者的选拔存在极大的风险，这种风险主要表现在对经营者能力及素质的识别上。⑤

杨振山和邓辉认为，国有企业经营者的选拔问题其实是政府及其官员的选拔能力和努力程度的问题，同时由于他们很少受到真正的所有者（全民或国家）的有效监督，因此往往伴随权力滥用问题。其中，能力问题是国有企业所固有的所有与控制分离特征所造成的，不具有可改善性；努力问题改善的空间很小；而权力滥用问题是三个问题中唯一可以得到缓解的问题。⑥ 李春琦和黄群慧认为，国有企业经理的选拔主要依靠指派制度，而不是市场竞争机制。让上级主管部门任命经理，就是让不承担经营风险的人掌握企业的经营权，存在着信息不对称、委托人道德风险的缺点。⑦

---

① 刘向阳：《国有企业经营者的市场化选择机制》，《河南师范大学学报》（哲学社会科学版）2000年第6期。
② 朱永扬：《试论国有企业领导人员任用制度》，《法学家》2000年第2期。
③ 白青峰：《国有企业经营者的任用和激励研究》，硕士学位论文，对外经济贸易大学，2001年。
④ 梁云：《国有企业经营管理者选用机制改革初探》，《石家庄经济学院学报》2001年第2期。
⑤ 彭尚平：《国有企业经营者选拔中的识别风险及其规避》，《四川大学学报》（哲学社会科学版）2001年第2期。
⑥ 杨振山、邓辉：《对国企经营者选拔和激励机制的反思》，《经济参考报》2002年6月26日第6版。
⑦ 李春琦、黄群慧：《现代企业高层经理的选择与激励问题》，《福建论坛》（人文社会科学版）2002年第3期。

杨春学认为，行政委任制的特征是行政官员与企业家之间的角色互换，而这两种角色所需要的知识结构和激励结构是截然不同的。[1] 杨晓猛认为，改革开放以来，我国国有企业经营者的选拔制度虽有变化，但仍以上级指派方式为主，实行公开竞争、资格考试和人才市场配置等方式的很少。[2] 杨善星认为，我国国有企业经营者在选拔任用上主要以行政委任制为主，这一选任方式产生的国有企业经营者在知识结构、经营机制、约束监督机制等方面存在明显缺陷，其导致的经济学后果就是企业管理上的"人治"、经济运行效率低下、国有资产流失。[3]

罗曰镁认为，由上级主管部门任命经营者的制度，排斥自由竞争与市场配置资源的作用，不适应市场经济的要求，容易滋生腐败，助长跑官要官和任人唯亲等不正之风；不利于培育我国的职业经理阶层；选任程序复杂，效率较低。[4] 吴震华认为，行政选拔国有企业经营者带来的问题是：为投机者提供了捷径，玩忽职守者难以受到惩处，经营者心思不在管理经营上。[5]

韩丽娟认为，受多种因素的影响，大多数国有企业的经营者还仍然是由传统的行政制度配置。以行政制度选拔国有企业经营者，存在很大的弊端：第一，可能会出现逆向选择；第二，贬低了经营者的价值；第三，降低了经营者的工作效率；第四，轻视对经营者激励约束；第五，存在内部人控制问题；第六，国有企业经营者承袭行政习惯，企业难以规范运行；第七，造成国有资产大量流失。[6] 郭爱民和谭章禄认为，现有选拔制度存在权力和责任不对等的问题，主要表现在缺乏有效的结果反馈机制，选拔者对选拔后果不承担责任。由于不需要承担责任，掌握经营者选拔权的政府官员实际上拥有"廉价投票权"。[7]

吴能全和曾楚宏认为，行政委任制下选拔出来的国有企业经营者是很难成

---

[1] 杨春学：《国有企业"企业家"选拔方式的经济学思考》，《中国工业经济》2002年第7期。
[2] 杨晓猛：《国有企业经营者选择控制权的制度安排》，《理论探讨》2003年第4期。
[3] 杨善星：《国有企业领导选拔任用方式的经济学思考》，《管理现代化》2004年第5期。
[4] 罗曰镁：《试论国有企业经营者选拔任用制度改革》，《经济师》2004年第8期。
[5] 吴震华：《国有企业经营者选择制度研究》，《理论探讨》2005年第3期。
[6] 韩丽娟：《国有企业经营者配置方式研究》，硕士学位论文，吉林大学，2005年。
[7] 郭爱民、谭章禄：《社会总成本控制与国有企业经营者的选择与监督》，《中州学刊》2005年第4期。

为真正意义上的职业企业家的。主要原因有三点：首先，行政委任制选拔出来的经营者不会将利润最大化作为其所追求的最终目标；其次，行政委任制下的国有企业经营者由于兼具政府官员这重身份，即大多实行60周岁退休制度，所以并不具备企业家的职业持续性；最后，行政委任制选拔出来的国有企业经营者不可能成为真正的风险承担者和企业创新者。[1]

田驰认为，不良的经营者选拔制度，给国有企业带来了一系列严重的问题：第一，为投机者提供了捷径；第二，玩忽职守者难以惩处；第三，经营者心思不在管理经营上。[2] 孙岩利认为，我国国有企业的经营者主要是通过任命制产生的，这种产生制度有很多的弊端：一方面，通过任命制选拔出来的经营者知识素质结构与现代企业经营管理所需要的素质大相径庭；另一方面，这种方式产生的经营者的工作目标和行为特征不可避免地不能完全以市场为导向。[3] 张光伟以国有企业中层管理干部为研究对象，研究发现：国有企业在开展对内公开选拔中层管理干部工作中，还存在着实施随意、结果不准、效率低下等突出问题，没有充分发挥对内公开选拔的优势和作用，未能达到中层干部选拔的基本目的。[4]

张宗浩、胡伟清和王丽辉认为，行政选拔国有企业经营者的弊端：一是选拔方法落后，选拔范围狭窄，选拔标准不符合企业的要求；二是选拔主体责任不明，权力与责任不对等；三是引致国有企业管理中的人资分立；四是与现行法律有冲突。[5] 郭学斌认为，行政委任制的根本弊端是把经营者准"官员化"了，使经营者成为从属于行政官员的群体，它不能形成正常的经营者更换机制，优胜劣汰规律得不到体现。在这种以角色互换为制度基础的行政选拔制度下，国有企业经营者的激励与约束机制无论如何设计总是低效率的。[6]

---

[1] 吴能全、曾楚宏：《国企经营者选拔机制如何突破"锁定"状态》，《中国人力资源开发》2005年第4期。
[2] 田驰：《国有企业经营者选择机制研究》，硕士学位论文，辽宁工程技术大学，2005年。
[3] 孙岩利：《企业家的选择机制研究》，硕士学位论文，首都经济贸易大学，2005年。
[4] 张光伟：《市场经济条件下国有企业对内公开选拔中层管理干部研究》，硕士学位论文，西南大学，2006年。
[5] 张宗浩、胡伟清、王丽辉：《国有企业经营者选择的制度冲突与对策》，《重庆科技学院学报》2006年第1期。
[6] 郭学斌：《国有企业经营者选择机制研究》，硕士学位论文，福建师范大学，2006年。

肖林认为，我国国有企业高管人员选拔任用制度中存在的主要问题：一是缺乏专门的国有企业高管人员选拔任用制度；二是选拔方法中缺乏市场化的竞争机制；三是选拔国有企业高管人员的范围受到局限；四是选拔任用标准与应承担的职责不匹配；五是选拔人才的评价标准不适当。[①] 张彩玲认为，国有企业选拔经营者非常封闭，工作内容、标准保密，选拔过程及结果不公开，基本上处于隐秘操作，没有监督。为此，要建立国有企业经营者公开选拔制度，将经营者选拔的内容、程序、结果、标准公开化，接受群众的监督。[②]

吴伟升和李月霞认为，我国国有企业因为长期的党政干部管理模式，导致了我国国有企业经营者选拔方式存在程序不科学、选拔标准片面、选拔方式单一等问题。[③] 杨昌辉和梁昌勇认为，国有企业经营者主要由政府官员选拔和组织任命，选拔可能会面临两大问题：一是信息不对称及其所引发的逆向选择问题，即低能力者被选中而高能力者被拒绝，或选拔的经营者与企业不匹配，帕累托最优无法实现；二是对选拔者的激励制度安排不当及其所造成的选拔动力不足和效率低下问题。[④]

谢岚针对珠海市市管企业领导班子的现状，分析了国有企业建立职业经理人制度所面临的问题：法人治理结构不健全，市场主体缺乏择优机制；市场准入和退出机制不健全；激励与约束机制不完善。[⑤] 陶敏认为，以任命制选拔国有企业经营者，经营者的来源一般是政府部门官员、本企业和相近的企业内部的经营者，存在选拔标准盲目、滋生裙带任命和滥用权力、选拔方法不科学和缺乏公正性、选拔对象来源范围狭窄等诸多问题。[⑥] 黄小彤和曾慧华认为，国有企业经营者的任用及其行为失范是国有企业问题的根源，其主要原因是国有

---

① 肖林：《我国国有企业高管人员选拔与任用机制研究》，硕士学位论文，对外经济贸易大学，2006年。
② 张彩玲：《对国有企业选拔任用管理干部的思考》，《山西科技》2008年第1期。
③ 吴伟升、李月霞：《我国国有企业领导人才选拔机制的历史变迁、问题及其对策》，《科技致富向导》2010年第27期。
④ 杨昌辉、梁昌勇：《基于改进多属性群决策的国有企业经营者选择研究》，《财贸研究》2010年第5期。
⑤ 谢岚：《探索建立现代企业制度上的国有企业职业经理人制度》，《企业研究》2014年第10期。
⑥ 陶敏：《新一轮国企改革中经营者选拔机制创新思考》，《北方经贸》2015年第7期。

企业的经营管理活动受到了过多的行政干预。①

何析霖认为，国有企业中层管理干部选拔及管理在信息收集、选拔制度、选拔程序及培训机制方面存在缺陷。②龚绎雪以深圳市部分国有企业为例，总结了国有企业选拔经营者过程中存在的问题：一是选任和监督机制有待完善。国有企业的选拔任用仍然"行政化"，选拔制度以上级主管部门或组织部门任命为主。二是反馈制度执行不到位。三是体制建立不完善。职业经理人制度缺乏可信度高的评价体系，市场不完善、信用体系建设滞后、资格认证发展缓慢等。四是选拔主体制约效率，国有企业经营者的选拔主体以政府为主。③史月兰认为，行政任命是国有企业选拔经营者的主要方式，这种选拔制度不利于董事会发挥其应有的职能作用，不利于国有资产的保值增值。④

四　国有企业经营者选拔制度存在问题的原因研究

谢守祥和王雅芬从国有企业经营者行为分析入手，认为国企经营者选拔制度存在问题的原因在于：第一，任命制难以保证国有企业选择到具备生产性寻利行为的企业经营者；第二，放权制下的国有企业治理结构没能形成有效激励机制和有效约束机制，使经营者责、权、利不对等；第三，国有企业经理的职业化和市场化机制没有形成，社会监督和市场监督等外部约束力较弱。⑤

周丽霞和罗明认为，我国国有企业经营者选拔制度中的种种弊端，其原因是多方面的：一是国有企业任免延续着由上级主管部门任命企业经营者的做法，经营者的选拔未能完全走上制度化；二是国有企业经营者业绩的考核缺乏科学性、公正性和透明度，这导致其选拔制度无据可依；三是国有企业经营者的人力资本开发被忽视。⑥祁玉梅认为，经营者选拔制度存在问题的原因：一

---

① 黄小彤、曾慧华：《当下我国国有企业经营者去行政化改革的路径建构——规范行政者行为还是解除公务员身份》，《理论探讨》2015年第2期。

② 何析霖：《国有企业中层管理干部选拔及管理机制创新》，《中国高新技术企业》2015年第35期。

③ 龚绎雪：《国有企业选人用人现状及其对策》，《特区实践与理论》2016年第5期。

④ 史月兰：《北京市属国有企业职业经理人制度引入研究》，硕士学位文化文，首都经济贸易大学，2016年。

⑤ 谢守祥、王雅芬：《国有企业经营者选择机制的若干问题探讨》，《决策借鉴》1999年第1期。

⑥ 周丽霞、罗明：《中国国有企业经营者选拔机制研究》，《江西社会科学》2005年第12期。

是计划经济体制下形成的国有企业人事管理体制的影响根深蒂固；二是与国有企业经营者选拔任用制度改革相配套的法律严重滞后；三是市场功能不全，发育不完善。①

张光伟以国有企业中层管理人员为研究对象，分析了国有企业对内公开选拔中层管理人员存在问题的原因：第一，在目标定位上发生偏离。实行中层管理人员对内公开选拔，其根本目的是为了扩大选人用人视野，但实际工作中的首要目的往往不是选人，而是为了突出其他目的，如彰显公开、体现改革、平衡矛盾等。第二，在制度衔接上存在矛盾。主要表现为对内公开选拔与传统选拔制度的矛盾、对内公开选拔与后备人员制度的矛盾以及对内公开选拔与群众测评办法的矛盾。第三，在利益调整上出现障碍，主要涉及来自参与者、组织者和决策者的利益障碍。第四，在笔试、面试、考察以及甄选等方法运用上较为简单。②

魏静芳指出，我国经济体制已由计划经济转变为市场经济，但国有企业经营者选拔任用制度仍是沿用计划经济下的行政主管部门直接任用的用人制度。造成这种状况最直接的原因就是我国经济体制的根本性转变，而国有企业经营者任用制度却没有随之改变，没有和经济体制同步，出现严重的滞后性，阻碍了企业的发展，使得国有企业缺乏竞争力。另外，立法上的漏洞也造成了国有企业领导人选拔任用制度的滞后性。③

方涌认为，国有企业经营者市场化选拔有着很多的现实约束，主要有：第一，观念上的束缚，对企业家身份的界定错误，对"党管干部"原则的适用范围和适用程度在认识上也存在问题；第二，来自体制的阻力，包括旧体制的残留影响和新体制带来的问题；第三，职业化的人才队伍不健全，企业家市场和职业化的监管队伍均未形成；第四，科学的选拔标准和评价考核指标体系不完善；第五，激励机制跟进困难。④ 贺凯歌认为，主要原因是选拔制度的历史路

---

① 祁玉梅：《国有企业经营者选拔任用机制的创新思考》，《商场现代化》2006年第36期。

② 张光伟：《市场经济条件下国有企业对内公开选拔中层管理干部研究》，硕士学位论文，西南大学，2006年。

③ 魏静芳：《我国国有企业领导人任用制度法律问题研究》，硕士学位论文，山西财经大学，2006年。

④ 方涌：《国有企业经营者选拔：市场化的现实约束及建议》，《生产力研究》2008年第11期。

径依赖，对公司产权结构理解不深入，国有资产管理体制不完善，国有企业改革不彻底，没有建立规范的选拔制度。①

程新认为，现行国有企业经营者选拔制度存在的问题有：选拔主体模糊；选拔客体不明确；选拔方法和流程不科学；选拔制度与管理体制相脱节。② 欧阳丽宇从主观和客观两个方面分析了国有企业经营者队伍建设存在问题的原因。从主观方面看，一是传统文化的影响；二是官本位意识严重；三是决策者认识不到位；四是政府部门不愿放权。从客观方面看，主要是没有做到政企分开、政资分开。③

黎明从广东省属国有企业经营者选拔制度现状入手，对存在弊端进行原因剖析，认为主要包括四个方面：一是观念因素。计划经济体制下多年形成的国有企业经营者选拔模式的影响短期内难以彻底根除，政府缺乏股东价值的观念。二是环境因素。经济体制转型期的影响难以根除，规范的经理人制度尚未建立，市场配置人才功能不全，同时缺乏一支数量充足的后备干部队伍。三是制度因素。从制度层面看，在出台国有企业经营者选拔的政策方面滞后，同时缺乏可操作性的国有企业经营者的选拔任用制度。四是技术因素。传统的考评方法中，定性成分多一些，定量成分少一些，考核结果难以避免带有考核人主观因素，缺乏国有企业经营者的专业测评平台和数据库。④

张相林认为，现代企业制度下，有中国特色的国有企业经营者选拔任用制度强调"党管干部"原则同市场化选拔制度的结合。他将国有企业经营者选拔任用中存在的问题及原因概括为以下四点：第一，法律法规与中央文件存在差异，导致集权、争权现象。第二，人才选拔任用标准执行存在不足，难以坚持以德为先。第三，党组织的地位和作用发挥不够，难以有效履行职责。具体表现为：党组织难以全面参与选拔任用的决策过程、党组织难以在干部培养方面发挥作用、党组织难以对干部进行监督管理。第四，选拔任用制度和程序设计

---

① 贺凯歌：《我国国有企业经理层市场化选拔机制研究》，硕士学位论文，首都师范大学，2009年。
② 程新：《我国国有企业负责人选聘机制改进研究》，硕士学位论文，山东经济学院，2010年。
③ 欧阳丽宇：《新时期国有企业经营管理者队伍建设理论与实践研究》，博士学位论文，东北师范大学，2011年。
④ 黎明：《广东省属国有企业经营者选拔机制创新研究》，硕士学位论文，华南理工大学，2011年。

不合理，给人才工作带来很多困惑。①

关于国有企业经营者选拔制度存在问题的原因，范缤阳认为，一是选拔依然是组织任命为主，国有企业的市场主体地位尚未确立；二是经营者市场尚未完全确立，经营者缺乏健全的评价考核制度；三是存在委托—代理问题，激励监督机制不完善；四是没有完善的市场退出机制；五是缺乏完善的法律制度环境。② 陈文纬认为，国有企业公开选拔经营者主要存在以下问题：没有固定的适合国有企业经营者选拔的制度，制度更新也不及时，或者照搬来的制度不适合企业本身；同时在选拔时，不能对被选拔的人员做到详细的了解和调查；国有企业在选拔人才时，存在着"近亲繁殖"、收受贿赂等问题，致使选拔结果不公平、不公正。③

刘建林认为，国有企业经营者公开选拔存在一些不足：在选拔的时候不能对选拔的成本和效果进行评估或者评估不准确，在选拔的时候不能做到综合考虑，不能结合以往的选拔经验进行评估，人才流失量大；高层缺乏人力资源管理理念，对人事工作及选拔工作不够重视；负责选拔的人事工作者不够专业，素质较差，有损公司形象，不利于公司补充优秀的管理人员。④ 郭婧以国有企业 G 和 N 为例，指出，国有企业在公开选拔人员的过程中仍然存在着一定程度上的效率低下、有失公允、随意性大等问题，需要改进与完善。其存在问题的原因有：公开选拔制度的完善需要一个过程；国有企业市场化改革不到位；现代企业管理制度不健全；受观念意识、文化背景的影响。⑤

杜君认为，我国国有企业经营者选拔任用制存在问题的原因有：一是计划经济体制下政企不分的影响根深蒂固。二是党管干部与市场机制选用人才的结合存在许多误区，表现为很多地方过于强调党管干部原则，落实的方式与途径过于简单，没有形成具体可操作的方法和政策。三是缺乏健全的经理人才市场，经理人才市场供求不平衡，一方面经理人才市场中高质量的职业经理人比

---

① 张相林：《我国国有企业经营管理人才选任机制及其改进》，《中国行政管理》2011 年第 3 期。
② 范缤阳：《国有企业创新：企业经营者选择的市场化取向探讨》，硕士学位论文，四川师范大学，2014 年。
③ 陈文纬：《关于国有企业选拔任用管理干部的思考》，《科技创新导报》2014 年第 12 期。
④ 刘建林：《基于国有企业人才招聘现状及解决对策的几点思考》，《现代经济信息》2015 年第 1 期。
⑤ 郭婧：《国有企业公开选拔干部研究》，硕士学位论文，华东师范大学，2015 年。

较稀缺,供给较少;另一方面对于许多企业而言,缺少职业经理人的信任,因此实质性发生的需求也有限。四是缺乏科学合理的人才评价机制。[1]

丁鹏通过对四川省泸州市国有企业经营者选拔任用情况分析,认为泸州市国有企业经营者选拔任用问题的原因有:一是计划经济体制下多年形成人事管理制度对国有企业经营者选拔任用产生根深蒂固的影响;二是无限扩大化了党管干部原则,主要表现在不能准确理解和把握党管干部原则的准确含义,对党管干部原则与市场化选拔企业经营者相结合的新型人才选任方式了解不到位、理解不深刻、把握不准确、执行有偏差;三是没有形成科学合理的人才评价系统和职业经理人制度。[2]

五 国有企业经营者市场选拔制度的对策建议研究

谢守祥和王雅芬认为,如何选拔最具经营才能的人作为国有企业经营者,并充分发挥其经营才能,是国有企业选拔经营者的制度问题。其中包括两层含义:一是通过制度选拔经营者以保证经营者的才能;二是具备经营才能,如何施展才能,使其产生企业家寻利行为,二者缺一不可。具体建议:一是彻底改变企业主管部门任命经营者的制度,将任命制改为招标竞选,逐步完善建立国有企业职业经理市场,最终从经理市场来选拔经营者;二是严格制定经营者的考评标准,对经营期内的经营业绩进行跟踪评估,并向社会公开;三是建立与经营风险对等的具备激励功能的经营者报酬制度,承认经营者的人力资本价值;四是建立企业内部约束与外部约束相结合的监督体制,规范企业经营者行为。[3]

彭尚平认为,改革现行国有企业经营者选拔制度的基本思路应该是:与计划经济向市场经济过渡相适应,建立起一个组织配置与市场配置相结合的企业经营者选拔制度。在具体的操作思路上可以从以下几方面着手:第一,在改制企业中坚持党管干部的原则,正确处理中国特色与国际惯例的关系;第二,在国有独资和持股、控股公司中,努力推进国有资产人格化机制的形成;第三,

---

[1] 杜君:《我国国有企业领导人员选拔任用机制研究》,硕士学位论文,福建师范大学,2015年。
[2] 丁鹏:《国有企业领导人员选任方式研究与改进》,硕士学位论文,西南政法大学,2015年。
[3] 谢守祥、王雅芬:《国有企业经营者选择机制的若干问题探讨》,《决策借鉴》1999年第1期。

积极创造使优秀经营者脱颖而出的条件;第四,打破身份制,推进契约制,实行经理聘任制,加快企业家职业化步伐;第五,积极探索经营者组织配置与市场配置相结合的多样化配置制度,具体地,可按三个层次实施不同的配置制度:第一层次主要是对国有特大型企业、国有独资公司和以国有大型企业为主的大型企业集团的经营者,采用组织配置(主要是任命制和直接聘任制两种方式)的制度;第二层次是对一般大中型国有企业的经营者采用组织配置与市场配置相结合的制度;第三层次是对小型国有企业的经营者采用完全的市场配置制度。[1]

朱宾梅提出的建立和完善我国国企经营者选拔制度的基本思路为:第一,改变国有企业经营者由上级组织部门任免和调配的做法;第二,企业每一任经营者都要把培养下一任经营者作为己任;第三,企业内部应有一套完整的管理人才培养计划;第四,培养选拔经营者要从企业内部层层抓起。[2] 刘向阳主张从四个方面建立健全国有企业经营者的市场化选拔制度,即更新观念,双向选择;建立内部竞争市场;政府有效地对企业经营者进行宏观管理;建立科学的企业经营者培训机制。[3]

张华从国有经济战略性调整的方向和现实出发,认为国有企业经营者选拔制度的改革应该分类进行:对于应该保留和发展的国有企业,应该完善由政府官员任命企业经营者的制度;对于可以立即退出的国有企业,应该使资本所有者拥有选拔企业经营者的权利;对于暂时无法退出的国有企业,则宜根据不同情况,采取相应措施。[4] 杨其静认为,在现行的国有资本运营模式中存在着"廉价投票权"问题。对此,其从委托代理理论角度提出建议:在新的国有企业治理结构中,企业经营者的提名权应该交给非国有资本的投资者,而国资委主要通过保留某种否决权以体现国有资本的控股地位,维护企业的国有性质,

---

[1] 彭尚平:《国有企业经营者现行选拔机制存在的主要缺陷及改革的思路》,《经济问题探索》2000年第7期。

[2] 朱宾梅:《尽快完善国企经营者的培养选拔健全激励监督约束机制》,《西安建筑科技大学学报》(自然科学版)2000年第4期。

[3] 刘向阳:《国有企业经营者的市场化选择机制》,《河南师范大学学报》(哲学社会科学版)2000年第6期。

[4] 张华:《论国有企业经营者选择机制的分类改革》,《经济体制改革》2001年第4期。

并且用来防止其他投资者的机会主义行为。①

陈怀桢从组织环境变化角度提出，建立国有企业经营者选拔任用制度的适应性对策应为：第一，改革选拔体制，建立权威的考评机构，让市场挑选经营者。第二，改进考核手段和考核标准，建立科学的考评体系。这主要包括：加大定量考核的力度，使定性考核更加科学、公正；制定考核指标，建立科学的考评依据；做到经营者素质和经营者实践精神两者并重。第三，选拔经营者要有针对性，把握好选拔经营者的时效性和前瞻性。第四，加强对国有企业经营者的职业培训。第五，建立激励和约束机制，促使经营者发挥潜能。第六，防止国有企业经营管理人才流失。②

张欹华从现代企业理论的角度探讨了国有企业经营者由谁来选拔和如何选拔的问题，认为在现行体制背景下，可以在操作层面上尝试以政府组织、市场运作来解决国有企业经营者如何选拔的问题，并提出利用中介专业机构的运作模式来提高国有企业经营者人才配置的有效性。③ 靳娟认为，建立国有企业经营者的市场选拔制度，首先要改革国有企业经营者行政任命制，使经营者与行政级别脱钩；其次要建立经营者人才市场，造就职业经营者，这就要扩大国有企业对经营者的市场需求，搞好配套改革，完善社会保障制度，并且建立市场化的经营人才市场评估推荐机构及相应法规和制度。④

杨振山和邓辉认为，国企经营者选拔制度问题的实质是委托人问题。因此，改善国有企业经营者选拔制度首当其冲的就是要改变作为委托人的政府及其官员的观念问题。⑤ 朱红军认为，改变经营者任期短期化，健全公司激励机制，必须建立科学的业绩评价指标体系，强化董事会和监事会的功能，健全企业的内部控制机制，发展经理人市场，加强对高管人员的外部监督机制。⑥

赵洪辰提出了改革国有企业中层管理者任用的建议：一是转变思想观念，

---

① 杨其静：《对国有企业经营者的选择与监控》，《现代经济探讨》2001年第3期。
② 陈怀桢：《建立国企经营者选用机制的适应性对策》，《鄂州大学学报》2001年第1期。
③ 张欹华：《探索国有企业改革中的经营者生成机制》，《西安交通大学学报》2001年第S1期。
④ 靳娟：《关于国有企业经营者选拔、激励与约束机制的探讨》，《北京邮电大学学报》（社会科学版）2000年第3期。
⑤ 杨振山、邓辉：《对国企经营者选拔和激励机制的反思》，《经济参考报》2002年6月26日第6版。
⑥ 朱红军：《高级管理人员更换与经营业绩》，《经济科学》2004年第4期。

树立市场竞争意识。二是改革管理模式,探索国有企业人事制度改革与国有资本运营体制改革相配套的途径,逐步建立以党管干部为原则、以产权关系为纽带、管人与管资产相结合的新制度。三是强化管理措施。实行"一岗两职"和"交叉任职";实行动态管理;实行交流轮岗;合理配置人才资源,保持合理的智力结构。四是重视培训教育。五是建立监督机制。①

张长温认为,建立科学的国有企业经营者的选拔制度最有效的办法是搞好两个方面的创新:一是国有企业产权制度创新,包括产权所有制创新和产权组织制度创新;二是国有企业经营者选拔制度的创新,包括对经营者的公平竞争。② 蒯建勋认为,在新形势下,新的选人用人制度应当包括公开选拔,竞争上岗;任前公示;严格审核,党委审定;岗位试用;定期考核,民主评议等主要内容。同时要把握重学历、不唯学历;重全面,更重特长;重使用,更重培养;重当前,更重长远等原则。③

关于国有企业经营者选拔制度,同勤学认为,第一,加大政策实施的力度,通过多种途径为经营者市场提供充足的市场供给主体;第二,建立从社会吸纳合格经营者的制度,同时有意识地培养经营者后备人才;第三,建立经营者市场中介机构,保证经营者市场功能的实现;第四,制定和完善管理和约束经营者法律法规。④ 吴震华认为,完善国有企业经营者选拔制度的有效措施有:一是通过产权结构的调整消除"所有者缺位"问题;二是充分发挥职工代表大会对经营者的选拔与监督作用,减少或消灭国有企业"内部人控制"现象。⑤ 龚玉良以石家庄市企业经营者选拔情况为例,提出以适应社会主义市场经济需求为目标,以竞争机制创新为切入点,以测评体系创新为手段,以激励约束机制为动力,形成内外市场融合、人员流动顺畅、经济绩效突出的循环互动机制。⑥

范春芳等认为,可以从以下三个方面建立和完善国企经营者的选拔制度:

---

① 赵洪辰:《国有企业中层管理者的作用与企业权力结构》,《学术交流》2003年第8期。
② 张长温:《论国有企业经营者的选择机制》,《山东经济》2003年第3期。
③ 蒯建勋:《论市场经济条件下国有企业领导干部的选用制度》,《江汉石油职工大学学报》2003年第3期。
④ 同勤学:《论国有企业经营者的选择机制》,《西安联合大学学报》2004年第4期。
⑤ 吴震华:《国有企业经营者选择制度研究》,《理论探讨》2005年第3期。
⑥ 龚玉良:《经营者选拔任用机制创新思路——以石家庄为例》,《经济论坛》2005年第17期。

一是改进党管干部的方式，理顺国有企业管理体制，变"多头管理"为"分级管理"；二是改进国有企业经营者的选拔任用制度，变"行政任命制"为"选聘制"；三是推行国有企业经营者职业化。其中，最重要的是改进国有企业经营者的选拔任用制度。对此，首先要打破国有企业经营者由行政委任的单一模式，采取面向社会公开招聘、由职工代表大会选举等多种方式选拔经营者；其次要将市场竞争机制引入选拔体制中；最后在国有企业经营者的选拔标准上要突出经营管理能力和业绩水平，突出其在实现国有资产保值增值方面的作用。[1]

田驰将国有企业经营者选拔问题分为三个环节，即事前的动机问题、事中的信号传递问题以及事后的委托代理问题，并由此提出在国有企业经营者选拔过程中，应该采用建立在理论基础之上的经营者能力信号传递模式，这样才能保证选拔出优秀的国有企业经营者。[2]

李中建认为，可以从以下方面对国有企业经营者的选拔制度进行改进：一是在对国有企业准确定位的基础上，构建不同类型的经营者，如以承担国家政策目标为主、以国有独资公司形式存在的企业和以市场效率目标为主、以股权多元化的公司制形式存在的国有企业。二是针对上述两类企业，市场选拔与政府相机干预相结合。三是积极引入和培育机构投资者，使其在经营者选拔上发挥关键性作用；加快发展经理市场，为经营性人力资本的评估、定价和配置提供有力的支持。[3]

吴能全和曾楚宏从短期和长期两方面提出了完善国有企业经营者选拔制度的建议。从短期来看，首先要做好三件事：一是要切实取消企业的行政级别，以切断国有企业经营者向政府官员过渡的纽带；二是要实行行政主管官员与其所选拔的国有企业经营者业绩考核的"捆绑制"，即将上级主管官员与其所选拔的国有企业经营者的业绩考核绑在一起，以企业利润率作为最主要的考核指标；三是要对国有企业经营者进行薪酬改革，使其收入直接与企业绩效挂钩，

---

[1] 范春芳、徐衣显、王世文：《关于建立企业经营者市场选择机制的思考》，《经济论坛》2005年第11期。

[2] 田驰：《国有企业经营者选择机制研究》，硕士学位论文，辽宁工程技术大学，2005年。

[3] 李中建：《国有企业经营者选择中的难题及解决思路》，《武汉大学学报》（人文科学版）2005年第1期。

彻变国有企业只能通过"控制权回报"进行激励的单一激励方式。从长期来看，核心的问题是：如何通过市场选拔国有企业经营者，如何通过市场影响这些经营者的升迁和社会地位，促使其摆脱行政委任制的束缚。为此，必须加强资本市场和经理市场的建设与完善。①

对于国有企业经营者选拔制度建设，李绍明认为，一是依法建立党政、政资分开的国资管理新体制；二是建立我国经营者市场制度；三是协调国有企业经营者选拔与党管干部的关系；四是以经营者市场为基础，拓宽国有企业经营者选拔范围；五是建立法人治理结构，强化经营者约束；六是建立完善的国有企业经营者选拔法律法规。②姚涛认为，我国国企改革发展到现在，虽然已经初步出现经理人市场，但经营者的选拔制度仍然有待改进。他认为，应从国有企业的特殊性出发，在选拔的过程中排除来自人际关系的干扰，选拔综合素质优秀的经营者，并应当有健全的激励机制保护经营者的积极性和创造性。③

申喜连认为，国有企业经营者选拔制度改革的方向在于市场化和职业化。其中，市场化包括选拔市场化、流动市场化、评价市场化、收入市场化和约束市场化五方面内容；而国有企业经营者的职业化素质主要体现在职业化意识、职业化能力和职业道德方面。④黄志云认为，应建立起市场选拔和行政选拔相结合的国有企业经营者选拔制度。首先，确立市场选拔的基础性和主导性地位，保证市场的主导地位。其次，明确行政选拔的责任。政府及有关部门的职责主要有：一是建立和管好"经营者市场"，设计和规范经营者选拔的规则程序；二是切实履行好监督职能。再次，大力发展经营者市场，积极培植经营者文化。最后，建立健全企业经营者业绩评价体系和激励机制等配套制度。⑤

王丽娜和朱向红认为，国有控股公司经营者选拔制度市场化的前提是完善

---

① 吴能全、曾楚宏：《国企经营者选拔机制如何突破"锁定"状态》，《中国人力资源开发》2005年第4期。
② 李绍明：《试论国有企业经营者的选择机制》，《宁德师专学报》（哲学社会科学版）2006年第3期。
③ 姚涛：《国有企业经营者选择的若干问题及对策》，《陕西青年管理干部学院学报》2006年第1期。
④ 申喜连：《试论国有企业经营管理人员任用制度改革的市场化和职业化》，《湖南社会科学》2006年第3期。
⑤ 黄志云：《论我国企业经营者的有效选择机制》，《商场现代化》2007年第33期。

内部治理结构,健全资本市场、经理市场。①李东升从国资委层面对国有企业经营者选拔中存在的问题,提出应推行对选拔主体的反馈、问责机制;实施市场竞争导向的党管干部选拔制度;完善经营者选拔的职业化制度;推动差异化的经营者选拔制度。②杜志丽认为,以"双推双选"——组织推荐与民主推荐相结合、内部选聘与社会公选相结合的方式,创新国有企业经营者选拔制度。③

徐学文选取中国东方电气集团有限公司为研究案例,从企业实践的角度研究了国有企业经营者选拔制度,提出以"赛马机制"为主导,并与"相马机制"相结合的选拔思路。④李萍主张运用市场机制配置人力资源,创新国有企业经营者的选拔制度:首先,着力开展经营者市场化选拔前的基础工作,包括明确经营者的需求目标、配置方式和配置比例。其次,精心设计市场化选拔的程序,即:一是抓好市场化选拔过程的"三个环节"——明确选拔主体、完善选拔标准、规范选拔程序;二是抓好后续管理的"两个配套"——经营者的契约化管理和以绩效为导向的激励约束机制等配套措施;三是认真解决经营者内外选拔的困惑。⑤

王福荣认为,对于大型国有企业要将企业公开选拔与企业战略相结合,要做好人力资源战略规划,因为国有企业的特殊性,党组织在公开选拔中要发挥重要作用,要以"党管干部"为重要原则。⑥谭浩俊认为,与其合理增加市场化选拔经营者的比例,不如将国有企业进行分类,将那些完全可以实现市场化选拔经营者的企业筛选出来,严格执行市场规范,通过市场来选拔经营者。而其他企业,则按照现行管理办法,重点放在完善企业内部结构治理上,让企业尽可能地适应市场化的要求。在此基础上,再根据不同企业的不同情况,逐步向市场化转型,成熟一个转型一个。⑦

---

① 王丽娜、朱向红:《总经理继任者来源的影响因素:739家上市公司样本》,《改革》2007年第3期。
② 李东升:《央企高管的选拔动机与实际操作:从国资委层面观察》,《改革》2009年第10期。
③ 杜志丽:《以"双推双选"方式创新国有企业领导人员选任机制》,《商场现代化》2009年第15期。
④ 徐学文:《论国有企业领导人员选拔机制的完善——基于中国东方电气集团有限公司的实践分析》,《商场现代化》2010年第32期。
⑤ 李萍:《运用市场机制选聘国有企业经营者》,《上海企业》2012年第3期。
⑥ 王福荣:《大型国企总部初级管理者公开招聘研究》,硕士学位论文,西南财经大学,2013年。
⑦ 谭浩俊:《如何选聘经营者是国企改革最棘手难题》,《中国中小企业》2013年第12期。

范缤阳对于国有企业经营者市场化选拔有以下几点对策建议：一是建立合理完善的经营者市场，实现选拔经营者市场化；二是结合"EVA 模式"，完善评价考核机制；三是完善激励监督机制；四是建立严格的市场退出机制。① 慕明刚认为，要对职位做好分析，科学合理地设置经营者公开选拔职位，要为企业量身定制选拔方案，出题时做到有针对性、时效性和实践性，要对公开选拔的过程进行量化、流程化，提高科学性；要对被选拔的人员进行全方位的考察，以确保真实性。② 王兵认为，应坚持"五个结合"选拔国有企业中层管理人员，即坚持党管干部和市场选拔相结合；坚持企业发展与个人成长相结合；坚持纵向提拔和横向交流相结合；坚持日常了解与专项考察相结合；坚持引进与退出相结合。③

赵伟芳认为，面对市场还是政府的两难困局，我国国有企业经营者选拔要在分类治理的框架下进行，即选拔主体是党管干部与董事会市场化选拔相结合；我国国有企业经营者选拔内部晋升的方式较多，因此要进一步完善内部继任计划，同时要进一步加强外部经理人市场的培育；在经营者选拔标准和选拔程序方面上，应建立科学、全面、可操作的经营者评价体系，并根据该评价体系，将合理的测评加入选拔程序的设计之中。④

黄小彤和曾慧华认为，加大去行政化的力度是国有企业深化改革的主要方向，由此建议：第一，应继续推行企业的法人治理结构完善；第二，应推进国企经营者的职业化和市场化进程；第三，在触及国有企业经营者的利益问题时，应恰当处理利益关系并谨慎施行国有企业经营者的激励制度。⑤ 周燕红认为，市场机制有利于优秀企业家资源的引入，提升企业的经营绩效。对此，国有企业可以通过扩大经营者的市场选拔范围，创造适合现代职业经理人作用发挥的工作环境，强化考核等措施，推进市场机制对国有企业经营者的配置。⑥

---

① 范缤阳：《关于国有企业经营者选择的市场化取向探讨》，《知识经济》2014 年第 3 期。
② 慕明刚：《国有企业竞争性选拔干部工作难点问题研究》，《企业科技与发展》2014 年第 9 期。
③ 王兵：《国有企业中层领导人员选拔任用机制探讨》，《企业改革与管理》2014 年第 24 期。
④ 赵伟芳：《基于公司治理视角的国有企业经营者选拔机制研究》，硕士学位论文，首都经济贸易大学，2014 年。
⑤ 黄小彤、曾慧华：《当下我国国有企业经营者去行政化改革的路径建构——规范行政者行为还是解除公务员身份》，《理论探讨》2015 年第 2 期。
⑥ 周燕红：《论市场机制在国有企业经营者配置中的作用》，《管理观察》2015 年第 1 期。

申东臣认为，应从以下五个方面推进国有企业经营者选拔制度的改革：一是分类推进，即根据国有资本的战略定位和发展目标，将国有企业分为商业类和公益类，分类推进其经营者的选拔制度改革；二是交叉任职，即坚持和完善"双向进入、交叉任职"的领导体制，进一步明确党委与董事会、管理层的职责、权限和议事规则；三是分层管理，即坚持党管干部原则与董事会依法产生、董事会依法选拔经营者、经营者依法行使用人权相结合；四是能上能下，即建立健全企业各类管理人员的公开招聘、竞争上岗制度，真正形成企业各类管理人员能上能下的合理流动机制；五是薪酬差异化，即对国有企业实行与社会主义市场经济相适应的企业薪酬分配制度，扩大竞争性国有企业工资决定的自主权，对收入过高企业实行工资总额与水平双控，形成经营者与职工间合理的工资收入分配关系。①

王喜团认为，在市场化的选拔制度下，首先，要明确公平、公正和公开原则，遵循择优原则，根据国有企业职位的具体需求来寻找合适的人才；其次，在人才选拔方面，应该全面引入现代的公平竞争机制；最后，选拔国企经营者的过程要足够透明，选拔的各个环节都要接受国有资产所有者与企业员工代表大会的监督。② 王彬对国有企业经营者选拔制度的创新思考是：第一，创新国有企业人才选拔评价制度，如适当加大人才贡献、成果、创新力等指标的权重比例。第二，完善国有企业人才激励保障机制，加强国有企业人才引进工作和制度执行力。第三，建立健全人力资源管理机制。开展人力资源状况分析，摸清人员底数；开展选拔任用和轮岗交流，盘活人才存量；健全完善绩效考核机制，推进奖优罚劣。第四，加强国有企业人才培训。第五，加强国有企业后备管理人才的选拔和培养。③

对于国有企业经营者选拔制度改革，杜京平认为，第一，应加强企业制度改革，保障董事会选人用人权力。第二，对国有企业经营者进行分层分类管理。即首先对经营者岗位进行分层分类，根据行使职责，可大致分为经营管理岗位和党政组织岗位；其次根据不同的岗位性质，建立科学的选拔标准；最后

---

① 申东臣：《强化国有企业领导干部选任的几点思考》，《人力资源管理》2016年第5期。
② 王喜团：《探索建立国有企业职业经理人制度》，《法制博览》2016年第5期。
③ 王彬：《国有企业人才选拔机制创新思考》，《中外企业家》2016年第5期。

确立不同的选拔任用考核方式。对于竞争性岗位,应该坚持市场选拔原则,采用市场化选拔制度和竞争上岗制度,扩大企业外部选拔范围;对于非竞争性岗位和公益类岗位,适当选择竞聘制和上级委任制相结合的方式;对于市场经营人才,应该加强对其专业领域素质的考察,实行笔试、面试和组织考察相结合的形式。第三,创新选人用人方式,强化竞争选拔制度。其中包括:更新选拔观念,树立与社会主义市场经济体制相适应的用人观;设立科学合理的标准;规范选拔程序;加强选拔工作监督,完善退出机制。[①]

第二节　国外国有企业经营者选拔制度研究文献综述

一　企业经营者含义研究

Berle 和 G. Means（1932）认为,公司的经营者包括董事和高级职员。奥村宏（1992）认为,公司的经营者一般是指把持公司一切业务权限的代表董事。Demb 和 Neubauer 认为,针对具体行为,董事会决定采用何种标准,而总经理负责具体的管理工作,二者分担责任。[②] Watanabe、Shigeru 和 Isao Yamamoto 认为,从法律上讲,企业是股东的,但实际上是经理支配一切。[③]

Berleand Mean S.（1932）认为,现代企业组织的一个主要特征就是企业资产所有权与控制权的分离。当所有者设置一个契约（Coniract）让拥有专门技能的管理人员来为他们管理企业时,一种委托—代理关系便产生了:企业资产的所有人或称股东成为了委托人（PrinciPals）,而企业的经营者成为了代理人（Agent）。作为代理人的经营者以其人力资本做抵押,应该对委托人负责,实现委托人的利益最大化。

J. B. Say 认为,经营者的职责就是协调人、财、物、供、产、销等各方面的关系。作为协调者,按市场价格支付各种投入要素的报酬,经营者的报酬就是企业的剩余。

---

①　杜京平:《国有企业领导干部选任和管理制度改革的思考》,《铁路采购与物流》2016 年第9 期。

②　Ada Demb, Franz-freidrich Neubauer, *The Corporate Board: Confronting the Paradoxes*, USA: Oxford University Press, 1992.

③　Watanabe, Shigeru and Isao Yamamoto, "Corporate Governance in Japan: Ways to Improve Low Profitability", *Corporate Governance*, Vol. 1, No. 4, 1993.

二 企业经营者选拔研究

对于经营者的选拔问题,国外学者既进行了理论分析,也做了大量实证研究。

Berle 和 G. Means(1932)认为,为了解决"代理问题",可以通过董事会对经营者进行监督和约束,雇用和解雇。

Manne 等学者认为,公司控制权的市场竞争是一种外部的监督机制,其主要的作用是对不称职的经营者进行惩戒。公司控制市场体现了经营者选拔及董事会监督的有效性,同时可以提高两者的效率,为公司所有者与经营者之间提供了一种双向选择的可能性。

Hirshleife & Thakor(1998)和 Graziano & Luporini(2003)分析了公司控制权市场作为外部监督机制对董事会监督和经营者选择的替代性。公司控制权市场增加了更换低能力经营者的概率。

Yermack(1996)的研究表明,小规模的董事会比大规模的董事会更有效地监督经营者。Borokhoviehetal(1996)和 Husonetal(2001)的实证分析表明,独立董事比例较高的公司比内部董事控制的公司更倾向于从公司外部选择经营者。

Fama 认为,只要形成了有效的经理人市场,企业在任的经营者就会有一种无形而潜在的压力,并促使自己不断实现内在自我激励。[1] 有效的经理人市场能够较好地表现出企业经营者人力资本的价值或能力信号,降低企业经营者的选拔成本。

Hermalin & Weisbach(1998)和 Warther(1998)分别通过模型分析了当董事会的独立性内生化时,董事会选择经营者的有效性。董事会的独立性会随着经营者任期的延长而降低。

国外对企业经营者选拔的实证研究,主要集中在经营者继任上,包括经营者更替的影响因素和继任的来源方面。

Weisbach 发现,经营者更替的概率在外部董事控制的公司中相对较高;并

---

[1] Fama Eugene E., "Agency Problem sand the Theory of the Firm", *The Journal of Political Economy*, Vol. 88, No. 2, 1980, pp. 288–307.

且董事会对经营者行为和公司业绩的监督能力与外部董事所占比例呈正相关。[1] Cannella 和 Shen 发现，当公司业绩较好时，外部董事会通过支持经营者候选人的方式对在任经营者进行约束以避免其渎职；反之，外部董事就会解雇在任经营者并起用候选人。[2] Allgood 和 Farrell 用匹配理论分析表明，企业业绩与继任率之间具有负相关性。[3]

关于经营者继任来源方面，Dalton 和 Kesner（1983）对96家纽约的证券商继任事件进行了分析，结论是不良业绩并未造成外部人继任。Cannella 和 Lubatkin 认为，规模小、业绩较差的公司更倾向于选择外部继任者。这主要因为与内部人相比，外部继任者可以更加客观地看待公司原有战略并推出改革，以改善公司的经营状况；相反，在公司业绩较好时，董事会倾向于内部选择继任者，以求更好地执行原有战略。[4]

Comment（1985）认为，大多数的继任经营者的选择可以通过经理市场来完成，而兼并和接管在一定程度上是经理市场失灵的结果。MartinetaL（1991）研究发现，当目标公司被接管之后，其绝大部分经营者都被更换。

对于企业经营者选拔方式，国外学者大致将其分为内部方式和外部方式两种。Zajac 认为，经营者可以从内部选拔，也可以从外部招聘。[5] Zhang 和 Rajagopalan N. 认为，企业经营者可以通过内部和外部两个途径继任，内部继任者是指通过公司内部员工考察合格后成为继任者，外部继任者是指从企业外部公开招聘和雇佣的人。[6]

国外学者还研究了内外两种选拔方式的优劣。就内部选拔而言，Miller

---

[1] Weisbach, Michael, "Outside Directors and CEO Turnover", *Journal of Financial Economics*, No. 20, 1988, pp. 431 – 460.

[2] Cannella, A. A., Shen, W., "So Close and Yet So Far: Promotion Versus Exit for CEO Heirs Apparent", *Academy of Management Journal*, No. 44, 2001, pp. 252 – 270.

[3] Allgood S., Farrell K. A., "The Match between CEO and Firm", *Bus*, Vol. 76, No. 2, 2003, pp. 17 – 341.

[4] Cannella, A. A., Lubatkin, M., "Succession as a Sociopolitical Process: Internal Diments to Outsider Selection", *Academy of Management Journal*, No. 36, 1993, pp. 763 – 793.

[5] Zajac E. J., "CEO Selection, Succession, Compensation and Firm Performance: A Theoretical Integration and Empirical Analysis", *Strategic of Management Journal*, No. 11, 1990, pp. 217 – 230.

[6] Zhang Y., Rajagopalan N., "Once an Outsider, Always an Outsider? CEO Origin, Strategic Change and Firm Performance", *Strategic Management Journal*, Vol. 31, No. 3, 2010, pp. 334 – 346.

(1993)认为，选择内部继任的企业，经理人继任对企业高层管理人员的变动影响较小，有利于保持企业员工结构的稳定，不影响企业的常规运作。Zhang Yan 和 Nandini Rajagopalan 认为，内部选拔的经理人在本企业中积累了重要经验，其专业知识和技能与企业的匹配性更高，适应期更短。①

就外部选拔而言，雷丁认为，从能力角度看，外部选拔要强于内部培养，因为外部选拔的范围较广，挑选到能力强的职业经理人的概率较大。② Harris 和 Helfat 认为，通过外部选拔的经营者拥有新颖的知识和技能，能够促使企业创新发展。③ Miller 和 Shamsie 认为，作为新的管理团队，外部选拔的经营者能够改变企业的决策方式，尤其是对于那些以往决策犹豫不决的企业。④

第三节　国内外国有企业经营者选拔制度研究评析

国有企业经营者选拔制度研究评析包括两个方面的内容，即国内国有企业经营者选拔制度研究评析和国外国有企业经营者选拔制度研究评析。

一　国内国有企业经营者选拔制度研究评析

国内国有企业经营者选拔制度研究评析，主要包括国有企业经营者选拔方式研究评析、对国有企业经营者选拔制度存在的问题研究评析、国有企业经营者选拔制度存在问题的原因研究评析和国有企业经营者市场选拔建议研究评析。

（一）国有企业经营者选拔方式研究全面

国有企业经营者选拔方式的研究，是研究国有企业经营者选拔制度优劣的前提，二者是紧密联系的，而且随着我国国有企业改革的推进而不断深化。多

---

① Zhang Yan, Nandini Rajagopalan, "When the Known Devil is Better than An Unknown God: an Empirical Study of the Antecedents and Consequences of Relay CEO Succession", *Academy of Management Journal*, Vol. 47, No. 4, 2004, pp. 483 – 500.
② 雷丁：《海外华人企业家的管理思想》，生活·读书·新知三联书店1993年版。
③ Harris D., Helfat C. E., "Specificity of CEO Human Capital and Compensation", *Strategic Management Journal*, Vol. 18, No. 11, 1997, pp. 895 – 920.
④ Miller D., Shamsie J., "Learning Across the Life Cycle: Experimentation and Performance Among the Hollywood Studio Heads", *Strategic Management Journal*, Vol. 22, No. 8, 2001, pp. 725 – 745.

数学者都将国有企业经营者的选拔方式分为两种，但也存在些许不同，总体而言可分为三种观点：一是认为其选拔方式可分为行政选拔和市场选拔；二是将选拔方式分为市场选拔和内部选拔；三是认为内部选拔是市场选拔的一部分，即将市场选拔细分为外部选拔和内部选拔。本课题研究立足于第一种观点，并侧重探讨两种选拔方式的有效性和市场选拔的可操作性。

（二）对国有企业经营者选拔制度存在的问题的研究深入

研究国有企业经营者选拔制度存在的问题，有利于国有企业经营者选拔制度的完善。对国有企业经营者选拔制度存在问题的研究，主要是围绕着行政选拔制度存在的问题展开的。大部分学者认为，以行政任命制选拔国有企业经营者并不能适应现行的社会主义市场经济的要求，更与企业的发展目标不匹配。多数学者是侧重于对行政选拔弊端的研究。有的学者认为，"政府官员不可能选出优秀的国有企业经营者"。我们认为，这种观点是单纯地强调经营者选拔市场化，是不正确的，是极端片面的。这种观点忽视了行政选拔制度优越的一面。理性地说，行政选拔与市场选拔相结合，应是符合我国国情的经营者选拔制度。

（三）国有企业经营者选拔制度存在问题的原因研究准确

国有企业经营者选拔制度改革，是我国国有企业改革中的重要内容之一。随着国有企业改革的深入推进，国有企业经营者的选拔制度难免出现不匹配。出现不匹配是客观的、正常的，重要的是要弄清出现不匹配的原因。只有弄清楚了原因，才能有针对性地提出对策，解决不匹配。学者们对国有企业经营者选拔制度存在问题的原因的研究是准确清晰的，大体上可以归纳为历史路径依赖、体制改革滞后、制度供给不足和法律法规不完善四个方面。

（四）国有企业经营者市场选拔的建议研究客观可行

对于如何解决国有企业经营者选拔制度存在的问题，学者们提出了很好的、可操作性的对策建议。这些对策建议，对于推动我国国有企业经营者选拔制度科学化，提高国有企业经营者的素质，完善我国国有企业经营者的选拔制度，具有重要的现实意义。学者们对于完善国有企业经营者选拔制度的建议可以划分为三类：第一类是以靳娟、同勤学、王丽娜和朱向红等学者为代表的建议，即建议建立国有企业经营者市场选拔制度，建立经营者市场，一切依托于市场；第二类是以李中建、黄志云和赵伟芳等学者为代表的建议，即建议我国国有企业经营者的选拔任用要实行分类治理,部分国有企业应实行市场选拔与政府相机干预相结合的选拔制度,部分国有企业则可以实行市场选拔制度;第三类以吴震华学者为代表的建议,即调整行政选拔制度中不适应现实发展需要的部分,但不完全摒弃行政选拔制度。学者们对国有企业经营者市场选拔的建议不同,表明他们看问题的多视角化。多视角的研究,会使国有企业经营者选拔制度的研究更为透彻和深入,更利于我们了解和总结改革的经验教训。

二 国外国有企业经营者选拔制度研究评析

对于企业经营者选拔问题,国外学者的理论研究成果具有一定的代表性。与我国国有企业经营者选拔制度相联系,主要涉及了两个理论:一是委托—代理理论。中国国有企业所特有的委托—代理关系存在着成本较高、内部人控制严重的问题,而委托—代理理论提出了一种公司内部的治理机制,主要研究的是经营者选拔的有效性问题。二是公司控制权理论。与委托代理理论相比,这种理论提出的是一种企业外部的监督机制,主要针对的是不称职的经营者。我国国有企业经营者选拔以行政任命制为主,这种选拔制度"使经营者成为从属于行政官员的群体",容易滋生腐败和滥用权力等不正之风。因此,应结合我国国情,充分研究这两种理论,并将其运用于我国国有企业经营者选拔制度的改革中。

国外学者对经营者选拔制度的实证研究,主要通过实证和经验的研究方法,考察经营者继任的影响因素、来源以及之后公司变化等。实证研究可以凭借数据直观反映出选拔的经营者对企业的影响。受我国社会性质的特殊性影响,国内的实证研究还存在着一定的局限性。虽然我们可以参考国外学者的实证研究成果,但也要考虑到我国国有企业的特殊性。

从上述研究文献的梳理中可以看出,目前有关国有企业经营者选拔制度的研究"丰富多彩"。学者们从不同的视角对国有企业经营者的选拔问题进行了多方位的探讨,并取得了较丰富的研究成果,这为本课题的研究奠定了良好的基础。

但是,受研究理念、研究目的、知识积累、研究方法、研究实力和研究视角等多种因素的影响和制约,研究还存在着明显的不足:研究内容较少、研究方法单一、理论挖掘不深;有些研究甚至脱离中国国情,难以用于实践;还有些研究雷同、相似，没有研究意义。总之，目前的研究还仅仅局限于表象、零散的状况，尚未形成系统的、具有指导全局意义的研究成果。本课题研究，可以有效地弥补上述研究的不足。

　　本课题立足中国国情，吸收现有的优秀研究成果，把国有企业经营者选拔制度理论研究和实践研究有机结合起来，以期构建出具有中国特色的、适应中国国有企业经营者选拔需要的、行政选拔与市场选拔相结合的国有企业经营者选拔制度。

第二章

国有企业经营者选拔制度一般分析框架

本章主要研究内容：国有企业经营者选拔理论依据研究、国有企业经营者选拔原则研究、国有企业经营者选拔主体与范围研究、国有企业经营者选拔标准与制度研究、国有企业经营者选拔程序研究、国有企业经营者选拔成本与风险研究。

第一节 国有企业经营者选拔理论依据研究

国有企业经营者的经营管理水平在一定程度上决定了国有企业功能的发挥，决定了国有经济在国民经济中主导作用的发挥。研究在现代公司治理结构下，如何选拔具有较高经营管理水平的国有企业经营者至关重要。本节从新制度经济学与管理学角度，运用委托—代理理论、人力资本理论、领导特质理论来阐释国有企业经营者选拔理论依据。

一 委托—代理理论

委托—代理理论源于新制度经济学，是伴随企业所有权与经营权的分离而产生的。委托—代理理论的核心是研究如何在信息不对称和委托—代理双方利益冲突的情况下，设计最优契约实现对代理人的激励。[1] 委托—代理理论已成

---

[1] Sappington D., "Incentives in Principal-agent Relation-ships", *Journal of Economic Perspectives*, No. 5, 1991, pp. 45–66.

为现代公司治理的逻辑起点。

（一）委托—代理理论的发展

委托—代理理论兴起于20世纪60年代末70年代初，是对契约理论的重要发展。在阿罗－德布鲁（Arrow-Debreu）体系里，厂商被视为"黑匣子"，利用各要素投入在预算约束下进行最优生产行为，而对于企业内部组织却并不关注，忽略了信息不对称和激励问题，因而这种简单抽象认识对于企业诸多行为无法有效解释。一些经济学家在深入研究企业组织结构基础上，发展起来了委托—代理理论，创始人包括威尔森（Wilson，1969）、斯宾塞和泽克海森（Spence & Zeckhauser，1971）、罗斯（Ross，1973）、米尔里斯（Mirrless，1974、1976）、霍姆斯特姆（Holmstrom，1979、1982）、格罗斯曼和哈特（Grossman & Hart，1983）等。[①]

经过几十年的发展，委托—代理理论模型已经较为成熟，委托—代理分析框架已经应用到税收、就业、货币政策等经济学多个方面。委托—代理理论最初研究以单一委托人、单一代理人、单一事务为基础的双边委托代理问题，而后逐渐发展出多代理人理论（多个代理人）、共同代理理论（多个委托人）和多任务代理理论（多个事项）。

委托—代理关系是商品经济发展的产物。委托—代理关系的双方是委托人和代理人，代理人在委托人的授权范围内，以委托人的名义从事生产经营等相关活动，并获得一定的收益分享。委托—代理关系的产生得益于生产专业化。在传统的企业中，企业所有者对企业拥有完整的所有者权利，直接经营管理企业，承担成本享受利润，企业组织关系较简单，不存在委托—代理关系。但是，随着资本的逐渐积累，企业规模和经营范围的不断扩大，以及股东和企业员工人数的增加，企业内部管理趋于复杂化和专业化。

企业的所有者受制于自身时间、精力、知识、能力的有限性，难以完全掌控企业的生产经营或难以胜任相关管理角色，需要雇用专业经营人才来从事企业的经营管理活动，以实现资本收益最大化。企业所有者作为委托方，专业管理人才作为代理方，双方的委托—代理关系由此形成。委托—代理关系形成后，委托人将企业的经营权、资产处置权、人事任免权等控制权移交给企业经

---

① 刘有贵、蒋年云：《委托代理理论述评》，《学术界》2006年第1期。

理人员，自身拥有企业剩余索取权。①

（二）委托—代理问题与成本

委托—代理理论以新古典经济学作为研究范式，以"经济人"假设为核心，并满足以下两个基本假设。一是委托人和代理人的效用函数不一致，存在利益冲突。委托人和代理人作为"经济人"，追求自身效用最大化，并据此开展行为，然而由于定位不同，双方的利益导向往往不一致，存在着责、权、利等方面的矛盾。股东作为委托方，追求企业经营效益的提高和利润的最大化；经理人作为代理方，不仅追求企业经营效益和利润，还追求诸多个人目标，例如个人收入、办公条件、社会地位、个人声誉、商业应酬等，也可能为了短期效益而盲目投资扩大经营以实现短期晋升等，这些对个人目标的追求和短期行为，在一定程度上损害了企业的利润和未来长期发展，委托方与代理方产生了利益冲突。二是委托人和代理人之间严重的信息不对称。虽然委托人对投资、分配等重大事项和重要人事任免拥有决策权，也掌握企业财务状况，但对于具体的生产经营情况并不了解，均由代理人掌握。委托人难以完全了解代理人的情况和行为，也无法直接感知其努力程度，因而对代理人难以实施有效监督。此外，委托—代理双方承担的盈亏责任以及享有的利润分配也是不一致的，这一定程度上弱化了对代理人行为的约束与激励。

由于委托—代理双方存在利益冲突，信息与责任不对称，代理人有可能利用资源信息优势以及经营决策权违背委托人的意志谋求自身利益，产生偷懒、机会主义等代理问题，突出表现为道德风险和逆向选择。此外，委托人和代理人本身也决定了公司治理效率。对于委托人，若委托主体不明确，委托职责界限不清晰，可能会硬性选择代理人，且无法对其实行有效的监督，影响法人治理结构和企业的运作效率。若委托人行为能力较弱，也容易做出非理性的选择。委托人数量的多寡也影响法人治理结构的有效性，一般来说，二者呈负相关关系。对于代理人，其基本素质、行为动机以及代理人的层次与结构，都会影响委托—代理关系及公司的运作和效率，在监督不力的情况下，层次与结构越简单越好。因此，必须通过机制建设协调委托—代理双方之间的矛盾，实质就是委托人对代理人行为进行激励与约束，以减少非效率损失，实现委托人利

---

① 罗建钢：《委托代理国有资产管理体制创新》，中国财政经济出版社 2004 年版。

益最大化。

委托—代理关系实际上是一种契约,存在于各种组织之中,代理关系一旦形成也就产生了代理成本与代理收益。代理成本是指代理人行为扭曲带来的效率损失以及为监督保证代理人的合理行为而支出的成本。它包括风险成本和激励约束成本,前者是代理人的不负责行为导致的违背委托人利益目标而带来的损失;后者是为激励约束代理人行为而付出的成本,也包含因代理人行为受限引致的效率损失。一般来说,契约可有效约束代理人的机会主义行为,降低风险成本,带来效率损失。对代理人的激励约束可降低风险成本,减少代理问题,激励约束成本与风险成本某种程度上呈现此消彼长的关系。在实际中,应权衡两方面的成本,使得委托—代理总成本最小。委托—代理关系所带来的收益高于代理成本,委托—代理关系才得以存在。[①]

对于如何降低代理成本,可从筹资角度、经理人报酬结构、改进企业治理结构等方面入手。[②] 从筹资角度来看,不同的筹资方式拥有不同的代理成本,企业经理拥有的公司股权越高,努力程度越高。从经理人报酬结构来看,工资稳定可靠但缺乏激励作用;奖金有一定的激励作用,但易助长经理人的短期行为;股票期权作为风险收入,将经理人报酬与企业未来发展挂钩,对其经营行为有较为长期的激励和约束。从改进企业治理结构来看,必须解决好公司因所有权和经营权相分离而产生的代理问题,研究如何配置经营决策权,如何监督和评价经理人的行为,如何激励约束经理人和员工等。良好的企业治理结构能够通过制度安排,有效降低代理成本。

(三) 激励约束机制

激励约束问题是委托—代理理论的核心命题,必须设计一种合理有效的激励约束机制,使代理人按照委托人的利益导向努力工作,从事经营活动,从而使委托—代理双方在利益诉求不完全一致的情况下实现"双赢"。有效的激励约束机制设计可体现在以下两个方面:一是利用市场信息,市场化选聘,通过优胜劣汰来选择优秀的经营者,并利用市场竞争约束经营者的行为。产品消费

[①] 柴晓卓:《委托代理理论下的中国国有企业经营者激励约束机制分析》,硕士学位论文,吉林大学,2008年。

[②] 陈敏、杜才明:《委托代理理论述评》,《中国农业银行武汉培训学院学报》2006年第6期。

市场的竞争，将激励经营者降低成本，提高效率；人力市场的竞争，将使经营者为保持个人较高的人力资本而努力工作，这些都对经营者产生间接的压力。二是设计有效的激励约束方案，通过机制设计最大限度地维护委托人的利益，较为有效的方式是使经营者拥有一定的剩余索取权。激励根据其不同的表现形式，可分为以下三种类型：其一是利益激励，包括物质与非物质激励、现实与潜在激励等；其二是目标激励，包括短期目标与远期目标；其三是精神激励，包括奖励荣誉、感情、人际关系、组织氛围等。根据效用理论，多元化的效用决定多元化的激励，由于边际效用递减规律，不能一味增加单一激励，应当激励多元化。在具体操作中，可采取年薪制、奖金、年终红利、职务消费、送股、虚拟股票、股票期权等措施。在委托—代理关系中，必须有效约束代理人的行为，才能将委托—代理双方的目标利益正向连接起来，有效解决代理问题。[1]

我国国有企业是一种自上而下的多层委托和自下而上的多级代理的公司治理结构。在市场经济条件下，国家作为委托人将企业经营权交给经营者，国家与经营者之间的委托—代理关系就此形成。国有资产归全民所有，国家委托各级国资委代为监管，非所有者却具有剩余控制权。加之国有企业的代理人监督机制不健全，会出现国有企业经营者为谋求自身利益而牺牲所有者利益的"内部人控制现象"。因此，理顺国有企业委托—代理链条，加强国有企业经营者的选拔、激励和规范，对于国有企业发展以及国有资产的保值增值具有深刻的意义。

二　人力资本理论

人力资本理论由美国经济学家舒尔茨（Schults）和贝克尔（Becker）提出，兴起于20世纪60年代，开辟了关于生产力的新思路。人力资本理论认为，资本可根据形式的不同分为物质资本与人力资本，物质资本包含土地、厂房、机器设备、原材料、货币和其他有价证券等。人作为生产要素也是一种资本，可带来收益，即人力资本，表现为人身上的知识、技术、能力、健康等因

---

[1] 柴晓卓：《委托代理理论下的中国国有企业经营者激励约束机制分析》，硕士学位论文，吉林大学，2008年。

素之和。两类资本本质不同,在经济发展过程中的作用也不相同。在工业化阶段,物质资本的积累决定了企业的生存与发展,但随着生产力和社会经济的不断发展,物质资本的作用被削弱,人力资本的作用不断显现。[1] 人力资本对经济增长的作用高于物质资本,其资本积累的速度也高于物质资本,从而使国民收入增长快于国民资源的增长。因此,经济发展主要取决于人的质量,而非自然资源或资本的存量。人力资本的投资和收益遵循市场规律,人力资本同物质资本一样,可以通过教育和培训等投资产生,人力资本具有流动性,根据市场经济进行资源配置,并在流动中获得收益。[2] 人力资本是"主动性资产",其所有者拥有人力资本的产权。

在现代企业中,经营者素质的高低直接决定了企业经营水平、赢利能力和未来发展前景。企业人力资本可以划分为一般型人力资本、技能型人力资本、管理型人力资本和经营型人力资本,高级经营管理人才的人力资本就是企业中最高层次的经营型管理人才。[3] 企业高级管理者的人力资本,是创造型与倡导型人力资本,可以产生和倡导创新思想,并在管理中锻炼、显示出信息处理、经营管理和创新解决经济不确定性的特殊能力,是企业高级管理人才知识、能力的凝聚和结晶。[4] 这种人力资本在经济增长中具有能动性作用,对于企业的生存和发展至关重要。高级人力资本具备稀缺性,其形成具有特定性与复杂性,不是靠简单的教育和培训就能形成,而是需要在长期的实践中,通过总结成功的经验与失败的教训逐渐积累起来的,形成的周期较长,因而较为稀缺。[5] 高级人力资本通过所管理的企业的业绩来体现,因此其甄别与选择也需要付出一定的时间与成本。由于人力资本被个人所拥有,必须建立有效的甄别选拔机制。

国有企业经营者人力资本作用的发挥不是自发的,其创造价值潜力的大小

---

[1] Wiener, "Commitment in Organizations: A Normative View", *Academy of Management Review*, No. 7, 1982, pp. 418–428.
[2] 张宁:《国有企业经营者激励机制研究》,硕士学位论文,重庆大学,2004年。
[3] 陈平:《国企经营者选拔、激励与约束机制重构的理性分析——一种新的管理学视角》,硕士学位论文,西北大学,2003年。
[4] 张冬梅:《经营者核心人力资本:企业治理中的核心资本》,《山西财经大学学报》2005年第5期。
[5] 张宁:《国有企业经营者激励机制研究》,硕士学位论文,重庆大学,2004年。

与多种因素相关。为尊重人力资本的权利和地位，保证权、责、利的对称，需要建立人力资本激励约束机制，对经营者行为进行激励与约束。例如让国有企业经营者参与企业治理，使其分享企业的剩余索取权，将剩余索取权与控制权相对应。制度可直接影响经营者人力资本价值的发挥，合理有效的制度可最大限度地协调人力资本与物质资本的关系，并使企业经营者充分发挥利用人力资本创造价值的能力，从而提高企业的市场竞争力。

三 领导特质理论

领导特质理论用以研究领导者具有的内在品质与其相关行为及绩效的关系，认为领导者的个人特质和品质对领导行为的有效性起决定性作用，即用领导特质分析经营管理的行为，将特质作为管理成败的关键。

（一）传统特质理论

领导特质理论（trait theory of leadership）于20世纪30年代兴起，学者们运用心理学研究方法，研究领导者的特征。此时期的领导特质理论围绕领导者的心理、性格、知识、能力等特征展开研究，研究者认为，领导者与普通员工之间、不同层级的领导者之间存在本质上的差别，领导者具备特定的特质，如人格、智力、价值观等，特质决定了个体行为，因此这些特质可以将领导者与追随者区分开来。对于成功领导者具备的特质进行研究，可判断某团队中的领导者是否成功。

传统领导特质理论的代表性学者有：斯托格狄尔（Stogdill）、吉普（Gibb）等。斯托格狄尔认为领导者应具备17个方面特征，包括智力过人、自信心高、支配性强、有良心、勇敢、有独创精神、能忍受挫折、有组织能力、强烈的责任心和完成任务的内驱力等。领导者特征可归纳为5种身体特征（如精力、身高、外貌等）、4种智能特征（判断力、果断力、知识的深度和广度、口才）、16种个性特征（适应性、进取性、自信、机灵、见解独到、正直、情绪稳定、不随波逐流、作风民主等）、6种与工作有关的特征（高成就需要、愿承担责任、毅力、首创性、工作主动、重视任务的完成）以及9种社会特征（善交际、广交游、各级参加各种活动、愿意与人合作等）。吉普（Gibb）通过研究认为，优秀的领导者应具备七项品质特征：善言辞、外表英俊潇洒、智力过人、具有自信心、心理健康、有支配他人的倾向、外向而敏感。[1]

这些早期的有关领导特质的研究，通过调查和心理测验归纳总结了多种领导者应具备的特质，这些特征品质和领导行为相联系。但其不足之处也是显而易见的，过分强调了先天性特质的作用，忽略了后期工作生活环境、教育培训等对领导者的影响，事实上环境因素对于一个人能否成为领导者，以及领导绩效的优劣发挥着极其重要的作用。此外，各学者研究得出的领导特质，也只是繁杂罗列出来，没有指出各特质对领导者的影响程度，无法确定各特质所起的具体作用。而且，并没有找到一系列总能区分出领导者与其追随者差异的特质，对于领导者拥有的特质，是这些特质决定了一个人成为领导者还是领导者由于工作成功后期形成了某些特质，二者有何因果关系，并无明确定论。

（二）现代特质理论

随着管理实践的发展和领导理论的深化，20世纪80年代以后，又掀起了新一轮领导特质理论的研究高潮，可称为现代特质理论。现代特质理论将领导特质视为一个动态发展的过程，不再是一个静态概念，注重以发展变化的眼光来审视问题，推动了领导研究与实践，并相继产生了有效领导理论、魅力领导理论、内隐领导理论、领导胜任力理论等理论。

美国心理学家埃德温·吉赛利（Edwin E. Chiselli, 1971）应用因素分析法研究领导者特质，将特质分为能力、个性品质、激励三大类。能力包括管理能力、智力、创造力；个性品质包括自我督导、决策、成熟性、工作班子的亲和力、男性刚强、女性温柔；激励包括职业成就需要、自我实现需要、行使权利需要、高度金钱奖励需要、工作安全需要。这十四个因素具有不同的影响作用，在不同情境下，人的行为方式也是不同的。吉赛利的研究摒弃了"领导天生论"，强调了后天学习对领导行为有效性的重要作用。

日本企业界提出领导者应具有使命感、公平、勇气等十项品质和判断能力、规划能力、劝说能力等十项能力。[2] 美国普林斯顿大学教授鲍莫尔（W. J. Baumol）针对美国企业实况强调，领导者应具备"合作精神、决策才能、组织能力、精于授权、善于应变、勇于负责、敢于创新、敢担风险、尊重他人、品

---

[1] 杨昌辉：《国有企业经营者选择机制研究》，博士学位论文，合肥工业大学，2009年。
[2] 邓显勇：《领导者特征与团队类型的匹配研究》，博士学位论文，厦门大学，2009年。

德超人"十项条件。①《哈佛商业周刊》认为,"谦逊、活力、直觉、远见、视野、激情、信念和学习"是最重要的领导特质要素,这是在研究各行各业的商业领袖后得出的结论。美国管理协会调查了1800名事业成功的管理者,提出成功的管理者一般具备20种品质和能力,可分为企业家特征、才智过人、人事关系融洽、心理成熟、技术和管理的能力强五大类。

杰克·韦尔奇(JackWelch)认为,优秀经营者的选拔标准可概括为"4E+1P":E-Energy——有活力;E-Energize——调动周围人的活力,激励团队成员,可承担压力与挑战;E-Edge——敢于发表意见的魄力,决策果断有力,不拖泥带水;E-Execute——执行力,落实工作任务,付诸实践的能力。前三个E是经营者应具备的能力标准,第四个E是业绩标准,其中Energy与Energize是最基本、最重要的,Edge与Execute可以通过培训进行加强。P-Passion,激情,在工作中保持激情,具备由衷的兴奋感,能够被工作以及周围人的成就所感染,对未来的目标充满憧憬。②

领导者的产生和其行为绩效是领导特质、领导行为和周边环境共同作用的结果,不可只谈论某一方面而忽视其他。现代特质理论强调领导特质在不同情境下将产生不同的行为,从而决定了领导绩效。具备领导特质提高了成为成功领导者的可能性,却不能决定领导的成功。目前,较为统一的观点是领导特质能够通过领导行为影响他人工作,他人的特性及周边环境也会对领导者的人格和行为产生影响。领导特质不是先天就有的,可以通过后天的实践与学习来获得并不断发展。国有企业经营者选拔过程中,应当根据领导特质确定相应的标准,根据环境动态评价经营者能力与素质。

第二节 国有企业经营者选拔原则研究

国有企业经营者选拔制度是一整套复杂的系统,在过程中选拔主体开展选拔工作需要有引领这一整套系统的观念,其中包括国企经营者选拔制度所遵循

---

① 安费莎妮·纳哈雯蒂:《领导学》(第四版),机械工业出版社2007年版。
② 陈天荣:《领导特质研究的综述》,载全国经济管理院校工业技术学研究会《第十一届全国经济管理院校工业技术学研究会论文集》,2012年,第4页。

的原则。一般来说，采用不同的选拔制度来选择国企经营者所遵循的选拔原则是不同的。

一 行政化选拔应遵循的原则

一直以来，以政府或国资委为主体的行政化任命起主导作用，在多数研究中都认为行政化任命极易导致"政企不分"，企业治理结构不合理，国企效率难以得到保证。在对选拔理念转变过程中，行政化选拔这一方式在实际操作过程中也在逐渐转变，但其所遵循的原则是相对稳定、明确的。

（一）党管干部原则

行政化选拔制度所遵循原则的核心是党管干部原则，这是体现党的领导的最重要的途径。对于国有企业而言，党组织具有政治核心作用，党委在国企的地位无可比拟，需要发挥自身职能并参与企业决策、经营管理，开展党建工作。[①] 遵循党管干部原则需要明确以下三点：第一，明确党组织的职能定位。国有企业党组织要参与企业发展战略、高级经营管理人员选聘相关问题的决策，管理企业的干部人事，监督党与国家方针在企业的贯彻落实，维护企业股东会、董事会、监事会和管理层各层级的权利。第二，发挥党管人才能力。发挥董事会选人职能和党的组织选拔人事的权利，并且国有企业利用行政化选拔制度在选拔人才时注重候选经营者的政治素质，需要党在选人用人时进行严格把关，在选拔任用全过程发挥作用，及时动态监督选拔出来的干部，调整不合适的选拔干部。第三，切实参与企业决策。通过党委委员参与企业决策，由党委组织、动员和引领全体企业职工执行决策，切实发挥党组织对职工代表大会的指导作用，并监督企业决策执行过程，协调和反馈决策执行过程中可能出现的问题。[②]

（二）以德为先原则

在行政选拔经营者时，需要关注候选经营者的能力和德行，在国企内部选人用人要以德为先，在候选经营者的经营管理能力不相上下的情况下，优先考

[①] 张炳雷、秦海林：《发达国家国有企业经营者选拔机制及启示》，《财经问题研究》2016年第12期。

[②] 赵伟芳：《基于公司治理视角的国有企业经营者选拔机制研究》，硕士学位论文，首都经济贸易大学，2014年。

虑候选人的德行和政治素养。在开展选拔工作的过程中，需要了解、认识及贯彻落实以德为先用人标准，在认识候选人的德行的基础上选择最具有经营管理能力的候选人。

注重经营者职业道德，这是选拔国有企业经营者的必要条件。国企经营者作为企业管理人员主要是为了集体和人民的利益，以此为目的开展国企经营管理工作，因此，需要将具备良好的职业道德，拥有社会责任感，维护国企利益，实现企业增值保值，作为自己的目标。政府官员和国资委进行行政化选拔时，要对经营者的道德进行评价，可以设计不同的维度，对各个维度进行量化评价，以及根据候选者个人档案中行为记录和信用记录等做出判断。

二 市场化选拔应遵循的原则

国有企业在持续深化改革的过程中，行政化任命被认为与市场经济相违背，由此国企经营者的选拔已不再局限于行政化任命这一单一形式。面向市场开展国企经营者选拔已逐渐为多数国有企业所接受，面向市场开展选拔被认为可以高效地选择出有利于企业发展的经营者，打造高能力、高素养的管理队伍。显然，对国企经营具有重要意义的市场化选拔同样也需要有遵循的原则。

（一）公开、平等、竞争、择优原则

市场化选拔在以董事会为主体的选拔制度内是较为普遍的，而面向经理人市场开展选拔工作的范围是相对广泛的，这就要求经营者选拔活动遵循公平、平等、竞争、择优原则，以保证市场化选拔的有效性，克服市场化选拔的潜规则。在选拔范围极大扩张后须遵循这一原则，制定科学的选人用人制度，采取优质的选拔方式并且在选拔过程中严格落实，针对市场化选拔进行根据竞争岗位的考试，突出考察候选人的实际经营管理能力，确保开展市场化选拔的方式、规则的完善，实现国有企业经营者选拔工作常态化、规范化和制度化。同时，鼓励职业经理人参与招聘，制造良好竞争氛围，提供候选人竞争平台，使选拔主体得以清晰了解候选人的实力并做出合理选择，减少拉票可能性。此后，在择优选拔过程中，增强对过程的监督，听取选拔过程各类参与者的建议，坚持公开整个选拔过程，实现选拔透明与公正性，确保选拔工作公正平等地进行。

（二）依法管理原则

现代企业包含两个基本要素：一是法制管理。在传统的企业管理中人治现象普遍，而现代企业管理号召制度化管理，也就是说企业行事具备相应的规定、规章和制度，实现有章可循、有法可依的管理，开展规范化管理；二是合理流程。制定科学合理的流程，以清晰合理的流程指导企业员工行事。国有企业需要依照《公司法》的相关规定，制定科学合理的选拔流程和选拔制度，切实根据选拔流程和选拔制度对企业选拔活动进行指导，完善企业经营者选拔体系。[①]

在面向市场选拔国有企业经营者时，依法管理是一重要原则，以严格遵从相关法律和企业选拔制度进行选聘，有助于选聘过程透明公正，顺利进行和选聘结果合理。因而在选拔国有企业经营者时，需严格遵从依法管理原则，选拔出来的经营者人选必须严格执行相关的法律法规和企业制度。

第三节 国有企业经营者选拔主体与范围研究

整个国有企业经营者选拔系统是完整的，由国企经营者选拔主体在经营者选拔范围里选择经营者，需要全面了解国企经营者选拔的主客体，从而可以完全理解国企经营者选拔过程。

一 国有企业经营者选拔主体研究

所谓国有企业经营者选拔主体就是指在选拔过程中由谁来选择国有企业经营者。可以说，国有企业经营者的选拔任用机制是相当复杂的工程，具有其完整的体系，选拔主体就是其中的一个要素。根据现代企业制度，董事会享有选拔企业经营者的权利，但根据我国国情，董事会制度的构建并未完全成熟，导致国有企业经营者选拔主体的界定是很模糊的，理论与实践存在很大出入。

（一）国有企业经营者选拔主体界定

按理来说，具备足够敏锐的判断能力，能够为实现不同类型国企的目的而

---

① 王方华：《现代企业管理》，复旦大学出版社2007年版，第1—12页。

挑选适宜的经营者,并就选拔结果能够承担责任的个人或组织,才能被认为是国有企业经营者选拔主体。① 在我国,依据《公司法》《企业国有资产法》规定,出资人及其授权机构可行使企业的重大决策权、经营者的选拔权、资产受益权、对企业的监督权。国有企业经营发展的过程中,主要是由国资委来行使出资人的权力,而国资委作为出资人就表明了其享有选拔、任命、解雇国企经营者的权力。② 同时,根据《国有资产监督管理暂行条例》规定,在落实现代企业制度的进程中,国资委应当建立健全适应现代企业制度要求的企业负责人的选用机制。可见,国资委按照《公司法》规定以同股同权形式享有对国企事务的决策权,且随着对公司治理认识的加深,要求国资委任命或委派董事会成员,与其他董事会成员共同构成董事会并行使人事任免权,而不应该直接由国资委聘任或者解聘经营管理人员。

但在实际的选拔过程中,考虑到我国基本国情,多数国有企业经营者由国资委负责选拔、任用,并且大多数是由国资委内部具体的官员来控制整个选拔过程,显然这一过程中董事会并未发挥其作为公司治理的核心的作用,存在于国有企业管理的多层委托—代理关系被扭曲为由少数掌握国有资产控制权的机构、组织及其主要决策者掌握人事任免权,进行具体的经营者选拔活动,即国资委在行使其人事任免的权力时,存在着明显的越位行为,往往在选拔经营者时由国资委出面采用直接任免方式或面向市场直接进行国有企业经营者公开招聘,而不是通过任命董事,委托董事行使人事任免权。

此外,还存在一种情况,国资委作为国有企业经营者选拔主体应当享受到的权力并没有完全得以实现,仍然存在部分国企的负责人由国家任命,政府主管部门仍然拥有企业经营者的任免权。这种情况下国有企业经营者成为政府主管部门的"棋子",被认为是"在企业中的公务员",绝大多数上任的官员可能不会以企业利益出发开展经营管理活动,并不具备企业家思想,这也就是说原政府部门和党组织仍承担着选拔国有企业经营者这一责任,介入企业经营管理。可见,国资委被公认为是国有企业经营者选拔主体,但在实际的选拔过程

---

① 郭爱民、谭章禄:《社会总成本控制与国有企业经营者的选拔与监督》,《中州学刊》2005年第4期。

② 李东升:《央企高管的选拔动机与实际操作:从国资委层面观察》,《企业发展》2009年第10期。

中仍存在选拔主体越位和缺位现象。

（二）不同主体下的国有企业经营者选拔行为取向

由上文分析，可以看到事实上国资委、政府部门与董事会都对国有企业经营者选拔这一过程行使了一定的选人用人权力，选拔主体并不一定，而在选拔过程中的权责不明确则会对我国国有企业经营者选拔主体的行为产生影响。

（1）国资委作为国企经营者选拔主体，采取的方式主要包括行政选拔和市场化选拔。其具体行为主要受以下四点因素的影响：

第一，国资委是由政府进行管理的特设机构，是独立在政府机关以外的，但长久以来作为特设机构的国资委与普遍意义上的政府机构之间存在的差异并不为人熟知。同时，大部分国资委工作人员长期活跃在政府机关部门，并未完全脱离政府部门，使得绝大多数国资委工作人员普遍较为适应用行政方式开展工作，而不是采用最有利于现代国企发展的经营管理思想，显然国资委不能够在利用行政选拔方式后为其选拔的经营者行为承担责任。

第二，一般认为国有企业的国有资本实际剩余控制权与剩余索取权在本质上是分割开来的，国资委代表在不享有企业剩余收益索取权的情况下，无法形成有效的激励机制，由此国资委成员极有可能对选拔工作产生倦怠心理，甚至于出现寻租现象，由此极易产生委托代理风险。国资委被认为是国有资本出资人，国资委在国有企业的国资委代表人在股东会内地位较高或者国资委实际上成为国有资产的实际控制者的情况下，对企业有足够的影响力，具有话语权，但这些国资委代表人及国资委不具备对国有企业剩余收益进行索取的权力。

第三，在选拔过程中，享有选拔经营者权利的国资委成员往往在该国有企业担任了某一职务、就任于某一岗位，该国资委成员并不会由于其选拔经营者的表现好坏、能力强弱、经营成果优劣而获得奖励或受到处罚。更何况，国资委选拔人员多半采取的是在政府官员、企业内部选人或企业经营者对调等行政任命方式，国资委内部负责选拔经营者的人员因为多年居于幕后，并不熟悉企业的经营状况，很可能并不了解经营者在实际经营过程中须具备的特质，以及国资委多是根据一些形式化的考察进行筛选，难以实际了解候选经营者的能力水平与思想素质，因此，在并不需要为选拔结果负责的情况下，国资委并不具有认真地开展选拔工作的动力。①

第四,商业类国有企业首要目的是增强国有经济活力、放大国有资本功能及实现国有资产增值保值,公益类国有企业则以保障民生、服务社会为根本目的,尽管两种类型的国有企业的目的不完全一致,但国资委作为出资人,被赋予保证国有资产增值保值、防止国有资产流失的责任,同时企业是需要盈利的,最首要的任务便是实现利润最大化,所选拔的国有企业经营者被认为需要具备一定的创新、冒险意识,善于辨别市场环境,解读市场信息,显然出资人和企业本身的目的并不一致,对选拔的国有企业经营者的要求存在差异,国资委在选拔国有企业经营者的过程中所选拔的国有企业经营者应具备两种不同要求的有效平衡,既能实现企业利益,又能弱化风险、实现资产增值保值。

(2)政府部门作为实际上的选拔主体时,主要采用任命制以选拔国有企业经营者。这就意味着一旦政府部门选拔的国有企业经营者在经营管理过程中出现重大问题,需要由集体承担责任,而一般认为,由集体承担责任极易造成产权不清,问责机制无法贯彻到位。实际上,与国资委作为选拔主体类似,政府部门选拔国企经营者多是采用行政任命,这一过程多是根据形式化的流程对候选经营者考察,并不能对经营者进行实际的、综合的考评,这显然不能要求政府官员对选拔结果负责。现代企业制度建立完善后,行政法治、依法管理意识的加强,行政规章制度的完善对政府行为产生一定的约束,但由于行政任命制下国有企业经营者真正的选拔主体是党组织,党组织在国有企业中的地位是举足轻重的,引领企业发展,以其政治地位发挥政治影响,规范和指导全体员工思想素质和日常工作,因而党组织若在选拔过程中出现偏差,做出了不合理的选择,即使选拔得到的国企经营者出现偏差导致国家利益受损,党组织也不需要承担法律责任。在这样权责不明晰且不对等的情况下,作为实际上选拔主体的政府官员并没有足够的约束和激励开展国企经营者选拔工作,甚至其不能做出合理的选择,由此出现逆向选择、政企不分和道德风险等问题。

(3)董事会作为选拔主体时,在公司治理视角下,作为公司治理核心的董事会享有任免经营管理层的权力。随着现代企业制度的建立完善、国企改革的

---

① 李中建:《国有企业经营者选拔中的难题及解决思路》,《武汉大学学报》(人文科学版)2005年第1期。

深化，公司治理结构也被普遍接受，多数国有企业根据现代企业制度完成改制，依法建立董事会，并通过董事会行使人事任免权。[①] 董事会任免国有企业经营者的效率在理论上来说是高效的，然而由董事会选拔经营管理人员，实际上并不能保证企业经营者选拔的有效性。

一方面，部分国企尽管已经完成现代企业改制，并建立董事会，但其存在运行不规范的情况，董事会只具其形而并未实际发挥作用，其中人事任免权作为现代企业董事会享有的基本权利也被其他主体侵占；另一方面，国有企业董事会成员是由国资委挑选并委派或任命，国有独资或国有控股企业董事会中国资委的影响力相对较强，国资委通过对董事会的影响力间接地享有任免国企经营者的权力，基本上选拔的国企经营者依然受国资委控制，这也就妨碍了董事会自身职能的有效实现。显然，完善并独立的董事会的企业经营者选拔是可行合理的，而不完善或为政府、国资委所控制的董事会并不能发挥其职能作用，在国企经营者选拔中并不能做出合理选择。

二 国有企业经营者选拔范围研究

所谓的国有企业经营者选拔范围就是在选拔之后得到职务的经营管理层人员在此之前所处的行业职务。自国资委成立至今，国企经营者选拔实现一定程度的市场化，在选择范围上出现市场化倾向。不同的选拔主体采取不同选拔方式在选拔过程中倾向的选拔范围也不一致，一般来说，国资委和政府部门选拔的范围包括：政府部门官员、同行业经营者调动、企业推荐政府或国资委审批和国资委公开选聘，而董事会选拔的范围主要有：企业内部竞争和经理人市场公开选聘。

（一）国资委和政府部门主体的经营者选拔范围

（1）政府官员。政府官员被委派至国企担任经营者是相当普遍的做法。政府官员调任国企经营者存在两种情况：第一，国企经营者的薪资水平远远高于政府公务员的薪资水平，部分国企经营者的任免事务成为了补偿政府官员的福利，有的国企经营者并无深厚阅历和管理能力，有的国企经营者年过花甲、力

[①] 戚聿东、徐炜：《国有独资公司董事会与监事会制度研究》，《首都经济贸易大学学报》2008年第1期。

不从心，国企经营者实际上成为了政府官员获得补偿、年轻官员的晋升中转站或即将退休的政府官员的安乐窝。在这样的情况下，这些调任国企的政府官员管理国企的积极性和能力往往较低。第二，国资委和政府部门通过对政府官员进行综合审核并做出选择，在这一过程中多是按照选择干部的标准进行评审，侧重于政治素质、资历和学历等方面的考察，致使评审仅为流程，实际上由上级部门内定的，由此上任的经营者实际上并不具备经营管理企业的能力。

（2）同行业经营者。同行业经营者调动这一方式在近几年国有企业经营者选拔中逐渐出现，政府或国资委调任行业内经营者或是为了实现该国有企业自身目的、改善该国有企业的经营状况，或是为了维护产业整体发展及防止产业内恶性竞争。[1] 在同行业经营者中选拔国有企业经营者，选择的经营者一般在原岗位是有突出贡献的、能力是有目共睹的，该经营者在新的国有企业上任后能够根据该企业的内外部环境、自身的优劣势，对该企业开展合理的管理，促进企业健康发展。实际上，在市场经济的环境下，企业相互竞争是常态，经营者调任在企业之间、高管之间是不应发生的，而在国有企业的研究和发展框架内，同行业经营者对调俨然已成常态。

（3）企业内部人员。企业推荐政府或国资委审批、内部竞争上岗是企业内部人员得以晋升的主要方式。计划经济时期是通行方式，国企向中组部、企业工委推荐候选经营者名单，由中组部、企业工委审批，候选国企经营者经过多重评审、筛选，最终确定为国企经营者。现今应用较为广泛的选拔手段，通过营造公开、公正、透明的竞争环境，选择最具实力的管理人员。两种方式在形式上来说是公平的，然而，前者对经营者的最后确认是选拔主体依据提供的相关材料进行的，这些材料更多的是倾向于展现候选人作为政府官员的能力、品质和思想素养等方面，并不能有效地体现其经营管理能力，这显然不是选择企业经营者的合理标准，由此选拔得到的国有企业经营者并不一定是合理选择；而后者既有书面材料审核也有实际能力的评判，在评审中会考虑学历、思想素质等方面，也会将候选人的实际经营管理能力纳入考量，相对而言，更能令候选国企经营者在竞争环境下脱颖而出，由此竞争上岗的经营者很可能对企业发展是有利的，选拔结果被认为是相对合理的。

---

[1] 朱红军：《高级管理人员更换与经营业绩》，《经济科学》2004 年第 4 期。

（4）市场化的职业经理人。随着国企经营者的选拔逐渐向市场化、职业化过渡，面向市场公开招聘成为重要方式，并且国资委在 2004 年 12 月颁布相关通知，具体规定国有企业公开选聘的步骤和程序，形成规范，并且在较多国有企业也相应地贯彻落实，国企经营者的选拔范围随之大幅扩大。选拔范围由企业内部扩散至企业外部、面向市场，选拔范围的扩张也就说明了选拔方式的改进、选拔观念的转变、选拔制度的完善。在公开招聘的过程中，政府或国资委作为选拔主体，仍然控制着经营者选择的过程，国有企业并不能根据自身利益自主任命或解雇经营者，国资委作为出资人却不具备企业剩余权益的索取权，其行为与企业利益存在一定的冲突，因此，这种选择方式只能认为是半市场化的选择方式，但也足够说明选拔理念的进步。

（二）董事会主体的经营者选拔范围

（1）企业内部人员。国有企业董事会在选拔经营者时，企业内部竞争上岗的比例是远远大于外部职业经理人选聘的。企业内部竞争是国有企业留住人才、防止人才流失的重要手段，通过企业内部竞争上岗可营造公平透明的竞争环境、提供内部人员晋升机会，这是促进企业人员发挥自身能力的有效激励。研究表明，长期来看，从企业内部选择国有企业经营者有利于国有企业长期的发展。[①] 企业内部竞争性选拔除去一般的材料评审、面试、能力测评等环节，还会让企业内其他人员参与评选，而不是董事会一家独大，最终选择到的经营者是能让人信服的。显然，企业内部竞争上岗实际上范围仍局限在企业内部，但在很大程度上打破了在国有企业内部盛行多年的论资排辈的传统观念，树正了国企选人用人风气，推崇竞争、公正、公开，构建了企业内部人才竞争、人才成长的良好环境。

（2）职业经理人。以董事会为选拔主体的经营者选拔范围扩大至职业经理人市场，实现招收人才，促进企业发展的目的。当选拔范围确实扩大时，候选竞争者不局限于企业内部，面向市场招收人才，如此可供选择的候选经营者更多，国有企业得以根据企业自身内外环境和目标构建选拔经营者的指标体系。实际上选聘的成本是增加的，但选拔过程是阳光的，选人用人机制的公信力增强，选拔结果是如人意的。目前我国职业经理人市场正逐步完善，可以为招聘

---

① 王丽娜：《中国国有企业经营者选择及其改革》，上海财经大学出版社 2009 年版，第 262 页。

企业提供应聘者全面真实的信息，实现选拔主体与候选经营者之间信息交流的充分性，选拔主体可依此切实了解应聘者作为经营者的能力素质，做出最为合理的选择，增强了公开选聘的公平性、公正性和透明性。

无论是在企业内部竞争上岗，还是经理人市场公开选聘，选聘范围相对大大扩张，在理论上两者都是高效且合理的，既能广揽人才、留住人才，又能确保选拔过程和结果公平公正。然而企业内部选拔的主要参与人包括董事会、现任经营者和管理层，由董事会对内部选拔事宜进行引导、推进和最终决策，现任经营者和管理层负责跟进，显然由于自身的利益关系，现任经营者和管理层在一定程度上会阻碍选拔进程。现任经营者有可能出于对企业的热爱，也习惯于自身对企业的管理模式，并不希望继任的经营者改动自身对企业的部署和管理方式，他们也更为相信自身的能力，从而并不愿意将自身的权力让渡给他人。管理层成员复杂，在继任经营者上任后，并不能明确自身在权力更替过程中受到影响的利弊。因此，可以看到尽管以董事会为选拔主体的选拔制度有效地扩大了经营者选拔范围，但董事会、现任经营者和管理层在选拔过程中担任不同角色，会对国企经营者选拔带来显著影响。

第四节　国有企业经营者选拔标准与制度研究

国有企业采用何种标准与制度来选拔企业经营者，将影响到国有企业的经营管理水平，也将直接关系到国有企业能否有效保证其业绩稳步增长。

一　国有企业经营者选拔标准研究

国有企业经营者的选拔标准包括经营才能、道德品质、知识结构以及开拓创新意识。这套选拔标准具有科学合理、目标指向性强的特点。其中，经营才能作为核心，主要衡量经营者的经营能力；道德品质衡量经营者的自身素质；知识结构衡量经营者的专业技能；开拓创新意识衡量经营者能够为企业带来潜在收益的能力。前三项标准评价候选者的显性素质，后一项标准评判候选者的潜性素质。

（一）经营才能

经营才能作为选拔标准的核心，也是国有企业经营者应具备的最基本素质。国有企业经营者是实现市场条件与生产要素有机结合的策划者,主导企业生产经营的决策者,创造社会财富的组织者,推进企业内在素质及活力的管理者。因此,作为国有企业的经营者,必须要做到懂经营、擅管理,具备出众的管理经营能力,这样才能在关键时刻做出正确决策,带领企业实现收益目标。

经营才能的高低主要通过备选人员的过往经营业绩是否突出来衡量。具体可以从以下几个方面考虑:第一,比较同行业水准。同行业水准包括投资收益率以及获利的绝对值两个方面。要注意的是,在比较同行业水准的过程中,企业规模也是一个重要参数。第二,参照本企业的历史水准。在同一个企业中,不同经营者经营期间的收益高低可以作为体现经营者经营业绩的重要参照。实施过程中,主要是用现任经营者的业绩对比前任经营者的业绩得出对现任经营者的经营业绩的评价。第三,对潜在的收益(亏损)的预测。企业经营者要具备合理预测与评价潜在收益和亏损的能力,否则便会出现企业经营者只顾眼前利益而放弃长远发展机会的局面。

(二)道德品质

国有企业经营者的道德品质是整个企业经营管理工作的灵魂,是社会、政治、经济、文化及自然和谐并可持续发展的力量源泉。国有企业经营者的道德品质可以概括为国企经营者在工作和生活中所应当具备的道德观念、道德评价等各方面的总和。

良好的道德品质作为选拔经营者的标准之一,主要衡量经营者的素质。这种素质包括两个方面,首先,国有企业经营者作为一定意义上的企业家,要具备真诚及正确的利益观两项素质;其次,国有企业经营者作为一名"社会人",又应当具备每个社会人都应具备的自身素质,其中首要的是扎实的党政理论基础,同时还要具备心理素质稳定、正直诚信、有责任心以及饱满的工作热情等各项素质。良好的道德品质有助于经营者在面临个人与企业的利益抉择时,以社会多数人的利益为评判标准,做出符合社会及企业可持续发展的正确决策。

(三)知识结构

知识结构主要衡量经营者的专业技能,其中,具备较高的知识水平是成为国有企业经营者的基本条件,较高的知识水平既包括掌握知识的广度,又包括掌握知识的深度,有时学历会成为一些国有企业的硬性标准之一。

国有企业经营者应具备的基本知识主要包括所在行业的知识、管理知识、公司背景知识等。然而，知识结构这一标准不能单一地发挥作用，在考量经营者的过程中还要评价其对自身所掌握知识的运用及实践能力，这主要包括谈判沟通能力、领导管理能力、处理突发事件能力以及处理复杂矛盾的步骤及方法等。经营者只有具有完备的知识体系及高超的知识运用能力，才会拥有领导者应具备的"逆转力"，这种"逆转力"使得经营者在企业处于逆境时，能够时刻保持冷静，分析局势并看透企业未来发展轨迹，鼓舞团队士气，进而在关键时刻果断做出决定。

（四）开拓创新意识

在企业发展的任何阶段，创新都是不可或缺的。创新的主体以企业的经营者为代表，企业经营者作为企业的管理者及决策者，其具备的创新能力直接决定了企业在复杂的市场环境中能够走多远。国有企业的经营者的责任则更加重大，由于国有企业的特殊属性导致其所受约束较多，此时，创新的意义便更为凸显。只有具有创新意识的经营者，才能使国有企业突破束缚，使企业真正实现观念、制度等方面的创新，从而实现更高的收益。

开拓创新意识作为评判经营者潜性素质的指标，主要衡量经营者的内在潜力预期会给企业带来多高的收益。在创新意识方面，经营者应将培养创新意识视为提高自身素质的关键，瞄准世界一流水平，引进行业高端人才，唯有如此，企业在经营者的带领下，才会全面实现观念创新、管理创新、技术创新和制度创新。如果企业经营者创新意识不足，则会导致企业各方面的创新都无法启动并实施。因此，开拓创新意识是国有企业经营者应具备的素质之一。

二 国有企业经营者选拔制度研究

国有企业经营者的选拔制度可分为行政选拔制度和市场选拔制度两种。其中行政选拔制度的主体是政府及有关部门，而市场选拔制度的主体是企业，具体可以分为企业内部选拔以及企业外部市场选拔，市场化选拔制度是利用市场机制来进行经营者的选拔，更强调竞争，注重公平。

（一）行政选拔制度

行政选拔制度是指由政府官员选拔及组织任命等方式来选择国有企业经营者。这种制度的主要特征包括：以行政标准为依据；以行政命令来决定；以权力为推动力。简单的政府官员选拔会导致政府官员有选择经营者的控制权,但其却不需要为此承担任何风险与责任,由此可见,政府官员的这种权力无疑是一种"廉价投票权"。政府官员会依据个人偏好选拔企业经营者,这有可能为政府官员提供寻租。其他行政选拔制度具体包括:政府部门官员调任、同行业相互调动、企业推荐政府考核审批以及国资委选聘。[①]

政府部门官员调任是国有企业经营者的重要来源之一。无论在计划经济时期还是市场经济状况下,政府部门都会成为一些大型国有企业经营者的供给源泉。以经营者身份被外派到国有企业的政府官员,取得的收入往往会高于公务员的平均收入水平,因此,对于政府官员的这种人事安排最终会成为对政府官员的一种福利补偿,这在一定程度上导致国有企业成为政府官员晋升机制中的"中转站",或者成为即将退休的政府官员的理想"归宿"。

同行业调动是指政府主管部门即国资委等,将其所管辖的同一产业、不同企业的经营者进行互换。这样做的目的说是为了避免产业内部的恶性竞争,从而促进产业发展,但是从本质上讲,这种行为仍然属于政府越权对经济进行干预的行为。

企业推荐政府审批是指国有企业经营者的选择要经过企业工委、中组部等的层层考核审批最终确定。这种制度看似公平公正,但是审查经营者的政府部门不可能全面了解候选人的经营能力等各项能力,因此其考察审核具有极大的盲目性。

国资委选聘是指国资委提出的对国有企业经营者实行公开招聘及内部竞争上岗的选拔制度。这种制度可以看作是一种半市场化的选拔制度,即使政府开始在市场范围内选拔国企经营者,增加了选拔透明度,但是政府仍然是这一过程的控制者,企业依然不能自主决定经营者的更替。

(二) 市场选拔制度

为了避免行政制度选拔的弊端,国有企业在选拔经营者过程中采用了一定的市场选拔制度,旨在通过公平合理的竞争来挑选企业的经营者。采用市场选拔制度可以切实打破候选者的地域、身份、单位等方面的限制,如逐步淡化户

---

① 赵伟芳:《基于公司治理视角的国有企业经营者选拔机制研究》,硕士学位论文,首都经济贸易大学,2014年。

籍制，降低资历身份要求等，使真正具有经营管理才能的人得到利用。市场化选拔主要包括企业内部选拔以及企业外部市场选拔两种制度。①

（1）企业内部选拔制度。企业内部选拔制度是指从企业内部利用层层考核制度，最终选出国有企业经营者。企业内部选拔的优势在于容易对企业人力资本做出准确评价，能够有效克服外部市场选拔中辨别候选者提供信息是否真实的成本，有利于缓解信息不对称等问题，使得经营者与企业较快融合，从而能够更好地行使经营者自身职能。但是内部选拔的范围受限，内部选拔一般是从企业现有中高层经理人中选择继任经营者，这就使得许多优秀的经营管理人才流失在企业之外，不能成为企业的选择对象。同时，由于内部选拔范围受限，企业经营者的选拔很大程度上会依赖于企业自身经理人员的素质，无法利用企业外部"新鲜血液"来进一步提高组织活力。②

（2）企业外部市场选拔制度。企业外部市场选拔制度是指国有企业以招聘的形式在经营者市场上选出企业经营者的制度，即面向市场公开招聘制度。外部市场选拔的优势在于选择范围更加广泛，外部人才的引入可以提高企业的活力并带动企业创新意识的提升，同时，外部市场选拔还可以通过对企业内部管理者施加潜在压力来降低企业的代理成本。

外部市场选拔制度中有代表性的为考任制和聘任制。考任制是指企业根据工作需要，公开招聘范围及条件，并根据统一标准公开考试来选拔经营者。考任制的优点在于选拔范围广泛，评价标准统一明确，在很大程度上克服了行政选拔中出现的问题及弊端。但是，考任制的选拔周期较长、成本较高这一问题有待进一步解决。聘任制是指企业通过契约来确定经营者的一种任用制度，一般的程序是由用人单位用招聘或竞聘的方法，经过资格审查和全面考核等程序后，由用人单位与确定聘任的候选人签订聘书，明确双方的权利义务关系等事项。聘任制实现了企业与候选人之间的双向选择，有助于人才竞争作用的发挥并促进人才的合理流动，保证企业经营者的稳定性。但是，聘任制也有自身的缺陷，在缺乏监督的过程中，企业在候选人竞聘时难以避免地会表现出主观随意性。

---

① 刘银国、杨善林、李敏：《国有企业经营者选择机制探讨》，《经济体制改革》2005 年第 4 期。
② 田小平、张国旺：《国有企业企业家选择问题研究》，《商场现代化》2006 年第 29 期。

市场选拔制度的方式需要一定的实施条件。第一，市场经济体系下的"激励约束"机制是国有企业进行经营者市场化选拔的前提条件之一，国有企业想要经营者尽心竭力为其服务，就需要用一定的经济利益来激励经营者，并且一旦经营者无法实现预期目标就将其直接淘汰。这种选拔制度较为直接公平，简单易行，只要对预期经营目标进行预先设定，利用长效和短期激励相结合，就能实现企业经营者的优胜劣汰。第二，"激励约束"机制需要充分透明的信息沟通，这主要在委托人和代理人之间进行。作为企业代理人的国有企业经营者，拥有其独有的企业信息优势，同时又存在隐瞒对自身不利信息的道德风险。处于市场竞争中的国有企业采用这种市场化的选拔制度更加容易，因为其衡量企业经营者的业绩指标体系更为清晰，且在市场竞争条件下，信息更加容易获得，通畅的信息意味着经营者市场体系日臻完备，便于企业利用选拔标准来比较不同经营者的经营管理能力。然而，对于处于天然垄断行业的国有企业来讲，衡量经营业绩的指标体系不如竞争性企业容易构建，因为其信息流没有竞争企业信息流那样通畅，而只有在市场上有充足且完备的经营者候选人时，才能使充分竞争在市场化选拔过程中得到体现。[1]

针对市场化选拔的两种制度，企业从哪一范围选择经营者，这取决于该国有企业对经营者专用性的具体要求以及企业内部人力资本的状况。规模较大的国有企业应以内部选拔方式为主，因为其对经营者专用性要求较高，而小规模的国有企业应以外部市场选拔为主，因为其对人才专用性的要求较低，小规模国企经营管理真正需要衡量的是经营者经营才能的质量。

综上所述，国有企业经营者的选拔制度包括行政选拔制度和市场选拔制度两种。国有企业在选择选拔制度时会受到一些因素的影响，所以企业不得不把这些影响因素考虑进去之后再进行企业经营者选拔制度的选择。影响国有企业经营者选拔制度的因素包括：经营者市场情况、企业规模、企业治理结构以及其他因素。[2] 经营才能的市场配置要以存在经营者市场为前提，在具备完善的经营者市场的条件下，如果经营者市场交易成本比较低，从选拔效率方面考

---

[1] 张炳雷、秦海林：《发达国家国有企业经营者选拔机制及启示》，《财经问题研究》2016年第12期。

[2] 田小平、张国旺：《国有企业企业家选择问题研究》，《商场现代化》2006年第29期。

虑，国有企业偏向于选择外部市场选拔。企业规模影响国企经营者选拔制度主要原因在于，不同规模的国有企业对经营者专用性的要求不同，进而导致其对经营人才才能质量的要求存在差异。企业治理结构对经营者选择的影响主要体现在企业董事会的构成上，如果企业董事会成员以企业内部成员为主，那么经营者的选拔会以内部选拔为主，如果董事会成员中外部成员多于内部，国有企业就会倾向于以外部市场选拔为主。

第五节 国有企业经营者选拔程序研究

国有企业经营者的选拔程序因制度不同而有所差别，如偏行政化的组织选拔程序中会多次出现国资委、组织部等部门，且国资委和组织部等在选拔过程中会发挥重要作用。而公开选拔程序与内部竞聘程序则体现市场化选拔的特点，更加公平公开公正且更具竞争性。由于公开选拔与内部竞聘在选拔范围上有所差异，导致二者在选拔程序上出现细微差别。

一 国有企业经营者选拔的一般程序研究

国有企业在选拔任用经营者时，无论采取偏行政化的组织选拔，还是公开选拔或者是内部竞聘，一般都会遵循招聘前准备、资格审查、综合能力测试以及考察任用这四步常规程序。在选拔经营者时，国有企业一般化的选拔程序如下：

第一，当出现经营者职位空缺或高层管理人员之间需要调任等情况时，有关各方先行沟通酝酿，进行招聘前准备：一是确定拟招聘职位及职位要求；二是确定招聘实施方案，包括招聘人员、招聘渠道选择和招聘流程等。

第二，招聘准备完成后，发布招聘职位、职位要求、报名时间及招聘范围等相关信息，根据报名情况，国有企业内部相关部门对符合条件的人员进行资格审查。

第三，审查通过后，征求有关各方意见或者按规定组织笔试和面试等方式来考察应聘人员的能力和素质，在综合分析应聘者的能力及参照有关方建议的基础上，提出任用意见。

第四，任用意见经有关方讨论通过后，依照相关法律和规定任职，并公示选拔结果。公示期满无异议的经营者进入试用期，试用期未通过的取消任职资格，试用期满考核合格的正式聘用为企业经营者。

二 偏行政化的组织选拔程序研究

国有企业作为政府出资参与控制的企业，往往其行为由政府的意志和利益来决定，因此经营者的选拔也往往通过行政手段来完成。组织选拔是目前最具行政化的经营者选拔制度，其程序通常分为以下五步：

第一，组织提名，即当国有企业经营者职位出现空缺时，需要提拔任用或者调整经营者工作岗位时，国资委和组织部等相关部门交流沟通后，提出初步的选拔任用方案。

第二，民主推荐，由推荐会公布推荐范围，相应职位及其任职条件，其中推荐的范围一般是国有企业集团本部管理层成员和集团本部下属二级子公司领导班子成员，通过个别谈话和会议投票等方式进行推荐，对推荐结果进行统计分析，确定考察对象。

第三，组织考察及征求意见，由党委确定专门的考察组，制定出考察方案，明确考察的目的、方法、步骤和时间安排等内容。首先，与考察对象所在单位的主要领导沟通考察方案有关情况，征求意见；考察前在被考察对象所在单位进行考察预告（如通过公示等方式进行预告），考察组通过查阅档案及相关资料，进行个别谈话和与被考察人面谈，发放征求意见表和民主测评等方式对被考察对象的德、能、勤、绩、廉等进行考核了解，注重考察工作能力。具体来说，"德"为思想政治水平，具体体现为政治方向是否正确，政治立场是否坚定，理论素养、思想境界、政治品德和道德修养等是否符合要求；"能"指的是组织领导能力，具体体现在判断和决策的能力、管理能力、统率能力和灵活应变的能力；"勤"是指经营者勤奋努力、爱岗敬业，勇于改革、敢于负责的基本素质；"绩"指的是工作业绩，具体看考察对象在其任职岗位上所完成工作的效率、数量和质量以及其产生的经济和社会价值；"廉"为廉洁自律、奉公守法的品质。国有企业在确保国民经济持续、快速、健康发展过程中发挥着重大作用，因此廉洁自律水平是选拔任用国有企业经营者的重要条件之一。其次，考察组需将考察结果形成客观、公正的书面材料，为选拔任用提出初步建议方案。方案形成后提交至派出考察组的国资委和组织部等相关部门，征求意见。

第四，讨论决定，由 2/3 以上的党委成员（或常委成员）组成决议主体，以不记名投票的方式表决初步建议方案，表决过程按《公司章程》等规定进行，一半以上的党委成员（或常委成员）同意便可形成决定。

第五，任前公示与任职，对选拔结果进行公示，选拔出的经营者有一定期间的任职试用期，试用期满，由公司董事会提名委员会对其工作业绩进行考核评估，并根据考核评估的结果提出任职意见，经审议确定试用期间表现优异的可以正式成为国有企业的经营者，试用期未通过的免去任职资格。

国有企业的行政性特征决定了其对经营者的选拔任用以组织选拔为主，其选拔程序类似于党政干部的选拔程序，即通过推荐、考察和民主评议等步骤选拔出人才。但同时，选拔党政干部过程中的形式感重、主观性强、透明度差等诸多问题也反映在了国有企业经营者的选拔过程中。虽然近些年来受外部影响，国有企业经营者在选拔过程中也加入了一些新程序，如笔试、面试和征求意见等，弱化了主观性，增加了公平性和透明度。但国有企业经营者的选拔任用有别于党政官员的选拔任用，企业需要发展，更多需要的是经营者的战略眼光、经营能力和运筹能力等诸多才能。

而目前的组织选拔程序尚不能完全适用国有企业，因为其选拔程序尚不够科学合理，致使应聘国有企业经营者的人员信息和才能难以得到全面充分的展示，可能会因为一些形式感较重的程序，而使得那些真正能领导国有企业实现大发展的人才意外出局，而一些方方面面都符合条件能通过选拔程序但却对企业发展毫无裨益的人最终胜出，结果还是不能达到国有企业选拔经营者的要求。[①]

国有企业中组织选拔程序中最关键的一步是组织提名推荐，上级领导和任免机关领导的意志往往起着决定性作用，而有机会获得升迁或调任的人员显然会意识到个人职业生涯的发展与上级领导和任免机关领导有着直接关系，极易导致一些企业人员产生机会主义，即不热衷于提升个人能力和为企业发展出谋划策，而专注于和上级领导或任免机关领导套近乎、搞关系。因此，有时适合

[①] 祁玉梅：《完善我国国有企业经营者选拔任用机制的对策研究》，硕士学位论文，东北师范大学，2006 年。

成为国有企业经营者的人才通过现有的选拔程序未必最终能成为国有企业经营者。

三 公开选拔程序与内部竞聘程序研究

中国经济的迅猛发展使得国有企业对经营者的选拔任用在理论和实践上都进行了有益的探索，一部分国有企业开始采取内部竞聘和公开选拔等市场化的方式来选拔经营者。归纳以往国企多次实施的公开选拔与内部竞聘，二者一般采取以下程序：

首先，由国资委发布招聘职位、职位条件及有关要求的公告，由政府相关部门统一组织报名，由国有企业相关部门进行资格初审；对审查通过的人员进行知识储备、能力水平和素质水平等方面的综合测试，测试大都依据《党政领导干部选拔任用工作条例》和招聘职位的条件来进行，选拔过程强调了经营者的政治素养、工作经验和知识储备等能力要求。其次，根据综合测试的结果确定考察对象，由专门的考察组实施考察，考察过程中征求有关各方意见，综合进行分析，得出结论。最后，将任用意见提交给国资委和组织部，由它们讨论决定经营者人选，符合要求者根据法律和相关规定任职，并公示选拔结果。经过公示期与试用期，考核合格的经营者被正式聘用。

广东省作为最早也是公开选拔与内部竞聘做得比较好的省份，先后于1997年、2002年、2008年和2011年多次进行了国有企业经营者招聘制度的探索与实践。其中，2008年的"双百"领导人才计划最为宏大，也最具代表性。"双百"领导人才计划是广东省面向社会公开招聘100名优秀人才担任厅处级职务，其中还包括国有企业5个职位的人才计划。为确保能够吸引到更多人才到国有企业中来，广东省将国有企业5个职位的报名范围放宽到新经济组织人员、海归人员和有相关经历的人员，此举也确实引起了竞聘者的激烈竞争，仅5个国有企业的职位竟有100多人报名。

广东省为真正发挥公开选拔所带来的高公平性和高透明度，专门对选拔制度和选拔程序进行了创新。比如"大评委制"，亦即在公开选拔国有企业经营者的过程中都会有三部分人参与评审给分，这三部分人分别为具有政治色彩的政府官员（如省、市的党代表、人大代表和政协委员等），有直接相关关系的职位所在企业的代表（国有企业的干部或群众）和有间接相关关系的相关单位代表（如相关企业的管理层人员），在特殊环节，还有专家学者参与评审，评委人数众多。此次国有企业经营者的选拔过程中的每次面试和测评过程的评委人数最少也在 55 人以上，真正实现了让权力在阳光下进行。

2011 年，广东省又首次进行了内部竞聘的探索，此次省国资委和组织部拟在国有企业内部竞争性选拔出 2 个经营者，选拔程序除组织报名、资格初审、综合测试、组织考察并提交意见、最终讨论决定等常规性的程序之外，首次将群众评价引入选拔程序中的组织考察中来，考察组就竞聘人员所在单位的领导和群众对竞聘人员现任职的业绩和人品等情况进行调查、对能否胜任现正在竞聘的职位进行评述，量化竞聘人员所在单位的领导和群众的评价结果并计算竞聘人员的得分，作为确定经营者适合人选的重要组成部分。另外，此次内部竞聘还首次对应聘人员进行了心理测试，测试结果作为国有企业经营者选拔任用的基本参考标准之一。[1]

公开选拔与内部竞聘程序都要经过拟定选拔方案、公布职位和任职要求、笔试面试等能力测试，组织考察与征求各方意见、讨论决定以及任前公示等常规程序。两种选拔程序的区别在于：内部竞聘要进行组织内部民主测评，而公开选拔过程中有各项比例的规定，如报名人数与招聘职位的比例、参加面试人选与招聘职位的比例以及考察对象与招聘职位的比例等。[2]

公开选拔、内部竞聘与组织选拔的区别体现了国有企业改革的重要内容，组织选拔一般将"德、能、勤、绩、廉"的党政领导干部的考核标准直接套用于国有企业经营者的选拔程序中，结果选出来的经营者由于缺乏运筹能力和战略眼光等经营企业的能力导致身在其位却不能谋其职，既无大过但也无大功。而公开选拔和内部竞聘体现了国有企业经营者选拔过程中的公开民主、优胜劣汰以及党管干部与市场化招聘的有效结合，但有些国有企业在公开选拔和内部竞聘的过程中，往往流于形式——只注重结果的公开而不公开选拔程序的具体细节。

规范市场化选拔程序是做好市场化选拔国有企业经营者的重要一步。市场

---

[1] 黎明：《广东省属国有企业经营者选拔机制创新研究》，硕士学位论文，华南理工大学，2011 年。

[2] 赵伟芳：《基于公司治理视角的国有企业经营者选拔机制研究》，硕士学位论文，首都经济贸易大学，2014 年。

化选拔国有企业经营者有更高的要求,市场化选拔首先需要国有企业的法人治理结构相对健全,即党政分开、自主经营,这需要部分国有企业在内部进行"一退一进"改革。首先,国资委和组织部等行政机关的领导干部需要将经营者的任免权和讨论权分开,主要负责审核经营者人选,即退出经营者选拔程序的前几步(如组织提名、民主推荐等),主要在经营者选拔程序的后几步发挥作用(如在已确定经营者人选之后进行考核决定等),即党组织在经营者的选拔任用上"退"了一步。其次,依据《公司法》规定,董事会享有用人权(包括经营者的选拔任用权),董事会需要"进"一步,而"进"的这步恰好是党组织"退"的那一步。最后,企业的法人治理结构在这"一退一进"中得以规范,党组织和董事会在经营者选拔任用上各司其职、选拔程序有效过渡,实现国有企业经营者的市场化选拔。①

第六节 国有企业经营者选拔成本与风险研究

由于政府作为国有企业出资人代表,承担着国有资产所有者的管理职能,所以政府和国有企业之间必然存在较强的关联性。在现代市场经济体制下,企业一般被认为是具有自主经营、自负盈亏的独立主体,而政府的角色通常是市场规则的制定者和维护者,不干涉企业具体经营生产活动。民营企业以追求企业利润最大化作为经营目标,并不会考虑承担多大的社会责任。而国有企业则有很大区别,不但追求企业利益最大化,也追求社会效益最大化,这是国有企业和民营企业的重要区别。在国有企业经营者选拔过程中,充分研究经营者选拔中存在的各种成本与风险,有利于设计科学合理的制度,提高国有企业经营者的选拔效率。

一 国有企业经营者选拔成本研究

现阶段,国有企业经营者选拔制度主要是行政任命和市场化选聘相结合,选拔出的国有企业经营者相当大的比例仍然是通过相关政府部门任命。国有企业经营者的行政化来源,促使企业的重大决策时常要考虑政府目标和社会责任

---

① 李萍:《运用市场机制选聘国有企业经营者》,《上海企业》2012年第3期。

等,企业的资源配置不可避免地受到政府的干预,这些都造成国有企业经营者选拔的成本。

(一)国有企业经营者选拔成本界定

由于国有企业经营者的选拔主体既有政府行政部门也包括企业董事会,这种多重选拔主体在为国有企业选拔合适的经营者时必然会产生相应的成本。相关的研究成果为分析国有企业经营者选拔过程中的成本提供了相关的依据。钱颖一在研究国有企业改革和发展中的困境问题时,发现国有企业中存在两种类型的成本:由政府直接干预企业经营形成的政治成本和由企业所有权和经营权分离造成的代理成本。[①] Shleifer 和 Vishny 在研究国有企业改革问题时,也提出过政治成本(political cost)的概念,并把由政府控制造成的成本界定为政治成本。[②] M. Jensen 和 W. Meckling 通过标准的财务分析研究国有企业时,发现了由于内部控制引发的代理成本。结合上述研究成果,学者们从各自的研究角度共同指出了国有企业改革和发展中存在的两种类别成本:政治成本和代理成本。

不难看出,国有企业经营者选拔过程中同样存在上述两种成本:政治成本和代理成本。政治成本是由于现阶段国有企业经营者选拔主体依然是相关政府部门,选拔方式主要靠政府行政任命,市场化选聘经营者的比例依旧很低,这样必然使得国有企业受政府控制,从而产生政治成本。另外,相关政府部门作为全民所有的国有企业的委托人,受托监督和管理国有企业,确保国有资产保值增值并为企业选拔合适的经营者,但其不拥有国有企业的剩余索取权。由此产生权责利的不对等,直接导致相关政府官员缺乏足够的激励去为国有企业选拔最合适的经营者,代理成本也因此产生。

(二)国有企业经营者选拔中两类成本的关系及影响因素分析

在国有企业积极推进混合所有制改革的背景下,研究国有企业经营者选拔过程中政治成本和代理成本之间的相关关系,以及什么因素会对两类成本产生影响显得十分重要,有利于在经营者选拔中通过合理的制度设计降低相关成

[①] Qian Y., "Enterprise Reform in China: Agency Problems and Political Control", *Economics of Transition*, Vol. 4, No. 2, 1996, pp. 427-447.

[②] Shleifer A., Vishny R. W., "Politicians and Firms", *Quarterly Journal of Economics*, Vol. 109, No. 4, 1994, pp. 995-1025.

本，提高国有企业经营者选拔效率。李韬葵在研究政府控制程度和制度成本问题时发现，政治成本和代理成本都和政府控制程度之间存在相关关系，高强度的政府控制必定会增加政治成本，然而在不完善的市场机制情况下，却有利于减少代理成本。李韬葵的研究表明，政治成本和代理成本都和政府控制程度存在相关性。如果把政治成本和代理成本之和界定为社会总成本，那么制度存在相关性。如果把政治成本和代理成本之和界定为社会总成本，那么其与政府控制强度之间的关系如图2-1所示：

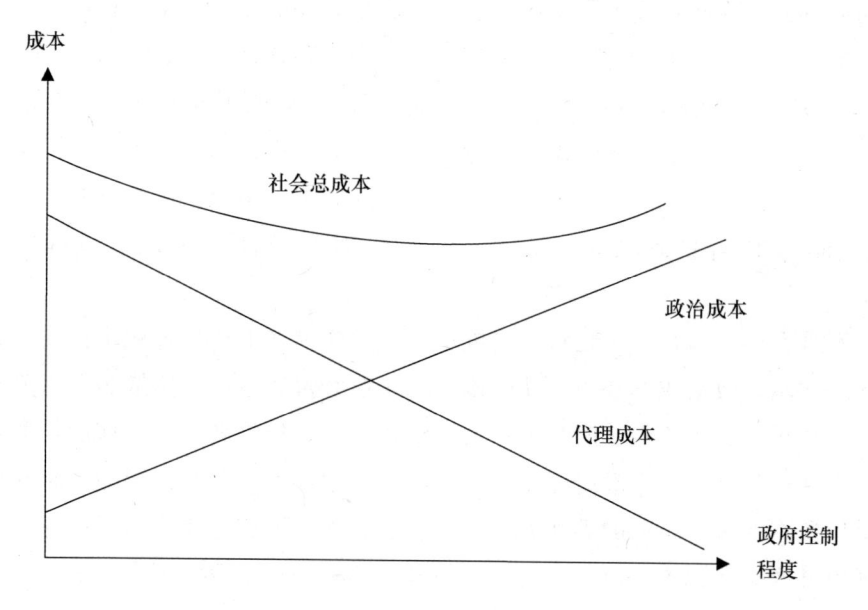

图2-1 社会总成本与政府控制强度的关系

图2-1中纵坐标表示国有企业经营者选拔过程中的成本（主要指代理成本、政治成本以及二者之和的社会总成本），横坐标指国有企业经营者选拔中政府控制程度。从图中可以看出，代理成本随着政府控制程度的增加而下降，而政治成本随着政府监控程度的提高而上升。社会总成本随着政府控制程度呈现出U形变化趋势，即先随着政府控制程度的提高而下降，下降到最低值后开始回升。

在国有企业经营者选拔过程中，由代理成本和政治成本加总而得到社会总成本，与政府控制程度存在着显著的相关性。而且由上述分析可知，国有企经营者选拔过程中政府应合理发挥相应的作用，低于和高于合理限度都会造成社会总成本的上升。根据企业契约理论，可以通过科学合理设计一种合约安排，约束政府控制强度使其保持在适宜的水平，从而使得国有企业经营者选拔过程中的社会总成本最小化。

（三）国有企业经营者选拔过程中社会总成本的控制

在国有企业经营者选拔过程中，政治成本和代理成本都与政府控制强度存在着较强的相关关系。随着国有企业经营者选拔制度不断改革，相关政府部门对经营者选拔管控的内容、手段和目标也在发生变化。政府管控内容的变化，体现在向企业自主选聘和市场化选拔方向发展。政府监控手段的变化，主要体现在由传统的直接干预逐步转向通过诸如监管机构、中介机构等间接手段进行。国有企业经营者选拔过程中政治成本和代理成本，虽然很难完全消除但是却可以通过适当的途径来降低。一般来说，政府干预企业决策造成的政治成本，多数是由于历史原因造成的，是制度变革中必然存在的社会成本。[①] 在国有企业改革中，由于一些规则不完善产生的代理成本，可以适当加强政府控制降低，从而降低社会总成本。在国有企业经营者选拔过程中，应当充分考虑影响政治成本和代理成本的各种因素，并通过适当的制度安排使社会总成本最小，降低国有企业经营者选拔过程中的成本，提高国有企业经营者的选拔效率。

二 国有企业经营者选拔风险研究

国有企业经营者选拔主体，其主要任务在于选拔德才兼备的经营者，并通过科学合理地设计出一整套完善的激励约束机制，将经营者个人的效用函数与企业效用函数相统一，充分激发经营者的经营管理才能，促进国有企业长期健康稳定发展。国有企业与民营企业在企业经营者产生过程方面存在着显著的差异。民营企业经营者的产生是伴随着民营企业的成长过程的，如果民营企业创业成功，那么企业的经营者必然是成功的。相反地，如果民营企业经营破产，那么其经营者的职能也将失去。也就是说，民营企业的创业过程与经营者的产

---

① 郭爱民、谭章禄：《社会总成本控制与国有企业经营者的选择与监督》，《中州学刊》2005年第4期。

生和筛选过程是相统一的。而国有企业经营者的产生过程则大不相同,大部分国有企业是在计划经济时代为了执行政府生产计划而产生的,是计划经济的附属品。这意味着国有企业的成长和经营者的产生过程无论在时间上还是在空间上都是分离的,一般是先成立国有企业,后选拔和任命企业经营者。

在计划经济时代,国有企业仅仅是政府计划的执行者,没有自主决策的权力,经营者的个人能力对企业的贡献程度极其有限。改革开放以来,虽然国有企业改革取得了长足进步,国有企业的整体绩效和经营活力明显得到大幅度的提升,但依旧没有形成科学合理的国有企业经营者选拔制度。从现阶段国有企业经营者选拔制度来看,国有企业的经营者选拔中存在着诸多风险,主要体现在信息不对称、风险承担不对称、经营者偏好行政化以及缺乏专用性知识投资等方面。这些风险造成国有企业经营者选拔制度停滞不前。

（一）经营者选拔主体存在信息不对称性

国有企业经营者选拔过程实质就是对经营者道德品质和才能等进行识别和搜寻的过程,选拔那些能够胜任经营和管理企业的企业家,从而促进国有企业长期健康稳定发展。然而值得注意的是,经营者的知识水平、业务能力、道德水平以及领导特质等信息都是经营者个人信息,经营者选拔主体很难搜集到所有的信息对国有企业经营者候选人进行全面客观的评价。另外,由于经济社会中每个人都具有有限理性和机会主义动机,所以候选者可能隐瞒对自己不利的信息,如果经营者选拔主体不能进行很好的甄别和判断,那么容易对经营者候选人做出错误的判断。

正是由于上述因素的存在,使得经营者选拔主体在经营者信息上处于劣势,经营者选拔主体就有可能选择出并不是最优秀的国有企业经营者,从而为国有企业日后的经营管理和长远发展带来一定的不确定性和风险。虽然政府机构作为国有资产的代理人理应享有选拔经营者的权利,但由于政府机构并不参与企业的日常生产经营活动的,因此其对国有企业潜在的经营者的能力和道德品质方面的信息是知之较少的。在国有企业中,能够经常与上级主管部门打交道的人是非常有限的,这意味着由政府主管部门来选拔经营者存在着严重的信息不对称,即在竞争性的经营者候选人中,政府机构对这些人的信息知之甚少,很难依据掌握的信息做出准确的判断。由于信息不对称,国有企业经营者选拔机制不可避免存在着风险。

(二) 经营者选拔主体选拔优秀经营者激励不足

国有企业经营者选拔过程中，只有给予经营者选拔主体充分的激励，才能使其有足够的动力去选拔真正有才能且胜任经营管理活动的经营者。理论上讲，与民营企业的所有权归出资人所有不同，国有企业的所有权属于全民所有。作为国有企业经营者选拔主体的政府部门实际上并不拥有国有企业的所有权，只是国有企业所有人代表，代表全体人民去监督和管理国有企业，确保国有资产保值增值，促进国有企业长期稳定健康发展。

由于国有企业经营者选拔主体并不是国有企业的所有权人，国有企业经营过程中产生的价值增值——企业剩余也必然不能由选拔主体控制。这样就将国有企业选拔主体选拔或优或劣的经营者和国有企业日后的经营绩效相分离，国有企业选拔主体自然缺乏足够的动力认真去为国有企业选拔最合适的经营者。而且现阶段作为政府部门的国有企业选拔主体考核的标准主要是其政绩，而与选拔的国有企业经营者的优劣相关性不大，这种制度安排也必然降低国有企业选拔主体为企业选拔最有能力的经营者的积极性，导致国有企业经营者的选拔具有一定的随机性，或根据经营者选拔主体的喜好去选拔经营者。从具体负责国有企业经营者选拔的行政人员而言，他们对国有企业的经营管理和日常生产情况可能并不了解，一般是通过他人汇报或偶尔视察来获取企业的信息，要他们选拔符合企业实际需求的经营者是十分困难的。

(三) 经营者选拔标准的现实扭曲

国有企业经营者选拔过程中，选拔主体事前根据企业需求以及其他方面的考虑，设置一定的选拔标准，主要包括选拔者的知识水平、业务能力、管理经验、领导特质和道德水平等。通过设定明确和清晰的选拔标准后，在具体的选拔过程中，经营者选拔主体就可以通过考察经营者候选人的实际情况，在那些达到选拔标准的候选人中选拔合适的经营者就可以了。但在实际操作中，事前设定的经营者选拔标准很难付诸实施。主要原因在于：政府一方面承担着社会经济管理职能，这表明政府在做抉择时必须考虑社会效益和公平等因素，但另一方面政府又承担着国有资产所有者代表的职能，这要求政府在决策时也需要追求经济效益，保证国有资产保值增值，促进国有企业长期稳定健康发展。正是由于政府这种双重职能，使得政府在决策时需要兼顾各方利益。因此，他们可能更愿意选择那些在企业重大决策时能听相关部门建议的经营者。这样更有利于政府相关政策的实施和推广，被选拔出来的国有企业经营者即使没有优异的经营管理才能去实现企业剩余最大，但也会在经营管理时考虑社会效益。因此，经营者选拔主体出于双重身份的考虑，在选拔国有企业的经营者时，选拔标准往往会偏离经营者才能和道德品质等，导致选拔的标准被扭曲，并不能选拔出能胜任企业经营管理任务的经营者。

（四）国有企业经营者的行政化取向

国有企业经营选拔主体的核心任务就是为国有企业选拔最具管理才能的经营者去经营管理企业，不断提高国有企业管理水平和经济效率。这意味着选拔主体选拔出来的国有企业经营者应当是企业家，追求的是在经营管理上取得成功，而不是政治家，追求仕途上的不断晋升。然而，现阶段国有企业中，可能存在一些经营者并不注重所获报酬的最大化，而出于以后仕途的长远发展选择接受低薪。这些经营者由于更多的像政府官员，自身可能并不具有突出的企业经营管理能力，因此他们在任时一般不求有功但求无过，很难为企业的发展做出贡献。

此外，也有一些国有企业经营者相比于货币薪酬可能更加追求那些非货币收入，如在职消费、各种福利待遇等，通常来说这些收入与其经营效果无关，一般与在企业行政级别有关。同时，国有企业过去往往是根据投资主体、主管部门的级别确定相应级别的，其经营者的待遇也就依据相应的行政级别来确定，国有企业经营者可以说具有"准官员"性质。[①] 国有企业经营者一方面可以转换到政府部门任职，另一方面可以继续在国有企业中升职。由于国有企业经营者价值观的行政偏好，使得国有企业经营者选拔过程中选拔标准和程序更加复杂，增加了国有企业经营者的选拔风险。

（五）国有企业经营者专用性知识积累不足

通常而言，国有企业经营者选拔主体选拔出来的经营者应当具有较丰富的专用性知识，才能胜任国有企业经营管理任务。而这种专用性知识不是一时学习就能获得，需要较长时间的积累。国有企业经营者拥有的专用性知识，指与经营企业的相关知识、技能及社会知识等的总和。掌握专用性知识的经营者，

[①] 李中建：《国有企业经营者选拔中的难题及解决思路》，《武汉大学学报》（人文科学版）2005年第1期。

如果离开所在企业或行业进入到新的企业或行业中,那么附在其身上的专用性知识价值就会大大降低甚至变得毫无价值。民营企业中专用性知识主要包括对相关资本市场和产品市场的掌握程度以及技术、知识等,这些知识在不同企业中相差不大,所以民营企业中一般不存在这种问题。但国有企业由于其特殊性,企业与政府部门之间必然存在着某种联系,这就要求国有企业经营者既要掌握一般性的管理能力和商业知识,也要熟悉相关政府机构运行及人事关系等专业知识之外的知识,大大增加了对国有企业经营者专用性知识的要求。由上述分析不难看出专用性知识对国有企业经营者十分重要,关系到经营者是否能在复杂的局面下发挥其经营管理才能,促进企业长远发展。

第三章

中国国有企业经营者选拔制度研究

本章主要研究内容：中国国有企业经营者选拔制度历史演进、中国国有企业经营者选拔制度现状、中国国有企业经营者选拔制度存在的问题与中国国有企业经营者选拔制度存在问题的原因。

第一节　中国国有企业经营者选拔制度历史演进

国有经济是我国国民经济的主导，国有企业在我国的经济社会发展过程中一直起着非常重要的作用。如何保障国有企业又好又快地发展，是政府、企业和理论界一直在探索的问题，其中对国有企业经营者选拔制度的不断改革和优化，也是促进国有企业改革的重要举措。我国国有企业经营者选拔制度大致可以划分为四个阶段，每个阶段都有不同的特点。从新中国成立到1978年为政府直接任命国有企业经营者阶段；从1979年到1991年为国有企业经营者选拔制度初步改革阶段；1992年到2002年为国有企业经营者选拔制度探索阶段；2003年至今为国有企业经营者选拔制度深化阶段。

与国有企业发展和改革过程相适应，国有企业经营者在不同时期有着不同的称谓。计划经济时期的国有企业因其为国家所有和国家经营被称为"国营企业"，当时的国营企业实质是政府部门的延伸或附属物，企业本身没有经营权，也没有赢利的动力和生存的压力，国营企业的负责人的角色是"厂长或书记"，他们是企业的领导人，与政府部门的官员没有根本区别，都是由党委或政府部门任命，具有行政级别，而且身份可以互换，在企业的经营管理上没有决策权。

党的十一届三中全会后,我国开始了经济体制改革,国营企业的改革最初是扩大企业自主权,通过放权让利、实行利改税和承包制租赁制等调动企业的生产积极性。企业负责人因其有一定的经营决策权,因而在一定程度上具有了企业经营者的身份。随着社会主义市场经济体制的建立和完善,国营企业实行了公司化改制,建立了现代企业制度,企业的法人财产权得到确认,国营企业在所有权与经营权分离的情况下被相关法律赋予了"国有企业"的名称,其负责人的称谓也随之改变为"经营者"或"经营管理者"。因此,本章在不同的阶段使用了"企业领导人""企业经营者""企业经营管理者"等不同的名称。

一 1949—1978年国有企业经营者选拔制度建立运行阶段

在新中国成立到实行改革开放的这段时间内,我国一直保持着社会主义计划经济体制,在该体制下,中央政府严格控制经济社会的各个方面。相应地,在国有企业经营者选拔上也实行政府主管部门直接任命的模式。

在计划经济体制下,我国国有企业经营者选拔制度也保持着明显的计划经济色彩。在国有企业没有生产决策权、财务控制权、价格制定权、产品销售权和收入分配权的情况下,国有企业经营者的选拔自然也无法遵循市场化的选拔方式,而是基本上等同于党政干部的选拔。选拔标准主要是要求对党忠诚,在政治上可靠,具有较高的政治觉悟,同时要具有丰富的革命斗争经验。[①] 这一时期,我国国有企业经营者选拔方式大致经历了以下几个阶段。

第一,1949—1952年"管理民主化"阶段。新中国成立后,我国曾在一部分国营工业企业中实行民主管理委员会制度,在生产管理上实行厂长负责制,并与管理民主化相结合。民主管理委员会成员组成除了厂长以外,还有工厂党组织和职工代表大会的代表。民主管理委员会对企业的生产和管理有决策权,厂长由政府主管部门委派,当然也要对主管部门负责。

第二,1953—1957年"一长制"阶段。从1953年开始,借鉴苏联经验在一部分国营企业中实行厂长负责制,解决了国有企业多头领导和无人负责的问题。但是在实践中,又出现了不同程度的命令主义和官僚主义排斥民主管理的

---

① 杜君:《我国国有企业领导人员选拔任用机制研究》,硕士学位论文,福建师范大学,2015年。

问题。1956年9月，中国共产党第八次全国代表大会决定在企业中实行党委领导下的厂长负责制。

第三，1958—1960年"书记挂帅"阶段。从1958年开始，我党由于对客观经济规律的认识不足，片面夸大人的主观能动性，开展了追求生产发展的高速度和工农业生产高指标为目标的"大跃进"运动。"大跃进"期间，国营企业中的民主集中制的领导系统受到了挑战，党委领导下的厂长负责制实际变成了党委书记负责制，职工代表大会也无法发挥作用。国有企业的负责人党委书记由党的组织部门选拔和委派。

第四，1961—1965年党委领导下的厂长负责制阶段。在总结新中国成立以来特别是"大跃进"以来国营工业企业的管理经验基础上，为贯彻执行调整、巩固、充实、提高的方针，恢复生产秩序，提高企业的管理水平、技术水平和生产水平，中共中央于1961年9月发布了《国营工业企业工作条例（草案）》即《工业七十条》。该条例规定，每个企业只能由一个行政主管机关管理。克服了多头管理带来的管理混乱和责任分散的弊端，国营企业的主要权利集中在厂部或公司，恢复了党的八大决定实行的党委领导下的厂长负责制。党委书记和厂长由组织部门或行政主管部门选拔委派。

第五，1966—1978年党的"一元化领导"阶段。1966年5月到1976年10月，我国经历了"文化大革命"。"文化大革命"期间，国营企业的生产秩序被破坏，一些企业的领导干部被打倒，"革命委员会"成为国营企业的权力机构。直到"文化大革命"结束，我党又强调了加强党对经济工作的一元化领导，回到了"文化大革命"前的党委负责制或党委领导下的厂长负责制。[1]

总之，党的十一届三中全会以前，虽然国营企业的领导体制在不同阶段有不同的特点，但其主要管理者（不论是厂长还是书记）都是由政府直接指派或选拔。国营企业主要管理者由上级主管部门指派，并直接向上级主管部门负责是这一时期国有企业领导体制的特点。这种选拔方式的缺点显而易见，企业经营者只对主管部门负责，政府对经营者的考核主要看企业完成计划的情况，没有经济效益上的考量，企业业绩的好坏与经营管理者的升迁没有直接关系，这

---

[1] 贺凯歌：《我国国有企业经理层市场化选拔机制研究》，硕士学位论文，首都师范大学，2009年。

种单一和集中的经营者选拔制度无法有效地对国营企业的管理产生良性的激励，严重制约了我国国营企业的发展。

二 1979—1991 年国有企业经营者选拔制度初步改革阶段

改革开放后，国有企业经营者选拔基本上沿用以行政任命为主导的党政领导干部的管理办法，但已经开始给予企业一定的自主权力，国有企业经营者实行职工代表大会选举推荐、主管部门对外招聘等公开选拔方式，也可根据需要从工人中选拔。

党的十一届三中全会提出了将党的工作重心转向经济建设，决定实行以市场化为导向的改革开放，传统的计划经济模式的影响逐渐减少，取而代之的是社会主义市场经济模式，现代企业制度也逐渐成为国有企业改革的重点。在这一阶段中，政治不再是衡量国有企业发展的主要标准，国家对企业的考核逐渐转向以财务效益为中心，这对推动我国国有企业的发展起到了极大的促进作用。相应地，这一阶段我国对国有企业经营者选拔制度也进行了很大程度上的调整，开始探索适应社会主义市场经济的现代化国有企业经营者选拔制度。

在改革开放初期，我国主要针对国有企业生产效率低下和积极性不高的问题进行放权让利。1978 年 10 月，四川省在四川化工等 6 家国营企业进行放权让利的改革试点，政府部门给予这几家企业更多的生产经营决定权，并根据完成生产计划的情况，以及经济核算的情况把部分利润留给企业，这些留存利润使用范围为给职工发奖金或进行再投资。放权让利的实施调动了企业的生产积极性，使企业生产的产品数量和财务效益有了大幅度提高。1978 年底，四川省对 6 家企业改革试点经验进行了总结，然后制定了放权让利的十四条办法，扩大企业的自主权的范围。

该办法规定企业厂长、副厂长等高层领导依然由政府部门直接任免，同时赋予企业党委对中层及以下管理干部的任免权力。1979 年国务院颁发了《关于扩大国营工业企业经营管理自主权的若干规定》，强调了企业可以根据需要自行决定内部机构的设置，并对中层干部进行任免。其中指出，企业有权按劳动计划指标择优录用职工，在定员、定额内，有权根据精简和效率原则，按照实际需要，决定自己的机构设置，任免中层干部。根据国务院有关文件精神，国有企业在内部人事劳动管理方面进行了改革，开始尝试公开选拔干部的方式。

有学者认为,这种公开选拔干部的办法最早发生于重庆市。1980年,重庆市公用事业管理局在请示有关领导并得到同意的情况下,决定公开招聘出租车公司干部,包括经理、副经理和技术业务骨干。工作程序为,将招聘岗位、人数、时间、条件等公开登报,参选者凭单位党委介绍信报名,经过考试、业务考核、政审,确定拟录用人选。本次报名人数为216人,经过考核评审录用11人,其中有6人被安排在出租车公司工作,副经理3人,工程师1人,会计师2人。这一做法当时在社会上引起了较大反响。继重庆市突破传统考察方式,采用考试和考核方式公开招聘企业干部之后,甘肃省兰州市、湖南省株洲市等地的政府有关部门也开始尝试公开招聘国有企业的厂长或经理。

我国国有企业改革始于放权让利,然后实行了两步利改税、承包制、租赁制等,随着国有企业作为市场主体的企业属性的增强,国有企业领导人发挥职能的空间越来越大。在领导人员的选拔方式上,也有了很大的突破,包括职工代表大会选举推荐、主管部门对外招聘等。20世纪80年代,深圳、宁波、广州等地在公共部门实行了公开选拔干部的尝试,其中也包括国有企业。

国务院于1984年颁发了《关于进一步扩大国营工业企业自主权的暂行规定》,其中不仅规定国有企业在完成国家计划的情况下,可以自行安排增产国家建设和市场需要的产品,在产品销售、产品价格、物资选购、资金使用、资产处置等方面也给予了国有企业一定的自主权。而且在人事管理方面,也给予企业较大的自主权,除厂长和党委书记由政府部门委派以外,其他干部和人事工作下放给企业,企业中的行政副职由厂长提名和主管部门审批,中层行政干部的任免由厂长决定。允许从外单位,也可以从外地区招聘技术人员和经营管理人员,外聘人员的报酬也由企业自主确定。

允许企业从基层工人中选拔干部,还可以公开招工,经过考试和考核,其中的优秀者被企业录用。这种公开招考方式在较大程度上抵制了不正之风,较好地避免了任何部门和个人违反国家规定向企业硬性安插人员的行为。虽然这一阶段基本上仍套用以行政任命为主导的党政领导干部的管理办法,但已经开始给予企业一定的自主权力。

1986年出台的《全民所有制工业企业厂长工作条例》规定,厂长应当具备以下条件:有敬业精神,坚持社会主义经营方向;熟悉生产业务,有政策水平，懂法律，善经营，有组织领导能力；廉洁、民主、联系群众；有相当的文化水平，考试成绩合格；身体健康。厂长的产生，应当根据不同情况，采取不同的方式：企业主管机关或干部管理机关根据管理权限委派任命厂长；经职工代表大会选举或推荐后，主管部门或组织部门批准或任命；企业主管部门组织招聘或提名，经企业职工代表大会同意，由企业主管部门或组织部门任命。①

三 1992—2002 年国有企业经营者选拔制度深度改革阶段

在这一阶段，国有企业改革的主旋律是建立现代企业制度。适应现代企业制度要求，在国有企业经营者选拔上主要实行产权代表委任制和公司经理聘任制，选拔任用方式更加多样化，主要有组织考核推荐、引入市场机制、向社会公开招聘等，逐步减少了国家以及党委对于国有企业经营者任免的直接干预。

1992 年发布的《全民所有制工业企业转换经营机制工作条例》②，提出实行劳动合同制，劳动合同制是对国有企业固定用工制的根本变革，是国有企业经营机制改革的重要内容。当年 10 月，党的十四大提出建立社会主义市场经济体制，建立现代企业制度，转换国有企业经营机制。与此同时，国有企业干部的选拔任用制度进入全面探索期。国有企业干部的选拔、考核、激励等成为重要问题。1993 年党的十四届三中全会通过了《中共中央关于建立社会主义市场经济体制若干问题的决定》，该决定首次提出政企分开，从根本上摆脱了以往政府对国有企业的大范围干预，企业中的党组织仅发挥政治作用，减少对企业经营的控制，基本上形成了企业内部权责分明、团结合作、相互制约的机制，充分调动了各方面的积极性。③

1999 年 9 月，党的十五届四中全会通过了一份专门针对国有企业改革的文件，即《中共中央关于国有企业改革和发展若干重大问题的决定》，该决定明确了我国国有企业改革和发展的方向，在干部人事制度方面提出要建设高素质

---

① 《全民所有制工业企业厂长工作条例》，《企业管理》1986 年第 11 期。
② 《劳动部关于实施〈全民所有制工业企业转换经营机制条例〉的意见》(1993 年 2 月 2 日)，http://www.chinalawedu.com/news/1200/22016/22017/22043/2006/3/ga8091213519360021932 - 0.htm。
③ 《中共中央关于建立社会主义市场经济体制若干问题的决定》(1993 年 11 月 14 日)，人民网(http://www.people.com.cn/GB/shizheng/252/5089/5106/5179/20010430/456592.html)。

的经营管理者队伍,对经营管理者培养、选拔、管理、考核、监督上要根据企业的特点建立科学的办法,并逐步实现制度化、规范化。积极探索适应现代企业制度要求的干部人事管理新机制,把组织考核推荐和市场化选聘相结合,把党管干部原则和董事会选择经营管理者结合起来,董事会对公司的发展目标和重大经营活动进行决策,聘任经营者并对其经营业绩进行全面考核和评价。国有企业经营者选拔制度逐渐趋于科学合理。①

2000 年中共中央发布《深化干部人事制度改革纲要》,进一步深入改革国有企业经营者选拔制度,该文件规定要实行产权代表委任制和公司经理聘任制的国有企业领导人员选拔任用方式,投资机构及其所属企业的产权代表,由政府和投资机构任命,经理由董事会聘用,基本上形成了与社会主义市场经济体制和现代企业制度相匹配的国有企业经营者选拔制度。②

这一阶段的国有企业经营者选拔制度改革的主要成就,是逐步减少了国家以及党委对于国有企业经营者任免,将经营权以及人事权逐渐下放到国有企业,稳步推行适应社会主义市场经济体制和现代企业制度的国有企业人事管理制度,积极探索现代国有企业经营者选拔制度。但由于改革进行的时间较短,各项改革事项推行的还不够深入,现代化的国有企业经营者选拔制度还没有完全建立起来,有些地方政府并没有跟上国家改革的步伐,仍保持着传统的经营者选拔制度,也有些国有企业虽然表面上进行国有企业经营者选拔制度改革,但实质上仍受行政指令的影响,内部竞聘、社会公开招聘和人才市场选聘等制度还无法成为经营者选拔的主要方式。这一阶段的国有企业经营者选拔制度改革,明显滞后于国有企业改革,无法适应社会主义市场经济的发展要求,还有待进一步探索和实践。

四 2003 年至今国有企业经营者选拔制度全面创新阶段

这一阶段,在人事管理方面国有资产管理机构也开始尝试市场化的国有企业经营者选拔制度。市场化选拔主要包括内部竞聘上岗、社会公开招聘和人才

---

① 《中共中央关于国有企业改革和发展若干重大问题的决定》(1999 年 9 月 22 日),中国共产党新闻网(http://cpc.people.com.cn/GB/64162/71380/71382/71386/4837883.html)。
② 《深化干部人事制度改革纲要》,《中国公务员》2000 年第 9 期。

市场选聘等形式,在这一阶段中,各省市国有资产管理机构也逐渐开始实行市场化的国有企业经营者选拔制度。坚持党管干部同市场化选聘企业经营管理者的机制相结合,推出国有企业经营者考核制度,以此作为经营者选拔制度的配套措施。

随着改革开放的进一步深入,单方面进行国有企业组织结构改革而不转变国有企业经营者选拔方式,无法使得国有企业能够适应社会主义市场经济的发展要求,甚至会阻碍改革开放进程,激化社会矛盾。为解决这些问题,我国对现代化国有企业经营者选拔制度进行了深入的研究和探索。

2003年,国务院国有资产监督管理委员会(以下简称国资委)正式挂牌成立,这在国有企业改革的历程中是一个里程碑式的事件。国资委成立之前国有企业的管理分散于各个部门,如财政部、经贸委等部门行使"管资产"和"管事"的权力,中央企业工委负责"管人",国资委作为国务院特设机构,既不是行政部门,也不是事业单位,它以出资人身份行使管人、管事和管资产的权力。作为出资人,其职责包括:对国有企业改革和重组进行指导和推进;向部分大型企业派监事会;对企业经营管理人员进行任免、考核和奖惩;监管国有资产的保值增值情况;拟定国有资产管理的法律法规,地方国有资产由地方国资委代表国家进行监督和管理,国务院国资委与地方国资委没有上下级领导关系,但有指导关系;承办国务院交办的事项。在干部人事工作方面,国资委也开始尝试市场化的国有企业经营者选拔制度,逐步建立内部竞聘上岗、社会公开招聘和人才市场选聘等市场化方式。

2003年国资委向海内外发布《国务院国有资产监督管理委员会招聘公告》,决定在部分央企中公开招聘一批具有全球视野、现代理念和勇于创新的高级经营管理者,涉及的国有企业包括中国对外贸易运输(集团)总公司、中国联合通信有限公司、通用技术(集团)控股有限责任公司、中国铝业公司等,招聘职位均为副总经理以上职务。[①] 从2003年开始,中组部和国资委向海内外连续数年公开招聘央企高级经营管理者,从2003年到2009年,国资委总共投放了127个高管职位,超过9000人报考,最终112人入选。2010年投放

---

① 《2003年国务院国有资产监督管理委员会招聘公告》(2003年9月23日),国务院国有资产监督管理委员会,http://www.sasac.gov.cn//n2588035/n2588325/n2588350/c3775840/content.html。

了12个高管职位（见表3-1）。在这一阶段中，各省市国资委也逐渐开始实行市场化的国有企业经营者选拔聘任方式。

表3-1　　2003—2010年国务院国资委公开招聘央企高管情况

年份	招聘人数	招聘条件及特点	主要企业
2003	7	品行端正，有良好的职业素养，具有较强的决策能力、经营管理能力、市场应变能力和组织协调能力，业绩突出；一般应具有国内外大型企业或跨国公司高管任职经历，或者有国内机关或事业单位3年以上副局级以上任职经历	中国对外贸易运输（集团）总公司、中国联合通信有限公司、通用技术（集团）控股有限责任公司、中国铝业公司等
2004	23	品行端正，有良好的职业素养，具有较强的决策能力、经营管理能力、市场应变能力和组织协调能力，业绩突出；一般应具有国内外大型企业或跨国公司高管任职经历，或者有国内机关或事业单位3年以上副局级以上任职经历	中国海运（集团）总公司、神华集团有限责任公司、中国电子科技集团公司、中国储备粮管理总公司、中国航空集团公司等
2005	25	熟悉现代企业管理和企业国际化经营的运作方式，有较强创新、战略决策、组织协调、市场应变和经营管理能力，业绩突出	中国建筑工程总公司、中国华源集团有限公司、中国高新投资集团公司、中国建筑科学研究院等
2006	26	按"小批量、多批次"进行，全面引入评价中心技术的考评方法	中国电子工程设计院、中国冶金地质勘查工程总局、中国华能集团公司等
2007	22	按"小批量、多批次"进行，同时公告报名、分批组织考试测评	香港中旅（集团）有限公司、中国海诚国际工程投资总院、中国水利投资集团公司等
2008	16	这次招聘的企业涵盖了冶金、电力、电子、机械、化工、商贸等行业	中国南方电网有限责任公司、中国第一汽车集团公司、宝钢集团有限公司等
2010	12	熟悉现代企业管理和企业国际化经营的运作方式，有较强创新、战略决策、组织协调、市场应变和经营管理能力，业绩突出	东风汽车公司、国家核电技术有限公司、中国中纺集团等

资料来源：根据国资委网站整理。

2003年，党的十六届三中全会通过了《中共中央关于完善社会主义市场经济体制若干问题的决定》，提出建立规范的公司治理结构，明确划分了股东会、董事会、监事会和经营管理者的权责，同时提出完善企业领导人员聘任制度。把党管干部原则同市场化选聘企业经营管理者的机制结合起来。①

2004年,国务院国资委发布《关于加快推进中央企业公开招聘经营管理者和内部竞争上岗工作的通知》,提出加大公开招聘企业经营管理者和内部竞争上岗工作的力度,探索创新人才管理工作,强调要切实加强对公开招聘和内部竞争上岗工作的领导。同时还发布了《中央企业公开招聘经营管理者工作指南》和《中央企业内部竞争上岗工作指南》,对中央企业经营者市场化选拔方式进行了系统和完整的规定。同年国资委还发布了《国务院国资委关于加强和改进中央企业人才工作的意见》,对中央企业人才培养进行了细致的规划,提出实施"人才强企"战略,并将其作为推进改革与发展的关键环节纳入企业发展战略中,以完善市场化的国有企业经营者选拔制度。②

2013年党的十八届三中全会通过的《中共中央关于全面深化改革若干重大问题的决定》,提出推动国有企业完善现代企业制度,国有企业的管理人员市场化选聘比例要合理增加,对国有企业管理人员的薪酬水平、职务消费等进行了规范。在市场化的国有企业经营者选拔制度基本建立后,我国还相继推出国有企业经营者考核制度,以作为经营者选拔制度的配套措施,对我国市场化国有企业经营者选拔制度进行了系统的完善。③

2016年国务院国资委发布《中央企业负责人经营业绩考核办法》,指出在对国有资产监管中,要切实履行出资人职责,维护所有者权益,明确国有资产保值增值责任,建立健全激励和约束机制,推动央企提质增效升级,实现做强、做优、做大,并对中央企业负责人经营业绩考核方法进行了详细的规定。④除了负责人经营业绩考核,我国还通过建立专门的人才培养机构——国务院国有资产监督管理委员会干部教育培训中心,即中共中央党校国务院国有资产监

---

① 《中共中央关于完善社会主义市场经济体制若干问题的决定》(2003年10月21日),中央政府门户网站(http://www.gov.cn/test/2008-08/13/content_1071062.htm)。
② 《关于加快推进中央企业公开招聘经营管理者和内部竞争上岗工作的通知》(2005年3月15日),国务院国有资产监督管理委员会,http://www.sasac.gov.cn/n2588020/n2588072/n2591302/n2591304/c3728241/content.html。
③ 《关于〈中共中央关于全面深化改革若干重大问题的决定〉的说明》(2013年11月9日),中国共产党新闻网(http://cpc.people.com.cn/xuexi/n/2015/0720/c397563-27331312.html)。
④ 《中央企业负责人经营业绩考核办法》(2016年12月23日),国务院国有资产监督管理委员会,http://www.sasac.gov.cn/n2588035/n2588320/n2588335/c4258423/content.html。

督管理委员会分校，作为国务院国资委直属事业单位具体负责国资委干部教育培训工作的组织实施，为国有企业经营管理人员、国资委机关事业单位干部提供教育培训。

通过不断的探索和实践，我国国有企业经营者选拔制度逐步向行政与市场化相结合转变，同时，通过业绩考核、人才培养和机构建设等配套措施进一步完善国有企业经营者选拔制度，这些举措，促进了国有企业的改革与发展，也为我国社会主义市场经济建设培养和储备了大量的管理人才。

第二节　中国国有企业经营者选拔制度现状

我国现行的国有企业经营者选拔制度主要是，2002年颁布并于2016年修订的《党政领导干部选拔任用工作条例》，以及2016年中央办公厅颁布的《公开选拔党政领导干部工作暂行规定》。党管干部原则与市场化选聘相结合。下面从有关法规文件、规范，国有企业经营者公开选拔的做法，党组织在国有企业经营者选聘中的作用，以及国有企业经营者选拔的成效等方面来分析国有企业经营者选拔制度的现状。

一　国有企业经营者选拔法律法规

我国国有企业由于承担着国有资产运营和国计民生等重大责任，在企业经营运作中与一般的企业存在着许多不同点，尤其在经营者选拔方面，国有企业一直遵循党管干部的原则，对于经营者的选拔也大多按照党政选拔任用干部的相关办法来操作。这些相关的法律规范主要有《公开选拔党政领导干部工作暂行规定》《党政领导干部选拔任用工作条例》《关于加快推进中央企业公开招聘经营管理者和内部竞争上岗工作的通知》和《中央企业负责人经营业绩考核暂行办法》等。

（一）公开选拔党政领导干部工作暂行规定

2013年，中央办公厅同时印发五个有关党政领导干部选拔、任用和辞职等方面的规范性文件，《公开选拔党政领导干部工作暂行规定》列在第一位，该规定共七章四十二条。第一章总则阐述了发布本规定的目的，公开选拔党政领导干部遵循的原则，公开选拔适用的范围、程序、组织实施等。制定本规定的目的在于对公开选拔党政领导干部工作进行规范和完善，促进干部工作科学化、民主化、制度化，促使优秀人才脱颖而出。公开选拔适用于地方党委、人大、政府等部门以及其他需要进行公开选拔的情形，必须遵循公开、公平、公正的原则，将考试与考察相结合。应当经过公告发布、报名、资格审查、笔试、面试、考察、提出拟任职人选、组织讨论决定、办理入职手续等程序。第二章阐述了发布公告、报名办法及条件、资格审查等。公开选拔工作应在适当范围内进行公告，内容包括选拔职位及其说明、范围、报名条件、资格、时间安排等。第三章到第七章，阐述了考试办法及组织、考核办法及组织、决定任用和纪律监督、附则等。考试分笔试和面试两种形式，应考核所选职位干部应具备的基本理论、专业知识等方面的掌握程度。组织人事部门根据考试成绩和考察情况，研究提出拟任建议人选，经过党组织讨论决定任用，并进行公示。在纪律和监督方面，确保公开、公平、公正，不允许事先内定人选；参考人员要诚实守信，自觉遵守有关规定，不允许舞弊，组织人事部门应客观、全面地对参选人员进行考察，严禁歪曲、夸大或隐瞒事实；与选聘相关的工作人员要严格遵守纪律，做好保密工作，对与考察对象有利害关系的工作人员要主动回避，要采取有力措施确保试题不被泄露，评分情况、考察情况以及党委（党组）讨论情况等也不准向应聘者及无关人员透露。[①]

尽管国有企业随着现代公司治理结构的建立，在经营者选拔上出现了市场化选聘等多种方式，但是选拔党政干部的方法一直沿用在国有企业经营者选拔上，这是由国有企业的社会主义和全民所有的属性决定的。本《规定》在说明选拔适用范围时，提出"以及其他需要进行公开选拔的情形"，国有企业就是"其他情形"。因此，国有企业在选拔经营管理者时应当依据《公开选拔党政领导干部工作暂行规定》，坚持党管干部和市场选聘相结合的原则。

（二）党政领导干部选拔任用工作条例

《党政领导干部选拔任用工作条例》于 2002 年 7 月由中共中央印发，2014 年 1 月进行了修订。新版《党政领导干部选拔任用工作条例》共十三章七十一

---

① 《中共中央办公厅关于印发〈公开选拔党政领导干部工作暂行规定〉等五个法规文件的通知》（2004 年 4 月 8 日），中国共产党新闻网（http：//cpc. people. com. cn/GB/64162/71380/102565/182144/10994542. html）。

条。第一章总则，阐述了制定本条例的目的、选拔的原则、适用范围等。为认真贯彻执行党的干部路线方针政策，建立科学规范的党政干部选拔任用制度，推进干部队伍革命化、年轻化、专业化、知识化，依据《中国共产党章程》和有关法律法规，制定本条例。选拔工作必须坚持党管干部、任人唯贤、德才兼备、注重实绩、民主集中制、依法办事等原则。本条例适用于选拔任用党中央、全国人大、国务院等内设机构领导成员，也适用于县级以上党委、人大、政府机关等内设机构领导成员等。第二章至第十三章，阐述了选拔任用条件、动议、民主推荐、考察、讨论决定、任职、依法推荐、提名和民主协商、公开选拔和竞争上岗、交流和回避、免职、辞职、降职、纪律和监督、附则等。本条例对党政领导干部的选拔任用原则、条件、程序、监督等做了详细规定。对于国有企业党管干部原则与市场选聘相结合，在经营管理者选拔任用机制上既要适应公司法人治理结构特征，又符合党组织管理干部的原则，具有很强的指导性和借鉴性。

国有企业干部选拔任用的基本原则是坚持党管干部。企业是国民经济的微观主体，市场配置资源起基础作用，按照市场规律要求，不论是国有独资企业，还是国有控股企业，还是国家参股的混合所有制企业，都存在按国有经济成分大小行使股东权利的问题。在国有企业中坚持党管干部原则，是由国有资产全民所有的性质决定的。党管干部原则运用于国有企业经营管理者选聘中，主要体现的是对党的路线方针政策的坚持，对董事会提名的人选进行考察并提出意见。在国有企业中坚持党管干部原则，不是面面俱到，而是要抓好关键环节，要在选任原则、程序、方法、考核、使用等方面强化党委的把关作用。

国有企业领导人员选拔聘任，要按《党政领导干部选拔任用工作条例》要求，完善综合考核评价体系，要综合考虑企业的经营业绩、可持续发展、生产安全、企业文化建设和收入分配等多种要素，进行综合客观评价；避免出现以实绩论英雄，根据岗位情况选择合适的人选，考察人选的一贯表现，不能看谁的分数高面试表现好就选聘谁；要尊重人才成长的规律，既要考虑原来的级别，又要敢于"破格"选拔人才，对可选范围中的佼佼者，在规范选拔程序下，大胆破格聘用，要注意"破格"而不是"出格"。行政选派国有企业经营者是我国的一贯做法，如果选拔方式以"委任"为主，就难以实现干部"能上能下"的流动机制，因为缺乏竞争和危机感，会出现工作动力不足等问题。

要借鉴《党政领导干部选拔任用工作条例》有关任职、降职、免职、辞职的规定，促进国有企业经营者的流动，完善激励约束机制，在提高经营管理人员积极性的同时，为企业创造更多的利益。根据国有企业公益性和竞争性的分类，对国有企业经营者进行相应的分类，不同类别的企业采取不同的选拔方式，对提供公共产品的公益性国有企业经营者，直接参照党政领导干部的选拔办法，实行委派制；对竞争性国有企业经营者，因企业的目标主要是赢利，对国有资产进行保值增值，可实行市场化为主的选聘制度；对于混合所有制企业的经营者，组织人事部门可以按国家股权的占比选派出资人代表，推荐经营者。完善任期制，参照党政领导干部的管理确定国有企业经营者的任期，在任期内对其进行年度考核和经营责任考核，考核不通过者可以解除聘任。完善年薪制，为了激励企业经营者的工作积极性，可实行年薪制，对其薪酬待遇和职务消费等进行规范。完善绩效考核制度，晋升或降级、待遇提高或降低等都要与业绩挂钩。对综合考核不达标、对民主测评分数较低的，可调整其岗位或免职。

（三）公开招聘经营管理者和内部竞争上岗工作

国务院国资委在总结 2003 年和 2004 年组织 28 家央企在全球公开招聘高级经营管理者成功经验的基础上，在党管干部原则与市场化选聘企业经营者相结合的机制尚未完全形成，选任企业管理者的方式还比较单一的情况下，借鉴《党政领导干部选拔任用工作条例》的基本精神并结合国有企业自身特点，于 2004 年 12 月发布《关于加快推进中央企业公开招聘经营管理者和内部竞争上岗工作的通知》等规范性文件，要求要充分认识央企加快推进公开招聘和内部竞争上岗工作的重要性和紧迫性；要进一步加大公开招聘和内部竞争上岗的工作力度；探索人才管理创新；要坚持"公开、平等、竞争、择优"的选拔原则，对选拔职位、应聘条件、应聘流程、工资薪酬、考核办法等内容进行公示，鼓励企业员工与社会对选拔过程和结果进行监督；企业纪检监察部门也要发挥对经营者选拔工作的内部监督作用，坚决抵制选拔过程中的徇私舞弊行为。该通知中以附件形式下发了公开招聘工作指南和内部竞争上岗工作指南，规定了中央企业公开招聘经营管理者和内部竞争上岗的具体流程，包括准备阶段、报名和资格审查阶段、考试阶段（笔试、面试和素质测评）、组织考察和决定聘用阶段，并对每个环节都进行严格的监督。①

（四）中央企业负责人经营业绩考核办法

除了发布国有企业经营者选拔相关文件外，我国还对国有企业经营者选拔制度的配套措施做出了规范。国务院国资委自成立以来一直运用《中央企业负责人经营业绩考核暂行办法》来监管经营者的经营管理行为和国有资产运行状况，在促进国有资产保值增值、国有企业做大做强上发挥了积极的作用。

《中央企业负责人经营业绩考核暂行办法》自2003年国资委成立之初就已经出台了，随后于2006年、2009年、2012年、2015年进行了四次修订。从2015年开始，国资委为贯彻党中央、国务院关于深化国有企业改革和中央管理企业负责人薪酬制度改革的重大部署，加强对中央企业分类指导、分类考核，在深入研究测算以及广泛听取社会各界意见的基础上对《中央企业负责人经营业绩考核暂行办法》进行了修改和完善，于2016年发布《中央企业负责人经营业绩考核办法》。

《中央企业负责人经营业绩考核办法》共有七章五十二条。第一章为总则部分，明确规定考核的对象、依据、原则、方法等内容。第二章到第五章为新版修订后新加入的章节，主要内容为考核的导向、分类考核、目标管理以及考核实施。其中，第二章对业绩考核的重点做出了说明，主要包括发展质量、资本运营效率、发挥功能作用、创新发展、国际化经营和问责机制六个方面。第三章紧密结合《中共中央 国务院关于深化国有企业改革的指导意见》和《中央关于深化中央管理企业负责人薪酬制度改革的意见》的要求，对具有不同功能定位的企业提出相应的考核要求。第四章基于目前我国经济发展新常态需要，明确规定考核目标的系统性、发展性和内生动力机制。第五章明确规定考核过程中的程序和内容。第六章是奖惩部分，明确企业经营者薪金工资管理办法，提出绩效年薪按月预发等激励措施。第七章为附则，明确了企业发生变动时的考核办法、对新组建企业的考核办法、地方中央直属企业以及地方国资委的考核监督办法，央企专职党组织负责人、纪委书记的考核有其他规定的，

---

① 《关于加快推进中央企业公开招聘经营管理者和内部竞争上岗工作的通知》（2005年3月15日），国务院国有资产监督管理委员会，http://www.sasac.gov.cn/n2588020/n2588072/n2591302/n2591304/c3728241/content.html。

从其规定。

《中央企业负责人经营业绩考核办法》明确指出，对主业处于充分竞争行业和领域的商业类企业，要对企业的市场竞争力、经济效益和资本运用水平进行全面的考核，鼓励企业提高国有资产运行效率。对关系国家安全和国民经济命脉的商业类企业，在确保完成国有资产保值增值任务，获得合理回报后，还要对其完成国家战略任务、促进国民经济平稳运行、维护国家安全与社会稳定、扶持战略性产业发展方面的情况进行详细的考核。在自身经济收益方面完成情况较好但在其他方面完成较差的企业，也要在考核中酌情予以处理。

对于公益类中央企业，要从经济效益和社会效益两个方面进行考核，重点考核体现公益类企业功能的社会效益情况。考核内容应包括产品服务质量、产品保障能力以及社会反映情况等内容。在考核企业社会效益时，应引入第三方评价机构，对考核结果较差的企业做出相应处理。企业的年度和任期经营业绩考核结果应作为国资委对企业以及经营者进行奖惩的主要依据，企业经营者的薪金报酬以及任免也要根据经营业绩考核结果做出相应调整。此外《中央企业负责人经营业绩考核办法》还对企业经营者的薪酬构成做了明确的说明，包括基本年薪、绩效年薪以及激励收入三个部分。基本年薪为经营者的固定年收入；绩效年薪的计算方式，用基本年薪作为基数，根据考核结果和绩效系数做相应调整后确定；激励收入根据考核结果确定但不能超过年薪总水平的30%。[①]

二　国有企业经营者公开选拔制度的实践

根据国资委相关规定，我国国有企业经营者选拔的具体做法主要通过两个途径，一是通过公开招聘，另一个则是通过内部竞争上岗。二者在选拔企业经营者的具体流程和做法上大体相同，都包含准备阶段、报名和资格审查阶段、考试阶段（笔试、面试和素质测评）、组织考察和决定聘用阶段这四个阶段。

第一，准备阶段。在这一阶段，先要明确公开招聘的岗位，根据企业需要，由组织部门拟定招聘岗位，由党委审议决定。在明确招聘目标后，成立专

---

① 《中央企业负责人经营业绩考核办法》（2016年12月23日），国务院国有资产监督管理委员会，http：//www.sasac.gov.cn/n2588035/n2588320/n2588335/c4258423/content.html。

门的公开招聘办公室,负责公开招聘的全部事项,下设综合组、人事组、考务组、监督组等。由公开招聘办公室制定公开招聘实施方案,确定指导思想、组织机构、招聘程序和时间安排等具体事项。详细描述所招聘职位的信息,明确公开招聘职位的具体工作、应聘条件、工资薪酬、业绩考核方式等。最后由专业人士进行考试命题,命题要根据岗位要求进行具体的研究和探讨,命题后由组织部门审阅题目。

第二,报名和资格审查阶段。在该阶段中首先要将准备阶段确定的各项事宜进行发布,通过网络、电视等多种媒体途径,向社会发布招聘公告,然后接受公开报名或推荐。应聘者可根据具体要求应聘合适的岗位。应聘者要将所需材料递交给公开招聘办公室,办公室根据公开招聘职位的任职条件,审核应聘者情况,拟定候选人名单,由党委审议决定进入笔试阶段的人选。

第三,考试阶段。通过资格审查的应聘者要参加统一安排的考试,考试分为笔试、面试和素质测评。考试结束后由专家进行批阅打分并按照笔试成绩选定进入面试的名单,并由企业党委审定。面试基本程序和内容:应聘者陈述;向应聘者提问事先由专家拟好的题目;考官自由提问。外语口试单独进行素质测评,由企业根据自身要求采用心理素质测试等方式进行。

第四,组织考察和决定聘用阶段。首先要在参加考试的应聘者中,依据对笔试和面试综合成绩及素质测评结果等情况进行综合评议确定待考察人选。接着由人事部门对待考察人选进行深入考察,考察前明确考察的方式以及内容。然后由企业董事会或总经理提名聘用人选,交由企业党委按照人事管理权限进行审查。通过审查后将聘用名单公示,接受社会各界监督,在公示期内没有异议后对其进行依法聘用,并按照有关规定办理聘用手续。在试用期满后,组织部门对应聘者在试用期间的表现进行考核评价。考察合格的提交给党委进行审批;考察不合格的可按照合同规定予以解聘。

三 党组织在国有企业经营者选拔中的作用

国有企业是中国共产党创立的,中国共产党和国有企业是不可分的。从马克思主义基本原理出发,新中国成立初期我党就提出了国有企业的概念,在经济建设的过程中确立了国有企业制度。党的十一届三中全会以来,为解决效率问题,在国有企业中推行了"经济承包责任制""下放企业经营权"等策略。

党的十四届三中全会提出了建立现代企业制度的改革方向,国有企业要以产权制度为基础,建立规范的法人治理结构,使企业成为独立的法人实体和市场竞争主体。在现代企业治理结构下,企业不再是政府附属物,企业发展战略、生产经营等重大事项也不再由政府部门决策,而是由董事会决策,由经理团队执行。在我国,国有企业与西方的公共企业不同,我国的国有企业产权属于全民,而且是社会主义在经济上的体现,这就出现了企业的法人治理结构与企业党组织在企业管理中的矛盾,在经营者选拔任用上也存在矛盾。核心问题就是党组织在企业管理和经营者选聘上如何发挥作用的问题。

(一) 党组织的政治领导作用

首先,党组织在企业管理和经营者选聘上应发挥政治领导作用。这是重大的原则问题,决不允许有任何动摇。坚持党对国有企业的政治领导,不是党组织行使行政权力,也不是行使管理企业的具体权力,而是保证监督党的路线方针政策的贯彻。党管干部的原则不能变,党要为国有企业的改革发展做坚强的后盾,提供有力的组织保证;要发挥党组织的政治核心作用,突出党员的先锋模范作用;党的政治领导与实行现代企业的法人治理结构目标都是为了促进国有企业的改革和发展。所以必须处理好党的领导与现代企业法人治理的关系,发挥我党的政治智慧,确定党组织在国有企业管理和经营者的选聘中的位置和作用,要协调好国有企业中党组织、决策层和管理层之间的关系。

(二) 党组织参与企业重大决策

现代企业治理结构中,董事会依法对企业生产经营管理中的重大问题有决策权。《中国共产党党章》第32条规定,国有企业党的基层组织参与企业重大问题的决策,这是对企业生产经营进行监督的前提,是发挥政治核心作用的根本体现。在市场经济体制下,党组织参与决策明确为重大问题,而不是参与所有的生产经营和管理问题,也不是或者不可能是直接指挥,而是参与企业生产经营活动中具有方向性、战略性、长远性、全局性的重大问题的决策;不是干预或代替董事会和经营团队进行决策,而是对重大决策提出意见和建议。

在实际工作中,难免发生个别党组织参与重大问题决策不力的情况,具体表现为有的企业党组织负责人因为对情况不熟悉无法参与;有的企业经营管理者进行决策时，不愿意让党组织参加，根本不征求党组织意见。作为基层党组织，不参与重大问题的决策就是失职；作为企业经营管理者，在重大问题进行决策时不让党的基层组织参加，就是违规，也无法保证企业健康发展。党组织要提高自身素质和能力，提高参与水平，具体就是要增强参与意识，熟悉企业生产、经营、管理情况。

此外，党组织负责人不仅是从法律上而且要发自内心支持企业经营管理者开展工作，共同为企业的健康发展贡献才智。我党自十一届三中全会以来已经把工作重心转到了经济建设上，基层党组织围绕生产经营开展工作，符合党的工作方向。如果党组织不了解企业的各方面工作，尤其在重大决策上不作为，国有企业的改革发展就可能出现偏差。

（三）党管干部，党管人才

从党组织角度看，国有企业的负责人和各层级的经营管理者都属于企业干部，党组织并不是把企业的所有干部，包括各层次人才都由其直接选拔、任免、管理，而是通过完善的企业选人用人制度来体现党组织管理干部的原则和方向，党组织通过参与和监督干部选聘过程，来保证党的路线方针政策的贯彻和落实，把那些讲政治、懂经营、善管理、群众关系好、有创新精神的人才选到企业经营管理岗位上。此外，坚持党管干部、党管人才，不能与法人治理结构有冲突。要发挥市场在配置人才中的决定性作用，把组织考察、推荐、群众推举与市场化选聘方式结合起来，为国有企业健康发展，发挥国有经济的带动作用和控制力提供组织保证和人才支持。

四　国有企业经营者选拔制度的成效

在推行国有企业经营者公开选拔制度后，我国国有企业在坚持党管干部的原则下对经营者进行市场化的招聘，逐步转变以往单纯依靠行政指令委派的选拔方式，将市场竞争引入到经营者选拔制度当中，对国有企业人事制度改革做出了巨大贡献。通过公开选拔的方式为各个国有企业提供了大量优秀管理人才，极大地促进了国有企业经济效益的提高，确保了国有资产的保值增值。

首先，公开招聘的国有企业经营者选拔制度开阔了选拔任用干部的视野，逐步摆脱了过往单纯依靠行政委派的任用制度，通过公开招聘，发掘并引进了一大批优秀的人才加入到国有企业经营者队伍中来,为国有企业建设贡献力量。事实证明,通过竞争机制选拔的国有企业经营者质量要大大高于单纯依靠行政指令委派的经营者质量,对国有企业经济效益的提高发挥了较大的作用。同时通过公开选拔干部,国有企业的企业文化、经营者知识结构与年龄结构都越来越趋向于合理化。

其次,国有企业经营者公开选拔制度有利于增强选拔的民主性。在公开选拔国有企业经营者的过程中,社会各界都可以对选拔对象以及选拔结果进行严格的监督,在选拔过程中也充分发扬了民主精神,有效抵制了国企经营者选拔任用的官僚作风,很大程度上避免了徇私舞弊现象的发生。

再次,国有企业经营者公开选拔制度能够增强领导层的责任感。一是国有企业公开选拔工作因选择的领域和地域的拓宽,会吸引大批优秀人才前来报名。二是选拔过程公开,选拔岗位、任职条件、待遇、录用,甚至笔试和面试成绩也向社会公布和公示。三是纪检监察部门对选拔全过程进行监督,确保选拔工作的公开公平公正。在以往单纯依靠行政指令任用经营者的情况下,政治上的考量往往要优先于业绩上的考量,选拔上来的经营者普遍轻视所在企业的经济效益而更看重自己的政治前途。而通过公开招聘的方式选拔的国有企业经营者,能够激发经营者对于企业发展的责任感,使其专注于企业的经济效益。

最后,国有企业经营者公开选拔制度能够增强国有企业领导层的专业素养。通过公开招聘选拔国有企业经营者,能够充分发掘相关领域的高级人才,选拔上来的经营者也具有优秀的专业素养,熟悉所在企业涉及的领域,进而能够有效地对所在企业进行管理,提高所在企业经济效益。

公开选拔制度给国有企业经营管理者带来了压力,通过公开选拔吸引了优秀人才走上了企业的领导岗位,同时选拔过程中所遵循的原则、程序、方法等都具有较强的科学性,给企业带来正确的用人导向、新方法和新技术。公开选拔能给企业带来动力和活力,能够激起广大干部的上进心。

公开选拔制度是对国有企业人事制度改革的深化,是由政府部门组织的运用市场机制选聘经营管理者的一种做法,在选拔过程中,参选者之间存在竞争,选拔过程结束后,企业中的经营者之间也存在激烈竞争,通过竞争机制,实现优秀人才走上领导岗位,不胜任者退出领导岗位,促进国有企业干部交流，促进干部能上能下、能进能出。这是国有企业提高经济效益，确保国有资产保值增值的前提条件。

第三节　中国国有企业经营者选拔制度存在的问题

国有企业经营者选拔制度经历了一个不断改革和优化的过程，在实践中取得了诸多成效，极大地促进了国有企业经济效益的提高，但仍存在一些问题，这些问题严重制约着国有企业的发展，急需得到解决。

一　选拔制度缺乏系统性

我国国有企业在经营者选拔方面，一直遵循党管干部的原则，对于经营者的选拔也大多按照党政选拔任用干部的相关办法来操作。依据相关法规，在进行企业经营者选拔任用时，部分国有企业已经采用了市场化选聘方式，实行"公开、平等、竞争、择优"原则，对选拔职位、应聘条件、报名方法、考试考核办法等进行公示，也有部分国有企业采取内部竞争的方式选拔经营者。通过市场化方式选拔经营者，使国有企业吸引了大量优秀管理人才，极大提高了经济效益，促进了国有资产的保值增值。

但是，就总体而言，国有企业经营者选拔制度仍然缺乏系统性，在进行经营者选拔时，过多参照党政领导干部的选拔方法。而且，国有企业存在于不同的行业，国有企业的经营者也有不同层次之分，统一的选拔党政领导干部的方法不可能适用于所有的国有企业和所有的企业经营岗位。国有企业的内部人员大致可划分为，定为工人身份的产业生产人员和定为管理身份的企业管理人员。从上到下各级党委的组织部承担着相同的工作职责，中央组织部统一颁发的干部选拔任用工作程序和标准自然贯彻到基层组织。此外，我国干部配备的主体单位是国家机关各部门和省级党政部门，所以党政干部的选拔任用办法普遍通行于各行各业的企业中。我国国有企业经营者与党政领导都属于领导干部队伍中的一部分，对国有企业经营者的选拔自然采用党政领导干部的选拔任用方法。因此，总体上我国选任企业经营者的方式还比较单一，党管干部原则与市场化选聘企业经营者相结合的机制尚未完全形成，缺少系统的适合企业特点的标准和条件，以及专门用于选拔任用国有企业经营者的制度和方法。①

目前我国正在实行国有企业分类改革,将国有企业分为公益性国企和竞争性国企两类,从事经营和从事监管的经营者也被区分开来。不同类型的国有企业具有不同的人员成长规律;不同类型的经营岗位对经营者的专业等要求也不同。因此对不同岗位的经营者的考核机制和薪酬确定机制应有所不同。因为缺乏对国有企业经营者选拔任用的分类方法,选拔具有专业化的经营者因此也较为困难,进而难以激发国有企业经营者的创造力和竞争力。

二 市场化选拔制度不完善

改革开放前,我国实行计划经济体制,国有企业是政府各个部门的附属单位,还不是真正的企业,企业本身没有决策权,国有企业的经营者选拔方式也不可能市场化。因为中央企业隶属于国务院各部门,地方国有企业隶属于省以下各级政府的工业厅或工业局,在国有企业经营者选拔时,各企业上级组织人事部门会根据党委的要求,由专门的考察人员对纳入提拔范围的人员进行考察,考察主要采取与相关人员进行谈话,以此了解备选人员的基本情况和群众基础情况,然后整理谈话内容,向党委领导汇报。党委领导根据考察人员汇总的情况,经研究讨论通过后,由组织部门下发任命文件。

改革开放后,尤其是国有企业实行公司化改制以来,国有企业经营者选拔的方法在沿用行政选拔方式之外,增加了市场化选聘等方法,例如公开向国内外选拔、群众推荐和任职前公示等,拓宽了多方主体参与国有企业经营者选拔的渠道。部分国有企业对竞争上岗、公开招聘等经营者选拔方式进行了一定程度上的尝试,取得了一些成绩。但无论是何种方式,组织考察和任命仍然是必不可少的程序,以市场化为基础的具有开放性和竞争性的国有企业经营者选拔制度还不完善,组织考察和行政任命的方法有可能把趋于保守和竞争意识不强的人员选拔到经营者岗位。而且采用这种选拔方式通常做法是正职人选范围局限于相同班子中的副职,而具有副职人员的资历是上级组织考察的重要依据,存在的少数竞争者也大多来自于同一班子内部,由于没有外部竞争的强大压

---

① 肖林:《我国国有企业高管人员选拔与任用机制研究》,硕士学位论文,对外经济贸易大学,2006年。

力,应聘者会特别在意上级领导对自己的态度,把本该用于创造企业利益的时间和精力用于迎合上级组织和领导,希望通过这种方法得到领导的关注,从而实现担任企业经营者的目的。由于考察过程透明度较低,考察结果也往往不会被公布出来,干部考察工作对于群众来说是神秘的,群众在提交自己的考察意见时无法了解其他群众的意见,也无法知道自己和其他人的意见是怎样被综合运用于候选人考察的,久而久之,企业员工与群众也就不再关心经营者选拔工作。

前面的分析表明,主管部门选派仍然是国有企业经营者选拔任用的主要方式,这种做法不是企业的自主行为,而是一种政府的行政行为。现代企业制度要求政企分开,政府干预企业的自主活动,不符合现代企业制度要求。这种非市场化选聘的经营者,往往缺乏市场竞争意识,因此,为增强企业经营者的竞争意识,提高他们的工作积极性,必须强化国有企业经营者市场化选拔制度。

强化市场化方式选拔企业经营者的核心内容包括三个方面:一是民主化。在经营者选拔中要充分依靠民主选举,按照现代公司治理结构的要求,股东在公司中的权力取决于股权的份额,因为各种原因,目前股权份额在市场化选拔国有企业经营者中发挥的作用十分有限。二是专业化。在考察国有企业经营者候选人员时应主要依据候选人员的学历、专业素养以及经营业绩。但目前的考察主要是通过考试和谈话的形式进行,无法对候选人员的综合素质进行考察。三是问责制。在市场机制下,经营者的薪酬与企业经营业绩的好坏具有直接的联系,企业的股东也要承担相应的经济风险,而目前我国国有企业很少运用这些机制,对于经营者的考察因此也受到限制。

三 选拔范围具有局限性

对国有企业经营者进行选拔,首先要考虑的条件是对该企业各方面情况的熟悉程度,而企业中的经营者对所在企业的熟悉程度较高,这就将经营者候选人的范围限定在该企业之中,使得本企业的候选人具有明显的优势。自国资委成立以来,央企选拔经营者主要有两种方式,第一种是向海内外公开招聘,第二种就是企业内部竞争上岗,第二种方式经营者的选择范围显然在企业内部。相同行业或领域内其他企业的候选人员往往被列在第二选择层次,其他领域的优秀人才很难被列入选拔对象,更不用说私人企业中的优秀人才了。

此外，是否有地区、部门、企业中的任职经历也都成为国有企业经营者选拔中的必要条件，党在十五届五中全会上做出了国有企业不再明确规定行政级别的规定，但多年形成的行政级别思维的惯性影响仍在延续，"相当于"这一概念在管理部门中广泛存在，依据"相当于某一级别"来对经营者进行选拔配备。资历、辈分是选拔干部的重要考虑因素。如选拔正处级干部，一般要从副处级或者"相当于"副处级的人员中选择，这就使得很多没有达到副处级的优秀人才不能够进入到选择范围之内。干部积累领导经验需要必要的台阶和资历，如果把台阶、资历看得太重，优秀人才怎么脱颖而出呢？[①] 在本企业的人员中选拔的经营者具有熟悉企业、可以马上开展工作的优势，同样因对企业内部复杂人事关系的熟悉，可能会束缚其手脚，瞻前顾后，无法创造性地开展工作。

从企业内部产生的经营者因长期在一个企业中工作，受企业文化的熏陶较深，其思维方式和管理方法有可能受到固化，与具有不同企业任职经历的经营者相对比，在管理视野、管理经历和创新意识等方面都会存在一定的差距。总之，以行政任命国有企业领导人员的方式，容易产生人才选拔的渠道单一、视野较窄的问题。即使对拟提拔人员进行考核和评估，也是少数人的意见和评价，同公开竞聘的方式相比，很难达到准确、客观，更不用说公开公平公正了。即使有较宽的视野，也很难突破少数人的评价意见，使得这种方式选拔出来的国有企业的经营者具有一定程度的局限性。[②]

四　选拔标准与其职责不匹配

在对国有企业经营者进行选拔时，上级主管部门的考察标准主要有"政治素质好""道德修养好""业务能力强""组织能力强""群众威望高"等，符合这些标准的应聘者都可以作为国有企业经营者的备选人员。这些考察标准适用于企业董事长的选择、企业总经理或厂长的选择、企业副经理或副厂长等行政副职的选择，党委书记、纪委书记、总会计师等的选拔也依据这些标准，就

[①]《江泽民巧引前人诗句谈选拔培养中青年干部》（2006年10月20日），中国共产党新闻网（http://cpc.people.com.cn/GB/68742/69115/69120/4938132.html）。

[②] 杜君：《我国国有企业领导人员选拔任用机制研究》，硕士学位论文，福建师范大学，2015年。

不科学了。国有企业的经营者是相互分工、具有不同任职岗位的，每个岗位的职责都是不同的，对各岗位人员的素质和专业能力的要求也是不同的，不同岗位的选任标准也是不同的，通过相同的标准选拔出来的经营者很难匹配、适合所有岗位。不同岗位对业务能力的要求有很大差异，例如对总经理业务能力考察和对总工程师的业务能力考察就不能使用同一标准，而党委书记职责与总会计师的岗位职责也存在着较大差异。有些人的组织能力虽然不强，但却具有较高的专业素养；有的人虽然没有较高的学历，但在统筹全局上表现出了极强的组织和协调能力。以统一标准考察经营者可能会造成人才的浪费。在选拔国有企业各级经营者时，往往看重学历和专业能力，许多具有高学历、高专业能力的人才通过选拔成为了企业的经营者，但由于很多专业人才缺乏基层工作经验，往往很难在领导岗位上发挥其专长，并且容易在行政管理的各项事务中受挫。

五 选拔标准不科学

我国国有企业在选聘经营者时，一般都参照党政干部的选拔标准，注重"德、能、勤、绩"的单一标准，大多数国有企业在选拔经营者时不做调整地加以应用。在同一企业的不同岗位上，如果不做调整，会造成国有企业经营者的选拔标准与岗位职责明显不相符合。

在国有企业中，董事长、总经理居于领导岗位，还有分管财务、分管生产、分管技术的副总经理岗位，还有专业性较强的总工程师、总会计师等高级领导人员岗位。此外，还有党委书记、纪委书记等党组织的领导岗位等。由于各级组织部门在选拔管理人员时一律采用中组部制定的选拔方法和标准，对应聘人员的评价和考核标准，没有区别地套用党政领导干部的标准来衡量国有企业经营者，选拔出来的经营者与党政领导干部没有什么差别。此外，经营者评价标准与现实工作脱节，使得评价工作失去了实际意义。如何通过"政治素质良好""组织能力强""具有良好的敬业精神""工作业绩突出"这些标准来实际考察备选人员呢？这些标准无法通过量化和精确的定性来考察备选人员。"政治素质""良好"或"较好"这些词汇都很模糊，并且不同的考察者对同一个考察对象所做出的评价是不同的，尤其考核业绩时，对同一项工程，有的考察者会得出"促进当地经济发展"的评价，而有的考察者则会认为该工程

"急功近利，会对未来发展产生严重的负面影响"。现实中，许多诸如学历、专业、任职经历、相关职称等硬性指标要比选拔党政领导干部所使用的标准更明确，更有针对性。

以上分析表明，按统一的党政领导人员考核标准来选拔国有企业经营者是不科学的，同样照搬党政领导干部的选拔程序和方法也是不科学的，企业的主管部门在选拔国有企业经营者时，对选拔程序、职位、职数、条件等往往都实行一定程度的保密，公开性、公正性、公平性都有所欠缺，另外，由于缺乏专业和权威机构对于国有企业经营者个人情况的科学评价，使得少数应聘者可能通过迎合上级等不正当手段获取职位，而那些不擅阿谀奉承、具有较强经营能力者有可能落选。国有企业的经营者选拔一般是由组织部门和上级主管部门协商、考察、讨论决定。通过此方法选拔上来的经营者其经营企业的能力难以保证。

另外，经济效益是考察国有企业经营者业绩的主要指标，这容易使企业经营者为追求任期内经济效益而出现行为短期化，对企业的长远发展关注不足。经济指标在国资委对中央企业业绩的年度考核指标中占70%，其他指标只有30%，这就使得企业经营者过于追求短期利润的增长，甚至虚报企业业绩以谋取私利而忽略企业的长期发展。对国有企业经营者的考核方法缺乏分类，对于公益性和竞争性企业采用相同的考核标准。考核不对不同的岗位职责进行区分，无法对不同岗位的经营者进行科学和专业的评价。由于业绩考核和评价标准存在这些问题，也就无法进行有效的薪酬激励。与其他领域的高收入者相比，国有企业经营者的收入没有降低的风险，也没有破产的压力，其工资水平不会随着经营业绩的下滑而降低。

六 选拔主体不明确

现代公司的治理结构赋予董事会对经营层的选聘权力，由于公司化改制的国有企业既是市场主体，又是国家的企业，在其选择经营层时，党和政府部门往往享有重要的权利，这会严重削弱董事会对经理的监督权。董事会按照公司治理结构要求选拔经营者，所聘任的经营者也被认为能给企业带来最大经济利益。另外，董事会还能够对经营者进行有效的监督，当认为经营者并没有完全履行其职责时可将其解聘。

当选拔国有企业经营者的权力由上级主管部门行使时,所选拔的经营者有可能不符合董事会要求,他们只对政府主管部门负责。同时国资委和组织部门对副经理和其他高管的选拔也削弱了经理对副经理和财务负责人的监督权,副经理和企业其他高管也会尽量去迎合国资委和组织部,不会对经理负责,这样,企业内部的制约关系复杂,企业执行力就大打折扣。现代企业制度中的董事会、经理、副经理和其他高管,应该是上一级监督下一级的关系,同时下级向上级层层负责,只有确立这种关系的企业才有执行力。

上级主管部门替代董事会行使国有企业经营者选拔权,剥夺了董事会的人事任免权力,董事会也就会将本该由自己承担的相应责任推给上级主管部门。同理,上级主管部门聘任企业副经理和其他管理人员,使得企业经理有责任完成企业经营目标,却不能根据实际需要向董事会申请聘用副经理等人员,并且所选拔的副经理等管理人员同样只对上级领导负责,而不用对经理和董事会负责,经理也就无法对副经理等管理人员进行有效的制约,也不用对他们的经营业绩承担相应的责任。[①]

第四节　中国国有企业经营者选拔制度存在问题的原因

我国国有企业经营者选拔制度存在问题的原因,主要有缺乏健全的经理人市场、选拔方式具有路径依赖性、对公司产权结构理解不深入、缺乏完善的退出机制、国有企业的市场主体地位尚未根本确立、国有企业多级委托代理问题的阻碍。

一　经理人市场不健全

国有企业经过放权让利、两步利改税、承包制、租赁制、现代企业制度的改革,有相当一部分国有企业的市场主体地位已经确立,在生产经营等方面有了自主权,国有企业经营者已经掌握了企业的控制权,但在国有企业经营者选

---

① 贺凯歌:《我国国有企业经理层市场化选拔机制研究》,硕士学位论文,首都师范大学,2009年。

拔方面主要是通过行政任命的方式。2013 年中国企业家系统发布的中国企业家队伍成长 20 年调查综合报告显示，1993 年由主管部门任命的企业家比例为 86%，到 2013 年这一比例为 11%，20 年下降了 75 个百分点；由董事会任命的企业家比例从 1993 年 4% 上升到 2013 年 38%，上升了 34 个百分点（见表 3-2）；[①] 虽然由董事会任命的企业经营者数量逐渐增多，但实际上董事会的任命仍然需要上级组织的最终确认。

表 3-2　　1993—2013 年中国企业家调查中调查对象基本情况　　（单位：%）

年份	文化程度 大专以下	文化程度 本科以上	专业 经济专业	专业 管理专业	就职方式 理工农医等专业	就职方式 主管部门任命	就职方式 董事会任命	创业	其他方式
1993	66	34	—	—	—	86	4	—	10
1994	63	37	5	15	38	75	11	—	14
1995	57	43	7	22	49	—	—	—	—
1996	58	42	8	27	50	—	—	—	—
1997	59	41	6	40	43	75	17	—	8
1998	58	42	9	31	33	48	40	—	12
1999	55	45	8	37	31	43	37	—	20
2000	59	41	24	38	23	56	—	16	28
2001	59	41	33	45	28	49	—	20	31
2002	59	41	33	50	27	46	—	25	29
2003	51	49	35	47	28	38	39	16	7
2004	56	44	36	50	26	33	39	21	7
2005	56	44	34	48	25	26	41	26	7
2006	56	44	31	49	26	21	41	31	7
2007	57	43	33	48	24	18	43	32	7
2008	59	41	33	49	25	15	45	33	7
2009	58	42	33	50	26	14	41	39	6
2010	56	44	33	49	25	13	45	37	5

---

① 中国企业家调查系统，彭泗清、李兰、潘建成、郝大海、韩践：《中国企业家成长 20 年：能力、责任与精神——2013·中国企业家队伍成长 20 年调查综合报告》，《管理世界》2014 年第 6 期。

续表

年份	文化程度 大专以下	文化程度 本科以上	专业 经济专业	专业 管理专业	就职方式 理工农医等专业	就职方式 主管部门任命	就职方式 董事会任命	创业	其他方式
2011	59	41	34	48	26	11	39	43	7
2012	57	43	31	48	26	10	37	47	6
2013	55	45	31	49	24	11	38	45	6

注：专业一栏中由于存在跨专业的情况，因此比例相加会大于100%。

资料来源：中国企业家调查系统，彭泗清、李兰、潘建成、郝大海、韩践：《中国企业家成长20年：能力、责任与精神——2013·中国企业家队伍成长20年调查综合报告》，《管理世界》2014年第6期。

目前董事会任命经营者人数仅占全部任命方式的一半左右，并且以组织任命方式选拔的经营者人数仍较多，企业经营者的选拔方式并没有实质性的变革。由上级组织选派的国有企业经营者存在环境适应力不足、综合素质较低和视野狭窄等问题，具体表现为以下几个方面：一是国有企业经营者市场化配置不足，许多具有较高管理能力和专业素质的经营人才无法在市场上获得合理配置，需要进一步建立市场化的经营者队伍。二是"官本位"思想仍广泛存在于国有企业经营者队伍中。国有企业经营者其主管部门等同于行政官员，政府也会把政府部门的干部向企业调动或交流，甚至把要退休的干部在企业中进行安置。此外，国有企业经营者的行政级别思想仍根深蒂固，常常采用行政思维来管理国有企业。三是契约精神没有普遍深入到国有企业经营者的管理思维和方式之中，固有的行政级别思想对经营者的地位产生了扭曲作用，企业与企业经营者之间的关系也是扭曲的，用契约约束委托人和代理人的行为在国有企业中很难实现。四是由于市场化经营管理意识不强，经营者对企业和产品的品牌开发与培育动力不足。进而难以成长为符合市场要求的职业经理人，阻碍了经理人市场的发展。五是国有企业经营者缺少创新动力，而健全的经理人市场能够促使经营者致力于产品创新、组织形式创新、技术创新和市场开发，从而提高企业的赢利能力，为所有者和利益相关者带来收益。

为激励经营者的创新精神和动力，拓宽国有企业经营者选拔的范围和渠道，改变传统组织任命模式是最有效方法，也是推动国有企业经营者实现职业化和市场化的主要途径。经理人市场具有一般市场的优点,能够吸纳众多高素质管理人才。市场化的经营者选拔机制能够将行政指令干预的影响降到最低,最大化地发挥市场的优势。具有较高经营管理能力的人才能够在经理人市场中实现自身的价值,找到合适的岗位。对企业来说,也能在市场中找到合适的高级管理人才。然而,令人遗憾的是,我国职业经理人还是一个新事物,职业经理人市场仅处于萌芽状态,职业经理人的市场评价体系及规则还在建立之中,这对国有企业市场化选拔经营者造成了严重阻碍。

人才是企业发展的核心竞争力,而在传统的国有企业经营者选拔制度的限制下,国有企业很难在人才选拔方面与外资企业和民营企业竞争,单纯依靠组织培养和选拔经营者,无法满足国有企业对高素质人才的需求。而经理人市场能够摆脱对传统的行政选拔方式依赖,发挥市场机制的作用,拓宽国有企业经营者选择范围。随着我国现代企业制度的不断发展和完善,健全的经理人市场能够为国有企业提供一个良好的经营者选拔渠道。

二 选拔方式路径依赖

路径依赖是新制度经济学中的一个术语,其含义是一个具有正反馈机制的体系,一旦被采纳,会沿着一定的路径发展演进,很难被其他体系所替代。路径依赖被用来描述技术变迁中的自我积累、自我强化的情形。新制度经济学家诺斯把路径依赖概念由描述技术变迁扩展到制度变迁。制度经济学原理表明,一种制度一旦被社会所采用,如果没有外力的干扰,这种制度就会在较长时期内自我强化而不易改变,这是因为:一是制度在变迁过程中存在沉淀成本。一项制度的建立和实施需要大量的成本,并且这种成本在投入后就无法收回,形成沉淀成本。二是制度在变迁过程中存在学习效应,一项制度在初期往往能够带来良好的社会收益,这就促使社会中的其他人相互学习,制度的使用范围就会扩大,而当社会中使用这一制度的人达到一定的规模,该项制度就很难被改变了。三是制度在变迁过程中存在协作效应。一项制度的建立往往需要大量的配套措施,这些配套措施的协同影响作用很难消除。四是制度在变迁过程中存在既得利益约束。一种制度建立后,通常会形成这一制度下的既得利益集团,由于不愿牺牲短期既得利益,即使对现有制度进行改革对大多数人有利,这些既得利益者也总会以各种方式对企图改变现有制度的行为进行打压。

从制度经济学角度来看,我国国有企业改革是一种制度变迁,而且是一种由政府主导的强制性制度变迁。国有企业经营者选拔制度作为一种社会经济制度,在市场化选拔的过程中,也具有极强的路径依赖,使得对我国国有企业经营者选拔制度进行市场化改革困难重重。

第一,在一定的时代背景和社会背景下,选择由上级党政组织选拔国有企业经营者有其必然性,而且这种做法延续了几十年,党政机关在选拔国有企业的经理层方面已经有了许多的经验教训,在一定时期也取得了比较好的效果。这就使人们产生了认知上的依赖性,认为这种制度安排是恰当有效的,而完全漠视了我国国有企业所处的环境变化。

第二,为了更好地实行由上级党政组织选拔国有企业经营者这一制度,还制定了许多配套措施,包括业绩考核、升迁、薪酬、福利制度等,这些措施已经深入到企业管理的各个方面。对一项制度进行改革已经十分困难,改革所有配套措施则需要更多时间和成本,而寄希望于再建立一种制度以替代原制度所耗费的成本则要更高。

三 选拔主体对产权制度理解不透彻

国资委或政府机关直接掌握国有企业经理层的选拔任免权,其中重要的一项理论支持是,政府可以通过对国有企业经理层的选拔来掌控国有企业,以避免国有企业资产流失或国有企业性质的改变。这种思想缺乏对国有企业的深入理解。国有企业之所以是国有企业,并不是因为国有企业的经营管理者是由政府选拔任命的,而是因为国家掌握着国有企业的产权。

不论是马克思主义的产权理论还是西方经济学的产权理论,产权都是一组资产权利的总称,企业资产的所有权和经营权都是可以分离的,这也是被企业发展历程所证实、所广泛接受了的。而且,由于所有权和经营权的分离,经理层并不拥有公司的股份,不享受公司的利润,只是公司的"高级打工者"。马克思在其著作《资本论》第3卷中指出:行使管理职能的资本家转化为职业经理,而资本所有者则转化为单纯的所有者。经理人员的收入,只是单纯的监督工资。[①] 换言之,经理是在市场经济条件下具有特定价格的职业选择,即经理

---

① 马克思:《资本论》第3卷,人民出版社1975年版,第493—494页。

层只是企业资产的管理者，其来源、身份并不影响企业的性质，市场化选拔国有企业经理层并不会改变国有企业的性质。国有资产监管机构代表国家作为国有资产的出资人，依《公司法》应该以其出资额享有所有者的资产收益、重大决策和选拔出资人代表等权利；但出资人代表并不包含国有企业的经理层，其选拔权应该由企业董事会来行使，政府机关或作为股东的国有资产监管机构都没有权利选拔或向国有企业指派经理人。

四 经营者退出机制不完善

目前我国国有企业存在着经营者退出机制不完善的问题，而造成这个问题的主要原因是退出成本过低，原因在于：

第一，行政任命仍然是国有企业经营者选拔的主要形式，经营者大多是由上级组织部门指派的，而只有少数经营者是依靠市场机制选拔上来的，对于大部分国有企业经营者来说没有优胜劣汰的威胁和竞争压力。

第二，国有企业经营者在经营业绩上的压力相对较小，如果出现了效益不佳或亏损，无法认定为管理不善而造成的，也有可能是因承担社会责任而付出的代价，这种情况尤其在公益性国有企事业中具有典型性。经营者只要没有出现重大原则性错误就不会被淘汰出局，甚至还能够通过其他手段获得升迁，也可以回到党政机关任职。

第三，市场经济环境下，经营业绩直接决定着经营者的薪金报酬，经营者付出的劳动越多、创造的价值越大，其市场价值就应该越高，理所应当获得相应的报酬。但我国国有企业经营者配置管理市场化程度较低，其所付出的劳动很难通过市场价值表现出来。这些原因使得目前我国国有企业经营者退出成本极低。此外，有很多案例表明，一些年纪偏大即将退休或者提拔无望的党政机关干部被安排到国有企业担任经营者，而这些经营者通常不具备较强的经营管理能力。

对于在市场经济体制下的私营企业，其经营者的薪金报酬与经营业绩直接相关，不具备合格管理能力的经营者会被市场淘汰，因此在市场经济条件下私营企业经营者的退出成本就要高很多。一方面这些被淘汰的经营者要重新回到市场之中参与竞争，另一方面还要通过进一步的学习和实践增强自身的经营管理能力。

我国国有企业经营者会在两种情况下退出：一种情况是脱离企业经营岗位，转到行政部门担任领导职务；另一种情况是由于年龄偏大、身体状况不好等退休或辞职。转到行政部门工作对于经营者来说是一种变相的升迁，这种晋升机制对经营者不会产生提高企业经济效益的激励，反而会促使经营者为了获得晋升而不顾企业利益。后一种情况则是由于生理原因而形成的退出，现有的报酬激励机制是基于经营者对企业经营管理的控制权，当经营者由于生理原因不得不退出经营时，报酬激励就会随着控制权的丧失而减少。这就使得经营者在因为年龄和身体等生理原因退出时会产生诸如"59岁现象"等一系列道德风险问题。为避免这些现象的发生，要完善干部管理制度，同时需要为经营者提供退出后的稳定保障。在实行社会主义市场经济体制情况下，国有企业经营者选拔也要市场化，在经营者选拔的各个方面都要引入市场竞争机制，尤其是要加快建立市场化的国有企业经营者退出机制。

五 企业市场主体地位未确立

受计划经济思想的影响，国有企业与政府之间的联系一直密切，尤其在经营者选拔任用方面，政府行政性选派仍然是主要的方式，由于政企没有彻底分开，政府部门对国有企业的干预仍然偏多。为了顺利实现国有企业改革，首先需要对国有企业中政府的地位和权利义务进行明确。按照现代公司治理结构要求，重新划分各利益主体的责任与义务。随着市场经济体制的建立与完善，市场在资源配置中起决定作用，政府的部分权力将会被削弱。因此政府在国有企业改革过程中实现转型发展就体现为减少对于国有企业的直接干预，促进政企分开。强化政府的宏观调控和微观管制等社会经济管理职能和以出资人身份对国有资产监督管理职能，削弱其国有资产所有者职能与国家经营职能。政府要转变国有企业直接管理者的定位，要积极维护和引导市场竞争，为国有企业的发展和改革创造良好的制度环境，将国有企业经营管理和利益分配等权力返还给企业，只有这样，才能使国有企业真正成为市场主体，在良好的外部环境中参与市场竞争。

然而在当前的环境下，政府和企业的边界仍不明确，政企关系还存在以下问题：一是尽管2003年我国成立了国务院国资委，各地方也成立了国资委，但政府其他部门仍然对企业进行行政干预。国资委定位于特设机构，但实际上它们更接近于政府对企业的管理方式,仍受制于政府控制,国有资产的经营权和控制权还没有完全分开。二是国有企业也习惯于依赖政府,缺乏独立经营的意识。这两方面的原因使得政企难以彻底分开,国有企业的市场主体地位还没有得到根本确立。[1]

六 委托—代理问题影响

委托—代理理论于20世纪30年代产生于美国,该理论认为现代公司已经发生了所有权与控制权的分离,职业经理团队已经成为公司的实际控制者。信息经济学发展了委托—代理理论,认为委托—代理理论的中心任务是研究在利益相冲突和信息不对称的环境下,委托人如何设计最优契约激励代理人。

在国有企业的委托—代理关系中,全体人民是所有者,管理团队是最终代理人,全体人民所有的实现形式是国家所有,由于委托人无法真正落实到自然人,即缺乏人格化的委托人,以及委托—代理链条过长,使得国有企业在运行过程中形成了多层委托—代理关系。全体国民作为国有资产的所有者,是最初的委托人,他们对国有资产的所有权无法直接行使,实际上他们的权利由政府代为行使,这是第一层委托—代理关系。第二层次的委托—代理关系表现为国家(包括资产管理部门)与企业董事会之间的关系,第三层次为企业董事会与经营团队之间的委托—代理关系。企业这些错综复杂的委托—代理关系使得每一中间主体都身兼委托人和代理人的身份,极大地增加了国有企业在处理委托—代理关系中耗费的成本。

由于国有企业在运行过程中存在多层委托—代理关系,使得委托—代理链条中的中间主体,即国家(包括国资委)、董事会在作为委托人时会出现角色冲突。《中华人民共和国企业国有资产法》明确了各级国有资产监督管理机构代表本级政府履行出资人职责,具有决策权、任免权和资产收益权,这些权力的使用关系到国有企业的发展,因此要对国资委权力的使用进行有效监督,防止权力的滥用。国资委一方面代表各级政府履行出资人职责,另一方面又要对国有企业的运行进行监督和管理。这种双重身份使得国资委很难对自身和国有

---

[1] 范缤阳:《国有企业创新:企业经营者选择的市场化取向探讨》,硕士学位论文,四川师范大学,2014年。

企业经营管理进行有效监督。

在委托—代理关系中存在委托人与代理人目标不同的代理问题，而代理人在大多情况下具有信息优势，这就会促使代理人做出偏离委托人目标的行为。而实际上，我国国有企业中存在大量这样的代理问题，经营者由于占有信息优势并且缺乏有效监督，就做出偏离委托人目标的行为，为了自身利益而不惜以国有资产流失为代价。此外，目前我国缺乏健全的经营者考核机制，经营者的任免与其经营业绩并不直接挂钩。委托人和代理人之间在契约合同上的规定也不够详细，缺乏对经营者的有效约束。多层委托代理关系的存在，会增加国有企业经营者选拔制度建设的复杂性。

第四章

国外国有企业经营者
选拔制度及其启示

本章主要研究内容：国外国有企业经营者选拔制度与国外国有企业经营者选拔制度的启示。

第一节　国外国有企业经营者选拔制度

无论是发展中国家还是发达国家，国有企业由于产权结构的特殊性，其经营者选拔机制都与私有企业有着很大的区别。这种区别的根本在于所有制体系和国有企业的经营范围。公有制产权制度具备整体性与模糊性，包括劳动者在内的全体国民共同拥有剩余索取权。这种产权的整体性与模糊性，又带来了分配制度上的整体性与模糊性：剩余产品归全体国民所有，但却无法说出每一个国民具体分配多少。

与私有制明晰的产权和分配权相比较，国有制的产权与剩余分配似乎很容易带来认知与执行层面的问题。产权的整体性与模糊性，使得国有企业"所有者缺位"问题在相当长时期内影响着企业的管理机制。

事实上，公有制的产权制度与其分配制度是一个紧密配合的体系，这是公有制的特点而非缺点。公有制与私有制的差别，让国有企业的经营者构建体系无法完全复制私有企业搭建的"现代企业制度"，多层的委托—代理机制是不可避免的。

同时，国有企业由于其所处行业和经营范围的不同，也让企业追求的目标产生差异，造成经营者选拔机制的改变。一般而言，处于市场竞争中的企业，需要经营者拥有在激烈的竞争中领导企业获取发展的能力，而处于非市场竞争中的企业，企业经营者就面临不同的要求。

如公用事业类自然垄断行业，它们的初始投资往往十分巨大，如果任由市场竞争机制发挥作用，政府不加以适当规制，可能会产生不利于社会福利改进及资源最优配置的结果。常见的后果有两种：一种结果是市场竞争无法实现优胜劣汰，任何企业都达不到经济规模，恶性竞争持续不断；另一种结果是市场竞争达到了均衡，某个企业独占市场份额，达到规模经济，行业生产成本因此而大幅度降低，但是无数其他企业被竞争淘汰。这个过程完全是资源的无谓浪费。当市场稳定后，此类行业的自然垄断属性决定了在缺乏外界监督的情况下，必然会是一个效率低下的行业，而效率低下的根源完全在于行业的自然属性而非资本属性。

无论何种所有制组织形式的企业，在一个外部监督制度缺失的自然垄断行业内，都会有相似的行为方式：没有竞争者就不存在降低成本、改善服务的动力；垄断性带来的定价权可以把升高的成本转嫁到最终消费者身上，也就不必采取降低成本的措施。此类企业追求的目标是社会福利的最大化而非企业自身利润的最大化，同时还要保证政府对此类企业拥有强大的监督能力。所以，在经营者选拔机制上，并不适宜在此类行业的企业中选择强调竞争与攫取利润能力的经营者，更无法进行市场化选拔。从外国的国有企业经营者选拔机制中，可以对这些问题获得有效的验证。

一 美国国有企业经营者选拔制度

美国现行法律制度和行政管理制度中没有"国有企业"的概念和统一定义，美国各级政府对商业行为干预较少，高度依赖市场化体系。美国公司的设立由各州制定法律实施，联邦层面没有《公司法》，联邦仅有20多家类似"中央国有企业"的机构或公司，分别称为联邦政府公司（Federal Government Corporation）和政府资助企业（GSE, Government-Sponsored Enterprises）。二者最显著的差别在于：联邦政府公司是政府的一部分，员工属于联邦雇员，其工资由政府支付，这类公司包括美国邮政署、进出口银行等17家机构；而政府资助企业为私有企业，雇员工资由企业支出，这类公司包括房利美和房地美等

5家公司。无论是联邦政府公司还是政府资助企业，它们都处于市场失灵的领域，其经营范围也多为私营企业不愿进入的领域，与私营公司竞争很少或根本不存在竞争。

（一）美国国有企业类型

1. 美国联邦政府公司

美国联邦政府公司是由国会单独通过法律成立的，每一家公司都有适合自己的法律规定，这使得各个公司在法律结构、组织结构及公司治理结构上形式多种多样，各不相同。《美国法典》第5编（Title 5 103）将政府公司（Government Corporation）定义为"由美国政府拥有或控制的公司"；《1945年政府公司控制法案》（Government Corporation Control Act of 1945）则将政府公司界定为"政府拥有股份或全资拥有的公司"，但该法没有规定政府公司的组建程序，也没有说明政府公司的构成要件，只是在法律中列出了28家纳入管理的公司清单，这与各州实施的《公司法》差异巨大。除《1945年政府公司控制法案》列出的公司清单外，美国也有其他的类似政府公司清单，但各清单因编制者对政府公司的定义不同而各异，其涵盖范围既包括美国邮政（USPC）、联邦存款保险公司（FDIC）等大型企业，也包括财政部下辖的联邦融资银行（Federal Financing Bank）、司法部下辖的联邦监狱产业公司（FederalPrison Industries）等小型专业性公司。美国现有17家联邦政府公司。

联邦政府公司是国会为执行公共目标而成立的联邦政府机构，但其产品或服务需要以市场化为导向运行，并实现自身收支平衡。《1945年政府公司控制法案》对联邦政府公司的预算、审计、债务管理、吸储业务等进行了规定，针对企业日常运行设置了严格的约束与监管的制度体系。由于进行市场化运行，公司为客户提供商品和服务能给其带来收入，联邦政府公司不受行政管理部门的预算规定约束。但该法案要求政府全资拥有的公司必须向总统提交"商业型预算"，由总统评估修改后，再提交国会批准并对其执行进行监督。美国行政管理部门并不负责对联邦政府公司进行监督，参众两院也没有设立统一的机构负责监督所有联邦政府公司，对各公司的监督由其所属领域的专门委员会负责。

2. 政府资助企业

美国政府资助企业的法律权力、组织结构和运作方式各有不同，各自由其当初成立的法律和相关许可所决定。但所有政府资助企业都有一些共同的特性：企业属于私营部门拥有的金融机构、业务领域竞争较小、所有活动须限定在国会颁布的许可范围之内。此外，国会批准其成立本身即为其债务提供了一种隐性的联邦担保，让政府资助企业拥有良好的信用保证。

政府资助企业是特殊的营利性金融实体，它们不是银行，不是信用合作社，也不是存贷款协会。除了农场信贷系统下的银行外，政府资助企业不直接为公众提供借贷服务。国会建立政府资助企业是为了改变资本市场所存在的市场失灵状况。政府资助企业有助于改善资本市场的效率，克服市场不完善，增强资本市场流动性，使资本从供给者手中以较低的交易费用流入具有较高贷款需求的领域。

出于此目的，政府资助企业进行的业务主要包括：发行资本股票和长期及短期债务契约、发行住房抵押贷款支持证券（MBS）、购买抵押贷款、将抵押贷款置于自身债券投资组合中，对其提供的担保服务及其他服务收费。为支持政府资助企业的发展，一方面，联邦政府赋予它们一些完全私有公司所不具备的收益权及特权，但另一方面，也限定了政府资助企业的业务活动范围，并要求它们支持某些特定的公共政策目标，为政府决策的实施提供支持。

美国目前共有5家政府资助企业，其中3家为投资者所有，分别为联邦国民抵押贷款协会（即房利美，Federal National Mortgage Association，Fannie Mae）、联邦住房贷款抵押公司（即房地美，Federal Home Loan MortgageCorporation，Freddie Mac）和联邦农业按揭公司（Federal Agricultural Mortgage Corporation，FarmerMac）；另外两家为借款人合作所有，分别是联邦家庭贷款银行系统（Federal Home Loan BankSystem）和农场信贷系统（Farm Credit System）。房利美与房地美公司在建立之日起，就一直保持良好的运行态势，其发行的企业债券一度在市场上近乎等同于美国国债。但在"次贷危机"的过程中，两家公司经营受到严重的冲击，出现严重困难，从2008年起受美国政府托管。二者约80%的股份在美政府手中，这两家政府资助企业实际上已不再按普通商业模式经营。①

---

① 2008年后，一方面，由于"两房"股价长期低于1美元，FHFA（Federal Housing Finance Agency）宣布"两房"股票2010年7月7日退市，退市后"两房"股票在场外市场继续交易。但另一方面，股票退市并未影响"两房"的债券表现，美国政府仍将履行为"两房"注资、为其补充资本金的法律合约，"两房"的普通机构债券至今仍然保持着AAA的最高信用评级，而"两房"的MBS由于具有"两房"的信用及抵押资金池的双重保证，更是不受影响。2017年房利美在世界500强企业中排名第46位，且利润额排名第22位。

(二) 美国国有企业经营者选拔制度

董事会一度被称为是联邦政府公司的标志,这主要是因为美国的公司法要求公司必须有一个经持股人选举的董事会管理。由于政府完全所有的公司没有别的持股人,设立董事会并没有实际意义。但是,除了政府全国抵押协会、圣劳伦斯海运发展公司,美国的政府公司都有董事会。田纳西河流域管理局、进出口银行、联邦储蓄保险公司都设有专职的董事会。联邦住房贷款银行委员会同时也作为联邦储蓄和贷款保险公司的董事会。联邦证券银行、养老利益担保公司、太阳能和能源保护银行设有全部由美国政府官员组成的"机构内部的"董事会。

多数公司设有兼职的董事会。一些混合所有制公司和政府赞助的企业的兼职董事会,由总统指派董事和持股人选举的董事共同组成。董事人数从最少的3人到最多的15人不等。人们把董事会作为杜绝"政治干预"的手段加以提倡,但许多董事会本身已经被高度政治化了。董事的职位常常作为一种政治恩惠发放,随着入主白宫的政党而变化。公司董事会对公司发展的理念往往无法保持长时间一致,很容易造成与公司经理之间的冲突。

一般而言,美国州、地区和市的国有企业管理主要由商人和银行家组成的兼职董事会管理,但现在越来越多的董事会开始受到政府官员的影响。越来越多的董事会中开始出现依据职权而成为当然董事的政府官员,而且此类情况正在变得越来越普遍。在地区和大城市的管理局中,董事由参与的团体指派,并代表这些团体对企业的运行进行监管。这类董事任命一般由州长或市长做出。州、地区和市的管理局的董事会,看上去比联邦公司的董事会有更大的影响力,但事实却并非如此。这些企业的主要管理权掌握在高级管理层即总经理的手中,在制度设置上,通过兼职董事会的制衡来维护公司的自主权,保证公司的稳定运行。

二 德国国有企业经营者选拔制度

德国国有企业也称为公共企业,按照管辖权不同分为联邦所有、州所有和市镇所有三级。按照企业建立所遵循的法律规定,德国国有企业可以分为两大类:一类是按照公法建立,此类企业往往负有特殊使命,按照政府意志运行,赢利并不是其主要目的,其运行是为了实现公共政策目标;另一类是按私法建立的有限责任公司或股份公司，此类公司由国家控股或参股，按照市场化的标准运行，但国家依旧保持对企业的强力控制和影响。政府参股的国有企业按照拥有资本的方式划分为两类：直接参股企业和间接参股企业。

（一）德国国有企业类型

1. 联邦政府参股的国有企业

德国的联邦企业数目较多，规模较大。据德国财政部统计，截至2014年底，德国联邦政府直接参股企业、机构和基金共计107家，其中，从事经营活动的企业62家、合作社15家、非经营类企业5家，政府投资管理的特殊基金25家；参股比例在25%以上的间接参股企业共计566家，两者合计673家。德国联邦政府直接参股企业主要集中在基础设施、教育科研、能源供应、信息通讯等领域，基本处于自然垄断行业；间接参股企业大部分为市场化运营的企业，但某些重点企业德国政府依旧拥有很强的控制能力。如德国铁路公司，至今为止仍为国有独资公司。1994年该公司曾进行了私有化改革，但在2011年被彻底终止。按照德国的《基本法》和《铁路基础设施使用法》，国家可以出售德国铁路公司的股票，但最大出售比例只能达到49%，也就意味着国家必须保持对该公司的绝对控股地位。

2. 州政府参股的国有企业

德国各州也拥有很多的国有企业。据德国纳税者研究院统计，2014年德国各州政府目前参股企业、机构和基金共计1429家，其中，直接参股787家，间接参股642家。德国各州参股国有企业总体规模与其经济发展水平排名基本一致，其中经济发展最好的汉堡直接参股企业、机构和基金87家，位列榜首。著名的大众公司就被萨克森州政府实际控制。尽管萨克森州政府持有20.2%的股份，但根据《大众汽车法》，除了萨克森州政府以外的任何股东，无论拥有股份数额多少，拥有的投票权都不能超过总投票权20%，而必须经过股东大会投票的任何重大事项，必须获得80%以上的多数支持，这就让萨克森州政府拥有了绝对的否决权，保证了州政府对企业的控制。

3. 市镇政府参股的国有企业

除了联邦、州级的国有企业，德国市镇级行政机构也拥有大量的国有企业。市镇级参股企业数量在经历2003年小幅回落后，到现在一直呈现逐年上涨态势。据德国纳税者研究院统计，到2014年为止，德国市镇级参股的企业、公共机构超过13500家，较十年前增长约35%；仅2011年到2014年间，市镇企业就业人数就增加1万人至24.5万人。2000年以来，各市镇级国有企业营业总额逐年增长，2011年达近3000亿欧元，约占德国GDP的10%。著名的莱茵集团就有15%的股份被北威州市镇政府掌控，每年为其带来大量的盈利分红。

当然，对于大部分国有企业而言，其股份是否按照行政级别被政府持有并没有严格的限制，很多运行良好的企业都有多家政府股东。例如法兰克福机场，黑森州政府、法兰克福市政府和联邦政府就分别持有其股份的31%、20%和18%。欧洲最大的电信运营商德国电信，联邦政府直接持有其14.25%的股份，并通过复兴信贷银行间接持有其17.44%的股份。

总体上看，德国联邦所有的国有企业主要是重工业和军火类公司，州级国有企业多为银行、剧院、无线电广播电视公司和特别医院等企业，市级地方类国有企业则从事地方性水电、交通和其他服务性企业。[①] 德国政府针对国有企业的产品性质，将企业分为营利性企业与非营利性企业，对满足公共需求的联邦邮政、水、电、煤气等行业的国有企业，都是不以营利为目的，但为了保持对经济和关键行业的控制力，政府依旧持有大量营利性企业的股份，并对这些企业保持强大的控制力。

德国国有企业运作的基本原则是，在事关国家或市镇的重大利益且以其他方式不能更好地或更经济地达到目的的情况下，才可以由国有企业来承担；在与私人企业发生竞争的领域，要让位于私人企业。然而在实际中，德国国有企业的建立和运营并未完全遵循该原则。州政府和市镇大量建立的酿酒厂、跑马场和旅行社完全无关所谓重大利益，但依旧由政府运营。

(二) 德国国有企业经营者选拔制度

按照德国法律规定，对国有企业行使所有权的部门为联邦政府财政部。它负责国有企业建立、合并、解散、拍卖和增资等各种重大事项的决策，并有权通过任命调整监事会成员实现监督企业日常经营的目的。同时，德国实行双重董事会制度：管理董事会和监督董事会（监事会）。管理董事会是公司的执行

[①] 毛程连：《国有企业的性质与中国国有企业改革的分析》，中国财政经济出版社2008年版，第315页。

机构，负责公司的日常经营管理，每个管理董事会委员以同等权力和一致通过原则管理公司事物。监督董事会为企业的实际决策与监督机构，由国家、工会、员工三方代表共同构成，代表股东、债权人和职工的共同利益。监事会中的国家代表通常由财政部长推荐，被推荐者多为私人公司经历、部长级官员、银行家和大学教授，通常拥有很高的社会地位和管理经验。

管理董事会按照监督董事会制定的决策执行，其成员由监督董事会任命。可见，德国国有企业的经营者应该不仅限于管理董事会和高级经理层，还包括监督董事会的董事，而这些监督董事通常由财政部长来推荐任命，直接保证了国有企业的决策层管理者受到政府的影响，保障政府对企业的控制力。对于国有企业的管理董事会成员和高级经理，德国政府更倾向于市场化聘任，以签订合同的方式建立"委托—代理"关系，用市场机制来激励企业经营者更好地完成所有者的经营目标。

这样的一种选拔制度是建立在德国国有企业需要面临严峻市场竞争的条件下。尤其是其大型国有企业如大众汽车、莱茵金属公司等重工业与军火类企业，都直接面对着激烈的全球化竞争。但是，在许多公司的决策过程中，通过相应的制度设置，为政府干预提供了条件。诸如《大众汽车法》等法律规定，直接在制度层面保证了政府对企业的直接控制权，让企业可以更加自由地按照市场化原则选拔高级管理层，在激烈的市场竞争中获得优势。

三 日本国有企业经营者选拔制度

（一）日本国有企业类型

日本"公企业"与我国国有企业概念较接近，但它是学术概念而非法律概念，与国有企业相关的法律概念有特殊法人、特殊公司等。日本《国有财产法》将日本的国有资产划分为行政资产和普通资产两种。其中行政资产指直接用于行政目的的资产，包括公用资产、公共用资产、日本皇室资产和企业用资产；普通资产则是除行政资产外其他的所有国有资产。通常研究中所指的国有资产，是针对日本政府出资资产中的国有企业资产，与日本法律规定的国有资产并不一致。

日本的国有企业按照出资主体，分为中央政府国有企业与地方政府国有企业两种；按照经营形态划分，有政府企业、公共法人企业和特殊股份企业三种。政府企业由政府直接管理，公共法人企业是由政府出资、委托给经营者经营，特殊股份企业则是政府部分出资的股份有限公司形式。①日本的国有企业大部分集中在电力、煤气、供水等公共部门领域，属于天然垄断行业，且经过长期民营化改革后，比重也在不断降低，其国有企业比重已经远低于西欧国家水平。日本已经成为国有企业最少的国家。

截至2010年底，日本全部的国有资产总额为101.2万亿日元，行政资产和普通资产分别占30%和70%。其中，政府出资的有日本政策金融公库、日本邮政、NTT、JT等20家特殊公司法人，出资额为21.8万亿日元，占全部国有资产的22%。2015年，特殊法人只有33家。

（二）日本国有企业经营者选拔制度

由于国有企业数目较少，日本采用立法的方式，以"一企一法"的形式对国有企业实行管理。根据《国有财产法》的规定，日本各省厅负责其管辖领域的行政资产管理，财务省作为政府出资人代表，负责普通资产的监管和处理，并统筹管理全部国有资产，审定经营预算和决算。

日本的特殊股份企业除了必须遵守的《公司法》及相关上市公司法规以外，还有根据自身特点制定的专门法律。如日本邮政公司就有专门的《邮政公司法》作为针对性的法规约束制度，对邮政公司的经营行为进行监管。另外，对某些提供基础性服务的公司，如日本铁路公司，即使进行了私有化改革，国土交通省等相关管理部门依旧通过立法保持对它的控制力，拥有对其业务及日常经营指导、劝告及命令的权力。

一般而言，竞争领域的国有企业一般采取股份公司的形式，但是因为日本认为国有企业应该是提供"公共性"服务和产品的公司，所以此类企业极少。政府功能类国有企业都是采取特殊法人形式。普遍采取董事会领导下的行政首脑负责制，根据企业所归属的管辖领域不同，企业负责人员由所归属的主管大臣任命，实行任期制。其公司治理结构也完全是董事会结构，董事会成员一般兼任企业某些职能部门的负责人，拥有具体负责的业务领域。董事会下设的常委会主要负责企业经营，企业总经理按照董事会的决议进行经营，负责具体业务执行。

---

① 田中景：《国企改革之鉴——日本的经验与教训》，中国经济出版社2003年版，第186页。

日本的国有企业受政府影响很大，自主权受到限制，作为高级管理层的经营者大多都源于政府公务员，其薪酬也多由政府规定。同时，受到日本企业文化的影响，即使并非政府公务员出身的经营者，也多是在本企业内部进行选拔，逐级晋升，多由现任经营者在几位可能的人选中选定接班人进行培养接班，只有少数通过企业内部业绩考核进行竞争决定，经营者选拔的市场化程度很低。

日本的国有企业很少，经营领域基本集中在公共服务方面。政府通过专门立法和对国有企业经营者选拔制度的设置，保证了对企业的控制力，使其成为政府完成公共政策的一个有力途径。

四　新加坡国有企业经营者选拔制度

新加坡虽然国家很小，但国有企业却非常强大。以淡马锡和裕廊集团为首的国有企业在经营效率、赢利能力和对经济的控制力上，都远远超过外资与私营企业，仅淡马锡公司每年的产值就超过了新加坡全年总产值的8%。

（一）新加坡国有企业类型

新加坡的国有企业在设立之初，就采取了不同的出资模式，也因此将国有企业分为两类：法定机构和政联公司。

1. 法定机构

所谓法定机构，就是根据新加坡议会专门立法成立的具有独立法人地位的半官方机构，是一个专门负责企业运作的政府部门，是政府政策的具体执行部门。这些法定机构通常隶属于政府某一部门，是独立的经济法人。法定机构主要集中在国家发展部、经济发展部、裕廊镇管理局、公共事业局、民航局、港务局等国家部门，其职能涵盖了医疗、文化、科研、教育、宗教、城市建设、经济发展等各个领域。新加坡现有法定机构超过100家，雇员高达6万人以上。法定机构中有一些属于无须政府拨款、自主经营性质的企业，如裕廊集团就是新加坡贸工部下属的官方机构，是新加坡最大的工业地产发展商，拥有近30家分公司和子公司；还有一些类似于行政事业单位的机构，如税务局和经济发展局。

2. 政联公司

政联公司是政府按照《公司法》设立，不受议会管辖的公司。这些公司按照市场化原则运行，通常由淡马锡控股公司、新加坡政府投资公司等政府类投资公司投资设立。1974年，新加坡政府决定由财政部（投资司）负责组建一家专门经营和管理原国家投入到各类政联企业的资本的国家资产经营和管理公司，这家公司就是淡马锡控股公司。它是按照新加坡《公司法》相关规定以私人名义注册成立的控股公司。

根据当时政府的委托，新加坡发展银行等36家政联企业总额高达3.45亿新元的股权被授权由淡马锡公司负责经营。政府赋予它的宗旨是：通过有效的监督和商业性战略投资来培育世界级公司，从而为新加坡的经济发展做出贡献。淡马锡控股公司现在控制30余家大型控股公司，下属约80家子公司，600家孙公司。截至2016年3月31日，淡马锡投资组合净值为2420亿新元。

40余年来，淡马锡控股公司平均投资报酬率为17%，年均派发红利达7%，淡马锡控股公司所持有的股票市价约占整个新加坡股票市场的47%。淡马锡的企业规模相当于美国的通用公司或者德国的西门子公司，是新加坡经济发展的重要支柱。现在除了淡马锡公司外，新加坡科技控股公司、新加坡国家发展部控股公司也属于政联公司，只是后两者的资产份额远远小于淡马锡控股公司。

（二）新加坡国有企业经营者选拔制度

新加坡现在最主要的国有企业代表是淡马锡控股公司和裕廊集团，两者分属政联公司和法定机构，但它们的管理模式基本一致：企业的管理机构为董事会，董事会由独立董事和非独立董事组成，独立董事在整个董事会成员中的比例达到或超过50%，一般独立董事由成功的商界人士或相关领域大学教授等学者组成，实行任期制。董事会下面一般设有执行、审计、薪酬等职责较为明确又具有一定制衡作用的专门委员会，而且审计委员会、薪酬委员会的主席通常要求由独立董事来担任，以实现对公司决策的外部监督与制衡。企业董事会的基本职责是提升企业的核心竞争力和促进企业的长期稳健发展。

对于法定机构而言，按照法律规定，需要由某个政府部门作为法定机构的行业主管部门，负责组建法定机构的董事会，派出董事长和聘任董事。作为政联公司淡马锡集团董事会中的四名董事，由财政部直接派出，均为司局级乃至副部级官员，享受公务员待遇；其余六名独立董事则聘任社会知名人士和业内专家，且董事受任期的严格限制；公司的董事长和CEO人选需要经财政部复审，由总统批准。对于其下属子公司的高级管理层，多选择市场化选拔的方式，选用职业经理人。

由新加坡国有企业的管理机制和经营者选拔制度可以看出，政府对本国国有企业拥有很强的控制力，即使绝大部分国有企业是处于竞争性行业当中。尤其是在经营者选拔制度上，直接从董事会成员构成上保证了国有企业对政府意志的实现，而独立董事制度又保证了企业管理层决策的市场化方向与政府影响之间实现制衡。

五 法国国有企业经营者选拔制度

法国是国有经济在国民经济中占比很高的国家。20世纪80年代初，法国的国有经济比重曾一度高达40%，国家持有200余家大型国有企业的股份，涉及子公司4300余家。1986年，法国开始逐步对国有企业进行私有化。1993年3月7日，法国新的私有化法案出台，它大大削弱了国有部门在经济中的分量。该法律批准对21家国有企业集团进行私有化，涉及约1760家企业，涉及的部门有钢铁、石油、基础化学、汽车、航空制造、有色金属加工和电子等。多次私有化之后，国有部门中的大型企业数量明显减少，余下的主要集中在基础经济部门中，比较著名的有法国电力公司、法国煤气公司、法国煤矿公司、国营铁路公司、巴黎独立运输公司和法国邮政及电信公司等，这些企业的员工占国有企业就业人数的3/4。

法国10家最大的一流企业全部是国企，这些企业占法国国企资产总量的75%，其中包括国家三大支柱行业的国企，如法国邮政局（Poste）、法国国营铁路公司（SNCF）、法国电力集团公司（EDF）。这三家集团公司旗下的子公司有250家，雇员超过55万人。仅这三家法国大型国企的规模就占据了法国国企总规模的三分之二。随着私有化进程加深，国有资本逐步退出一些领域。到2010年底，法国以国家独资、控股和参股的方式控制着50余家国有大企业集团，国有企业1217家，国有经济占比达6.5%，实力依旧很强。

（一）法国国有企业类型

1. 垄断行业国有企业

此类国有企业基本处于天然垄断行业，国家是企业的唯一股东或者国家掌握51%以上的股份。政府采取直接管理和间接管理相结合的方法，对企业控制程度较高，管理严格，企业自主经营的权利受到很大限制。这类企业主要包括法国电信、法国国铁、法国电力、法国燃气集团等公司。

2. 竞争行业国有企业

此类国有企业所处部门存在大量的私人企业，国内和国际市场上有众多竞争对手。此类企业中国有股权已经很少存在独资或绝对控股的情况，政府给予企业充分的自主权，企业自负盈亏，自己面对激烈的市场竞争，按照市场规则运行。主要代表有雷诺汽车、汤姆逊公司、罗纳普朗克化学公司、法国航空、标志雪铁龙集团等。

(二) 法国国有企业经营者选拔制度

法国国有企业治理结构受到议会颁布的法律或者政府法令的限制，大多数国有企业均是按照有限责任公司的形式管理，董事会是企业的管理部门。董事会成员主要由国家代表、专业代表和雇员代表构成，基本各占三分之一。

2004年9月9日，法国发布法令设立国家参股局专门负责管理所有的国家投资。国家参股局在国家独资或参股的大部分企业或组织中行使国家作为股东的权利。一般而言，若国家在企业决议机构中拥有20%以上表决权，通常便属于国家参股局的管辖范围。参股局有权向受其管辖的每个大型国有企业委派国家代表，通过企业的股东会和董事会等公司治理体系行使经营决策权。这些国家代表具有双重身份，既参与企业股东大会执行国家参股局委托的权利，是国家监督企业生产经营的代表；也参加企业董事会，担任董事或董事长，切实参与企业管理，是企业管理团队的一员。这些国家代表除了少部分由国家参股局在其固定编制人员中委派外，大部分从企业界招聘，为成功的企业界人士。

法国国有企业的董事长和总经理由政府总理或主管部门、共和国总统提名，并通过政府颁布法令正式任命。部属或一级国有大企业的董事长和总经理均由政府任命，次一级的由总理任命，再次一级由主管部长任命。国家控股90%以上的国有企业，董事长由政府直接任命；控股50%以上的企业，董事长虽由董事会选举产生，但需政府提名，由于政府掌握着控股权，所以人选基本上是按政府意图选定；国有资本50%以下国有企业的董事长基本上由选举或协商产生，但一般而言，此类公司的股权极其分散，而政府往往处于大股东地位，仍然有相当大的发言权。

董事长一经任命，将不得再兼任行政职务。董事会国家代表按照法律规定应具备以下条件：国家公务员或已经退休的国家公务员；年龄 30 周岁以上；有相关部门（指行业主管部、经济财政部或其他部长级部门等）工作 8 年以上的工作经验；专业代表同样由部长会议法令任命，一般会征求专业机构意见后，由该公司最重要的用户、供货商和业务密切的银行负责人担任，这些人熟知公司的业务与经营能力，能有效对公司业务进行监督管理。通过这样的制度设置，董事会中的国家代表和专家、知名人士代表均由国家任命，且国家代表一般是财政部和其他各部门的代表，这样政府就可以通过董事会来贯彻自己的意图，影响企业的发展方向。从法律上讲，企业总裁是由董事会选举产生，而董事会则是由股东任命的，但在实际操作上，通常是总裁独自挑选董事会成员，然后由股东批准通过。

六　加拿大国有企业经营者选拔制度

加拿大的国有企业一般称为皇室公司（Crown corporations），但这个皇室公司只是传统名称的延续，并非与皇室有关。它仅是一种对皇室尊重的传统，历史上曾经把国有的资产都称作归皇室所有，这种称谓就一直延续到现在。

截至 2011 年，加拿大有 46 个大型的皇室公司母公司和 3 个相当于母公司规模的子公司，这些公司的雇员超过 10 万人，其中 83% 集中在加拿大邮政（Canada Post）、加拿大广播公司（CBC）、加拿大原子能有限公司（Atomic Energy of Canada Limited）和 VIA 铁路公司四家公司中，其他大部分主要的皇室公司雇员基本都在 3000 人以下。皇室公司管理的资产超过 3700 亿加元，由加拿大银行和加拿大退休金计划投资委员会对其进行监管。

加拿大设立皇室公司的初衷是为了弥补某些方面的市场失灵，一方面，改变私营企业无法在战略层面满足国家利益的一些需求的现状，布局在一些涉及国家利益的行业，这些行业基本属于私人资本无力完成或涉及国家安全等根本利益的行业；另一方面，皇室公司经营的一些公益性领域难以攫取商业利润，私人企业不愿在这些领域投资，必须由国家承担资金投入和运营成本。

（一）加拿大国有企业类型

按照行政级别归属，皇室公司可以分为联邦级和省级，分别归属联邦政府和省级政府管辖。通常情况下，每一家皇家公司的建立都会有议会设立专门的法案作为依据。皇家公司根据法律规定的要求进行日常经营，经营方向专一，不允许跨行业扩展业务范围。这主要是因为按照加拿大政府的观点，皇室公司是为了承担和追求特定公共政策目标而成立的，为了保证公共政策不偏离预期的目标，必须将皇室公司的经营行为用法律的方式严格限制。

1. 联邦级皇室公司

联邦级皇室公司由联邦政府投资设立，受政府相关部门领导，带有垄断的特征。政府是国企的唯一股东，在税收方面政府对其采取扶持政策，如根据企业具体情况给予优惠。目前，加拿大有49家各联邦级别皇室公司，并根据现实需要可以随时设立。例如加拿大航空安全公司（Canadian Air Transport Security Authority）就成立于美国纽约"9·11"恐怖袭击（2001年9月11日）后的2002年，专门负责各个机场的乘客与行李安检工作。联邦级皇室公司大多数是一些敏感行业，诸如机场的安检业务或核电站业务等。还有一些涉及文化产业，比如加拿大电视电影公司（Telefilm）为加拿大电影业发展提供资金支持，加拿大农场信用公司（Farm Credit Canada）则为中小型农场提供信用贷款融资服务。

2. 省级皇室公司

省级皇室公司其职能和作用与联邦大致相似，它们向省政府负责，加拿大各省都有若干省级皇室公司。例如，安省的省级皇室公司目前有20多个，安省博彩公司、省酒类零售店（LCBO）、水电公司、安省皇家博物馆等，都属于省级皇室公司。省级皇室公司主要从事能源、农业、交通、保险、酒业和博彩业，这些公司也基本处于受管制行业和提供公共与准公共产品的天然垄断行业。

(二) 加拿大国有企业经营者选拔制度

皇室公司并非是单纯的企业部门，而是具备半政府部门的特征。皇室公司的资产完全归国家所有，但企业经营者不属于公务员性质。皇室公司依据《国会法》或者《加拿大商业公司法》设立，根据行业不同由所在部的部长负责管理。皇室公司均设董事会，按照市场规则进行运作。至少每两个月召开一次董事会，以保证和监管企业有效经营。

国家审计署会派出审计员小组，按年度对企业经营行为进行审计。管理皇室公司的机构和部门主要包括议会、国家审计署、国库委员会、主管部长、财政部长、财政委员会主席、审计员、公司董事会以及首席执行官。加拿大联邦及各级议会负责批准皇室公司的设立、解散或变更,审议核准公司预算,确定公司经营目标;国家审计署负责核定公司经营者的薪金水平,批准子公司的设立和解散,任命审计师对公司进行审计;国库委员会负责审查公司计划并批准资金预算;主管部长负责向议会提交公司的年度报告,任命董事会成员;财政部长负责向需要借款的公司提出意见并进行核准;财政委员会主席要向议会提交母公司的年度报告,并有针对性地制定与皇室公司相关的政策。审计员是国家审计署派到皇室公司监督董事会成员、董事会主席和首席执行官的日常工作;董事会负责管理企业的经营并评价公司首席执行官;首席执行官负责公司日常运营,向政府相关主管部门负责。

但皇室公司的董事长、董事与首席执行官等主要由政府任命。通常程序是,企业的董事长直接由联邦政府主管部长提出建议人选,由总理办公厅与财政委员会商议后,报总理决定任免。首席执行官则由董事会提名或通过公开招聘确定预期人选,而后报给联邦政府主管部长,再通过总理办公厅与财政委员会商议后,由总理决定任免。董事会对公司首席执行官的选择有建议权,它们主要负责讨论批准首席执行官提出的企业其他高级管理人员的任免。政府对董事会的任命通常会更多考虑政治性因素,人选的最终选择权基本掌握在总理手中,且董事会成员与首席执行官不可以交叉任职,首席执行官是专职人员,负责公司的日常经营管理,董事则是兼职人员,是公司决策的实际管理者。首席执行官可以参加董事会会议,但董事不能兼任首席执行官。董事长与首席执行官的薪酬均由政府确定和支付,按照工作量和企业规模确定报酬。

企业年度报告是对皇室企业经营者考核的重要依据。政府通常会根据企业年度报告的企业经营业绩结果决定企业经营者的去留,实现对经营者激励约束机制,达到优胜劣汰的目的。但加拿大政府只是保持对皇室公司最顶层经营者的控制权,并不干预企业内部的人事管理。对企业内部的人事管理不做统一规定,由企业根据自身情况自行决定,企业在人事管理方面有充分的自主权,通常按照市场化原则进行运作。

通过一系列的制度设置,加拿大政府通过对经营者的行政任命,保持了对企业的强大控制力,皇室公司成为政府实现公共政策的工具。

七 韩国国有企业经营者选拔制度

韩国从 20 世纪 60 年代初开始实行政府主导的外向型经济发展战略，朴正熙政府在韩国私营企业力量薄弱的情况下，大量投资扩大国有企业，并不断创办新的国有企业，刺激了韩国经济在短期内快速增长。随着韩国民间资本的发展壮大，大量国有企业开始进行私有化，但国营企业在韩国经济中仍居于重要地位，很多领域中处于举足轻重的地位，是韩国政府实现公共政策的重要途径。

（一）韩国国有企业类型

与日本类似，韩国的国有企业也称为"公企业"。根据韩国的定义，公企业是"由国家或地方政府所有并控制，销售具有市场性产品的自主的生产主体"，即由政府完全控股或部分控股企业，参与企业的经营决策，企业在市场中自主经营并以一定价格向消费者提供产品或服务。

韩国政府创办和经营的国有企业主要是为了在各经济部门中贯彻政府意图；负责基础设施建设和社会开发；发展公益事业；增加财政收入。韩国国有企业主要分布在对国民经济和人民生活能够长期稳定地提供公共服务的电力、铁路、通信、上下水道等部门，进行基础设施投资；同时承担民间资本难以承受的大型项目，接管面临困境的对国民经济影响巨大的民间企业，对涉及国计民生的钢铁、煤炭等支柱产业及需要大量研发经费的新兴产业进行投资。按照政府对企业控制力和管理等级的不同，韩国的国有企业分为：政府企业、政府投资企业、政府出资企业、政府投资企业子公司（也叫政府再投资企业）以及地方政府企业。

1. 政府企业

政府企业是以政府部门的形式运营，由政府直接经营的企业，一般都是处于提供基本公共服务的部门：如韩国铁道厅、递信部、调达（物资）厅等。这些部门本质上是主管铁路、邮电与物资的政府企业，根据《政府组织法》成立，企业预算需要由国会通过，企业职员均为政府公务员。

2. 政府投资企业

政府投资企业是韩国政府根据《政府投资机关管理基本法》成立的企业，这些企业中政府投资占 50% 以上，处于绝对控股地位。它们是为政府实现特定目的而根据专门立法成立，被政府相关部门领导的企业。这些企业中大部分采取政府独资形式，对企业完全控股，政府对企业生产经营负最终责任，但企业职员并不属于公务员系列，但又与普通企业有区别，在某些方面享受公务员待遇。

3. 政府出资企业

此类企业的政府投资不超过50%，政府属于相对控股，但这些企业一般会受到政府的控制，按政府意图运行。此类企业基本根据商法成立，政府只是一个大股东，采取股份制形式，企业领导由理事会选出，人事权在企业。

4. 政府投资企业子公司

此类企业是由政府投资企业投资而被政府间接控制的企业，多采取股份制形式。政府只能通过政府投资企业对其进行控制，且控制力度与投资企业的持股率大小相关。不过一般政府投资企业控制的股权都会超过50%。

5. 地方政府企业

地方政府企业是由地方政府经营的国有企业。这些企业既有由地方政府以局、课等行政机关形式进行直接经营的企业，也有根据特别法、民法、商法以独立法人形式自主经营的企业。地方政府企业主要集中在与地区居民的生活福利有关的事业，如供水、住宅、地铁、医院、市场等，以为居民提供相关生产生活服务为主要目的。

(二) 韩国国有企业经营者选拔制度

早期韩国国有企业管理比较僵化，政府干预程度很高。企业经营者的选拔完全由政府控制，且建立了一整套机制以加强政府对企业影响力与控制力，政府经济企划院主管国有企业的计划和预算，由人事部门管人事，由物资部门负责采购物资，由财务部和有关部门进行业务监督，由财务部和监查院进行审计。各企业的理事会一般由企业的有关领导组成，企业决策层和执行层几乎完全重合。尽管按规定企业的相关经营决策由理事会审议，但实际上理事会权力有限，政府在预算层面就决定了企业的经营，理事会能够发挥的空间很少，决定企业重要事项的是政府的主管部而不是企业的理事会。政府在任命企业领导的时候也任人唯亲，按照政治考量任命企业经营者，因此企业经营者从外部委选派的比重很大，而且变更频繁。

但是，1984年3月，韩国颁布了《政府投资机关管理基本法》，韩国政府对国有企业的管制逐渐减少，企业开始实行自主经营，经营者选拔制度也出现了很大的变化。

根据法律规定，韩国国有企业的决策机构与执行机构分离。理事会作为企业的最高决策机构，负责确定企业日常的经营目标、制定企业预算、修改企业章程等。企业的日常经营业务执行由社长负责。理事会的组成人员为10人以内，除理事长、社长之外，主管部的有关司局长和经营评价委员会的秘书长为当然理事，以便贯彻政府的政策，有助于评价委员会了解企业情况。理事长可提名政府研究机构的负责人和有关专家学者加入理事会，由主管部长任命为理事。企业内除社长之外，理事会其他成员都是非常任的，有任期限制。同时，理事长不得由社长兼任，也不可由政府公务员兼任。理事长与社长需由主管部长提名，受韩国总统任命。社长有企业干部任命权，企业的编制、职务名称、岗位职责等均由社长决定，人员由社长任免。

由于社长的权力过大，为了监督企业的行为，政府成立了专门的经营评价委员会对企业经营进行年度评估。政府经济企划院长官任委员长，委员会由主管部长和总统委任的5人以下民间人士组成，主要任务是审定企业经营指标的调整，对企业经营实绩进行评价，审核企业预算编制方案等企业管理方面的重要事项。委员会下设由会计师、研究员、大学教授等组成的经营评价团，人数大约60人左右，经营评价团并非常设机构，每次任务完成后即解散。经营评价包括对企业短期和未来长期经营趋势评价，不与其他企业对比，只与本企业过去数据进行对比分析。在对企业的衡量过程中，短期指标只占总分数60%，企业管理和长期战略的指标占40%，兼顾了企业短期效益与长期发展之间的平衡。评比结果分为五个等级，直接与经营者奖金与任免挂钩。

八 印度国有企业经营者选拔制度

印度的国有企业曾经在印度国内占据极高的比例。1956年印度政府颁布了《工业政策决议》，把工业分为三大类：第一类共17种，完全由公营部门拥有和经营，包括重工业、基础工业、矿产、国防工业以及重要的公用服务设施；第二类共12种，主要是矿产、机械工业、化学工业、药品生产等，原则上也应由国有企业经营，但允许部分私营企业经营；其余为第三类，主要是消费品和轻工业品，完全向私营企业开放。在这样的政策指导下，印度建立起强大的国有企业体系。但是随着经济的发展，印度开始调整国有企业的经营方向。1991年，印度政府颁布工业政策，表示国有企业要集中在战略性、高科技和必需的基础工业上。经过多年的改革，印度国有企业在诸多领域中开始让位于私营经济，在国民经济中的比重不断下降，但在涉及国计民生的基础性战略工业如电力、煤炭、石油、通信、运输和公共事业部门中仍处于主导地位。

（一）印度国有企业类型

印度早期建立的国有企业多采用部属企业的形式，即企业归属于专门的政府部门，由所属部对其生产经营进行指导、监督和管理。由于这种组织形式下主管部对国有企业控制很严，国有企业经营僵化，效率低下的问题难以解决，无法适应市场竞争，为克服这一缺陷，印度国有企业开始采用国有公司和公营公司这两种组织形式。

1. 部属企业

部属企业基本上都采用主管部门直接管理的管理方法，主管部的部长是企业的主要负责人，总经理和其他高级管理人员则是其下属。铁路、邮电等部门的国有企业大多采用这种组织形式，这些部属企业更倾向于隶属政府的分支机构而非独立的经济实体，它们归属主管部负责人领导，完全被政府控制，所有的重大经营活动都要事先得到主管部的批准，它们的经营所需资金每年由财政部划拨，收入不能自己支配，归属于国家财政，企业正式员工属于政府文职人员，享受政府文职人员的待遇。由于政府部门对企业干预过多，企业的生产经营活动缺乏灵活性，没有效率，目前，印度的国有企业很少采用这种组织形式。

2. 公营企业

公营公司是一种独特的企业组织形式，它们是按照一定的法律程序建立并拥有一定权利和职能的企业组织形式，是一种政府管理和企业按照市场需求运行相结合而采取的组织形式。印度的国家雇员保险公司、印度储备银行、印度工业金融公司等国有企业在建立伊始就采用公营公司这一组织形式。某些通过国有化转变股权结构的公司，如印度国家银行、印度人寿保险公司、中央货栈公司等企业也采用了这种组织形式。

公营公司归国家所有，但与部属企业相比，它是具有独立法人资格的经济实体，公司由政府出资，政府是唯一股东。某些公司拥有非政府股东，但这些股东不能获得股息收入，也没有选举或任命董事会的权力。公营公司独立核算，自负盈亏。其经营活动以为公众服务为目的，国家对其不做营利要求。其雇员也属于企业员工，与政府没有丝毫关系，不属于政府雇员。由于政府是唯一股东，始终掌握着对公营公司的控制权，公营公司能按照政府的公共政策意图行事。

3. 国有公司

国有公司是政府按照《公司法》建立的企业，政府拥有国有公司的全部或部分股份。根据《公司法》，国有公司可采取私人股份有限公司和国有股份有限公司两种形式。私人股份有限公司的股东人数不能超过50名，股票不得转让；国有股份有限公司股东人数和股票转让则不受限制。国有公司中各级政府拥有的股份总额不能少于51%，属于绝对控股地位。

与部属企业和供应公司相比，国有公司的管理权限更大，更适应市场竞争。政府只能按照所持股份份额，通过任免国有公司的董事会成员来控制国有公司，国有公司按照市场化的原则运行，从为客户提供的商品和服务中获得利润，其员工不属于政府雇员，企业在人员任免上拥有绝对自主权。国有公司是印度国有企业的主要形式，几乎遍布所有印度的关键行业。国家工业发展公司、国家小型企业公司、出口信贷和担保公司、印度电子有限公司、印度药材有限公司、印度斯坦机床公司、国家贸易公司、矿产和金融贸易公司、印度煤炭有限公司等都属于国有公司。

（二）印度国有企业经营者选拔制度

印度国有企业一般采取董事会领导下的经理负责制，董事会是企业的决策机构，总经理则负责公司的日常经营，对董事会负责。印度的董事会按照企业所属行业不同，分为两种类型：职能型董事会和混合型董事会。职能型董事会一般适用于煤炭、钢铁、化肥等规模较大，涉及国计民生的关键部门的国有企业，此类型董事会由负责生产、贸易、人事、金融等部门的专业人士构成，能够对企业面临的问题进行专业化选择，有利于维护国有企业的利益；混合型董事会则既有专业人士，又有非专业人士的政府职能部门官员，该董事会由政府官员、私营企业家、金融专家、专业技术人员等构成，既能够保障政府利益，又能适应市场运行，一般处于商业、制造业和公共服务等行业的国有企业多采取此种类型的董事会。

但无论哪种类型的董事会，其董事会成员都要事先经过专家委员会进行资格审核才有资格。董事会董事又分为专职董事和兼职董事两种，专职董事必须由企业的主要行政负责人组成的委员会进行推荐提名，得到政府行政部门任命，经有关部门负责人审核后再报送政府内阁专门委员会批准。对于隶属于中央政府的企业，其董事会成员的任命要获得由以总理为首的内阁委员会批准。根据法律规定，国有企业必须引入专业人士作为兼职董事，并且兼职董事要占董事会成员的三分之一以上。对于某些有执行主席的上市国有公司，甚至要求兼职董事要占总人数的二分之一以上。印度的这种董事会设置制度，让政府能够根据国有企业所处的不同行业获得适当的控制权，既保证了政府的利益，又兼顾了市场运行的需求。但是，由于监管制度的执行不力，其国有企业效率低下、腐败的问题依旧严重。

第二节　国外国有企业经营者选拔制度的启示

要清楚地判断国有企业经营者选拔机制是否合理，必须针对国有企业的具体产品与经营范围特性进行区分。但这样的区分也仅仅只是对经营者选拔制度做出判断的第一步，如果要准确判断出选拔制度是否合理，还要确定选拔出的"经营者"是何人？是企业的总经理等高级管理人员，还是包括董事会诸多董事和董事长在内的企业管理层？很显然，最初的企业经营者是企业主自己；企业边界的提升带来了股份公司的出现，董事会成为实际的企业经营者，由企业经理作为按照董事会经营策略对企业进行管理的执行者；继续扩大的企业规模迫使企业让专业化的人才来经营公司（也就是职业经理人的出现），企业的实际经营权也转移到了CEO的手中，董事会成为一个批准CEO经营策略和进行监督的机构。

也是在这一过程中，逐渐形成了被认为是有效管理体制的现代企业制度，这一制度正是中国国有企业过去20年一直强调学习并已经全面建立的机制。但国有企业由于其所有制性质的特殊性，董事会的董事并非真正持有股份的股东，而是"代表""股东"，这就注定他们只是"委托—代理"机制中的一环，也正是这一点决定了董事会中代表国有股行使权力的董事、董事长都属于企业的经营者，而非现代西方私有企业管理体系制度的那种负责审议和监督总经理经营计划的"股东代表"。

事实上，根据2012年的《中央企业负责人经营业绩考核暂行办法》，国有独资企业的总经理（总裁）、副总经理（副总裁）、总会计师；国有独资公司的董事长、副董事长、董事，列入国资委党委管理的总经理（总裁）、副总经理（副总裁）、总会计师；国有资本控股公司国有股权代表出任的董事长、副董事长、董事，列入国资委党委管理的总经理（总裁）、副总经理（副总裁）、总会计师都是被考核对象，说明这些人都被默认为企业的经营者。只是董事会成员应该属于决策层面经营者，总经理等则属于执行层面经营者。

从现有的国内外国有企业经营者选拔模式可以看出，经营者选拔制度与国有企业的产品与行业有着密切的关系，这主要是因为国有企业所处的行业不同，能够设立的经营者"激励约束"机制也是不一样的，不同的"激励约束"机制直接决定了选拔制度的选择。

由外国现行的国有企业经营者选拔制度可以看出，即使是发达的市场经济国家，在面对国有性质的企业时，其经营者选拔也并非完全执行市场化的原则，反倒是行政任命制成为其决策层经营者的首选。对于执行层面的经营者，也会根据企业性质的不同，采取不同的选拔制度，而这些选拔制度又与其历史与制度文化有着千丝万缕的联系。这些现存的选拔制度对中国这样一个拥有多种类型的国有企业国家，有着重要的借鉴意义和启示。

一 选拔制度可以因企业情况不同而不同

中国的国有企业数目众多且行业分布广泛。不同行业的国有企业面临的市场竞争环境是不同的，即使相同类型的国有企业，由于其企业具体情况、外部市场环境不同，其能够设计的激励约束机制也必然有所差别，某一企业成功的制度模式可能是另一企业的衰落之机，必须慎之又慎。所以，国有企业经营者选拔制度必须针对各个企业的具体情况分别设计，不能采用"一刀切"的方式。

国有企业实行经营者市场化选拔制度的默认前提，是市场化的经济体系"激励与约束"机制。国有企业的所有者需要用经济利益的激励让经营者尽心竭力地为企业发展服务，一旦经营者无法达到预期的经营目标，就会被淘汰。这种选拔制度看上去最为公平直接，也简便易行。只需要设定好企业预期达到的经营指标,通过长效与短期的激励约束机制设计,就可以对市场化选聘的企业经营者进行相应的评价,实现优胜劣汰的经营者选拔机制。但用经济指标衡量的"激励约束"机制的默认前提,必须是该国有企业需要以企业的经营效益作为主要目标函数。如果脱离了这一主要目标函数,就无法设计出一个合理的体系来对经营者的经营业绩进行衡量。而这就直接限制了能够实行经营者市场化选拔制度的企业范围。这些企业或者处于市场化竞争性行业,以企业盈利为主要经营目的;或者这些企业处于自然垄断行业,但是存在内部企业管理的提升空间。这两类企业都可以设计出相应的经营效益指标评价体系,来进行经营者市场化的选拔。

这两种类型的国有企业有所区别的在于:一种是在给定的资金投入下通过市场竞争获得更大的盈利,另一种则是在给定的资金投入、价格限制和盈利水平下提供更好的服务;对于市场化选拔的经营者的获利来源,一个是企业的盈利空间,一个是企业成本的缩减空间。显然,这两者都存在着明显的上限,也都可以通过量化指标衡量。市场化"激励约束"机制需要一个通畅、透明的信息沟通,尤其是委托者与代理人之间,这种信息流的沟通更为重要。作为代理人的企业经营者,他拥有企业的信息优势,又存在着隐藏对自己不利信息的道德风险。在某些极端情况下:如企业存在一旦业绩不好就可能被私有化的预期下,他们甚至可以选择恶意经营,以获得企业的所有权。[1]

从这一前提条件可以看出,处于市场竞争中的国有企业实行经营者市场化选拔制度更容易,因为衡量企业经营业绩的指标体系设计更清楚、明晰,信息流的沟通也更通畅;而提供公共物品的天然垄断行业,在给定投入、价格、盈利水平等一个或多个限制条件下,依靠管理水平的提升实现企业经营和服务水平的改善,衡量指标体系无法像竞争类企业那样容易构建,能够衡量却易出现误差,信息流必然不会像竞争性行业企业那样通畅,企业内部管理的"黑箱"为经营者隐瞒不利信息提供了有效的途径和手段。

同时,这种通畅的信息也意味着职业经理人市场体系的完备。只有市场中有足够多的各种类型的职业经理人,才能够在市场化选拔的过程中实现充分竞

---

[1] Susan F. L., David D., "Profiting from Gaizhi: Management Buyouts During China's Privatization", *Journal of Comparative Economics*, Vol. 41, No. 2, 2013, pp. 635-650.

争,真正达到优胜劣汰的目的,如果职业经理人的供给不足,就很难实现经营者的完全市场化选拔。

对于行政垄断的行业而言,由于有着资源、政策、垄断特性等多重保障,经济功能的实现是可以轻易完成的,如果这些企业过于强调经济功能,就会造成一系列的社会问题,垄断所带来的"负外部性"会不断增强。企业依靠其垄断地位攫取高额利润,一方面影响到社会经济运行的稳定,另一方面也会使分配公平受到极大的影响,造成贪污、腐败现象滋生,社会总福利出现损失。因此,在经济效益得到保障的前提下,这一类企业也应该更侧重于社会功能的实现,其经营目标就应该直接指向如何更好地实现社会责任,使其经济行为的正"外部性"达到最大,但现在有的改革措施往往更多着眼于企业自身经济效益的提升,并未正确认识公用事业型国有企业的经营目标。

在承担社会责任的过程中,往往会将企业效益与社会责任相对立,当追求企业效益影响到承担社会责任的时候,效益必须服从于后者。"公有制下投资所能给一个个人带来的利益,往往不是由投资本身所生产出来的经济收益来衡量的,因为这种生产收益在制度上被规定为属于公共收益。投资给决策者个人带来的利益是由其他种种经济的或非经济的'好处'构成。"[①] 所以,公用事业型的自然垄断行业以及军工和某些涉及国计民生的关键产业,可以采取这种控制力更强也更有效的方式。如果对于处于激烈市场竞争的企业,选择行政任命制进行经理层的聘任,很可能会对企业造成效率的损失。

一般而言,对于竞争性企业,可以采取市场化的选拔机制。如前文分析的那样,出于市场竞争中的国有企业其经营绩效的评价体系很容易设立,市场化的激励约束机制易于实现。激烈的市场竞争让企业的经营者压力巨大,高风险的付出意味着高收益的回报,只有市场化的激励机制才更容易吸引勇于面对压力、喜欢高风险、富于开拓与竞争精神的人才,也只有此类人才才能够让国有企业在日益激烈的全球化竞争中占据有利地位,实现国有企业效益的提升。对于处于自然垄断行业的国有企业,其经营风险小,受到的非市场化影响因素多,这就需要其管理者更加谨慎、稳重,政治提升空间更符合此类人才的

---

① 樊纲、张曙光等:《公有制宏观经济理论大纲》,上海三联书店、上海人民出版社1990年版,第239页。

偏好。

因此，对于此类的国有企业，行政任命制是一个较好的选择。但是，这种任命机制并非完全绝对的。尤其是针对自然垄断行业，如果其管理机制和内部经营成本存在着极大的改善空间，也可以利用市场化机制吸引一些优秀的管理人才。无论是市场化选拔还是行政化任命，根据企业自身情况因地制宜，才是国有企业经营者选拔机制的根本。

二　选拔制度可以因企业管理层次不同而不同

因为国有企业产权性质与私有制完全不同，不存在具体的所有者，只是由政府作为出资人代表进行管理，这就决定了其经营目标的设计中，资产保值要列在第一位。在其多层委托—代理结构中，处于企业决策与监管层面的经营者很难通过市场化的举措进行选拔。相对稳妥、喜欢低风险的政治型选拔机制成为不同国家的首选，这是由其首要经营目标所决定的。但对于除执行层面的高级经理层，完全可以设置出合理的市场化选拔机制，以激发起企业的内在活力。更重要的是，高级经理层可以制定出企业的战略规划提交董事会，与相对倾向于保守的董事会构成一定程度的相互制约，在保持稳定的情况下促进企业管理水平的提升。

在行政任命经营者的国有企业中，企业的经营者是上级主管部门指派的代表，代表了主管部门的意志，在董事会内部有实际上的决策权。同时，由于国有企业监事会成员主要来源有两部分：一是职代会推选，二是股东提名，职代会推选代表属董事长下属，而股东提名的监事会成员须向提名者即股东负责，实际上都已经失去了监督的能力；外部董事由于信息不对称，也无法对董事长的行为做出有效的制约。对董事会和监事会而言，他代表着资产所有者；对国资委而言，他代表着企业管理者，这种交叉的地位为其道德风险暴露的可能性提供了极大的便利，国有企业内部民主决策机制、权力制衡、监督机制失效，企业内部无法制约董事长的行为。同样，由于信息不对称的存在，董事长在与上级主管部门的交流中处于信息优势，使得主管部门无法发觉其道德风险的发生，也就是说，对于企业管理者而言，监管几乎可以忽略不计。

在这种体系下，很容易形成政企不分与对企业过多的行政干预，企业管理者为了自身政治利益而损害企业利益，甚至因此造成社会总福利的损失。因此，必须设计出有效的运行与制约机制，来保证国有企业经营目标的实现。对比各国国有企业的决策层选拔制度，基本上都是行政任命类的方式，保证政府对国有企业的控制权。但在董事会内部中，会利用独立董事等制度设置，对决策进行监督和权力制衡，以保证企业经营方向的健康发展。诸如美国等国的国有企业，其总经理也在一定程度上获得了与董事会抗衡的能力，这种可以互相妥协的力量让国有企业在董事会这样决策层的内部达到了权力制衡。

很多国有企业集团存在着大量的二级、三级子公司。例如加拿大的皇室公司，它们控制着大量的二级、三级子公司，在某一行业形成一个完整的经营网络。这些公司的经营者政府基本不会过问，完全由母公司自己任命决定。对于处于竞争行业内的企业，这些子公司的管理层几乎都可以采取市场化的选拔机制。与母公司不同，这些子公司对公司的战略发展方向和控制权几乎毫无影响，完全是按照母公司的既定战略进行经营。面对激烈的市场竞争，这些公司的经营衡量指标就是企业的效益，对企业经营者的评价指标体系也就是市场化的经济体系"激励约束"机制，按照市场化原则进行经营者选拔，可以获得更好的人力资源配置。

对于某些自然垄断行业，它们的子公司往往存在着不同的产品类型，也存在着采取经营者市场化选拔的空间。只是这种市场化选拔在指标体系的设定上是有限制的。一般政府会给定自然垄断行业产品的价格限定区间，这就限制了其赢利空间的上限，避免企业乱用垄断地位获得超额利润，企业经营者只能最大限度地在企业内部，通过加强管理水平降低成本或改进产品和服务等的方式来获得业绩改进。与激烈的市场化竞争相比，此类企业的经营者市场化选拔显然要受到一定的范围限制，但这并不妨碍经济体系的"激励约束"机制在经营者选拔中发挥作用。

可见，经营者选拔制度与其所处的"委托—代理"层次有着直接关系。政府主管部门可以看作是第一层次的代理关系，它对国有企业的所有者——全体国民负责；政府主管部门任命的董事会可以看作第二层次的代理关系，其代表政府对企业决策进行监管，对上级主管部门负责；总经理层的高级管理者为第三层代理关系，他们对董事会负责；其下的子公司又属于下一层代理关系。随着代理层次的增加，经营者的自由度逐渐增加，可以进行市场化选拔的可行性也在不断提升。

三 行政任命与市场化选拔没有冲突

公有制产权具备整体性与模糊性。公有制要求生产资料归全民所有,这种所有制具有整体性和模糊性。整体性是指每一个国民都对所有国有资产拥有产权,同时全体国民对全体国有资产拥有产权,和公共产品的属性类似,这种产权归属并不存在冲突;其模糊性在于单个国民无法区分自己究竟拥有多少产权,或者说具体哪一部分国有资产是自己拥有的。这两种特性使得单个国民拥有的公有制产权无法控制,不可转让。既然在公有制条件下所有者没有资产的使用权与转让权,建立在私有制基础上的产权理论对此失效,如果继续按照产权理论进行解释,尤其是对最后分配部分的解释,必然会造成认知的混淆。

国有企业的这种特性决定只能由政府作为所有者代表对其进行监管,而且其剩余索取权也必须归属于作为全体国民代表的政府所有,这就给了政府任命国有企业管理者的天然权力。但是政府的行政体系与企业运行又存在着天然的冲突,就需要有合适的代理人,代替政府行使这样的监管权力,因此出现了董事会层次的企业管理层,而这一层次的董事、董事长由政府行政任命,他们直接对政府负责。事实上,从多国的实际操作上看,在这一决策层面基本都采取行政任命体系而非市场化选择,其根本原因就是因为他们代表的是所有者利益,而所有者利益不存在市场化的基础。

从外国的经验可以看出,行政任命制与企业的市场化运行、经营者市场化选拔并不存在冲突。实际上,中国现在实行的"党管干部"的原则,是将国有企业的管理者纳入到政治选拔体系内,而政治体系参与者重视的是稳定性与低风险,对市场风险是厌恶型,对于个人价值实现和精神追求的需求要高于对经济利益的需求,完全符合国有企业第一层与第二层代理机制的追求目标,也是所有国家国有企业不可避免的选择。

行政任命制的默认前提,是拥有政治体系的"激励约束"机制。行政任命的国有企业经营者,会拥有一整套政治体系上的激励约束制度。根据其管理职能行使的履行程度,实现其政治收益或惩罚,从而保证政府对国有企业管理的有效性。对于政府而言,政治体系内的激励约束机制实施,远比市场化的经济体系机制更便利,也更有约束性。而对于接受行政任命的国有企业管理者而言,他们必须有足够的政治利益要求和晋升通道,才能形成对他们行为的足够约束力和激励机制。一般意义上,在股份公司中的最高权力机构是股东大会,但一般而言,董事会是事实上的决策机构。董事长由董事会选举出来,其职权受到董事会控制,只能按照董事会的决议履行权力。

但在国有企业内董事长是本公司行政级别最高的领导,直接由上级主管部门任命而非董事会选举产生。从某种角度上看,董事长就是上级主管部门意志的体现者。他这种高出了其他董事的政治身份直接削弱了董事会内部的博弈和制衡机制,董事会的实际决策功能被极度削弱,董事长成为事实上的唯一决策者;总经理由向董事会负责变成了向董事长负责,成为董事长的直接下属,按照董事长的意志行事。这种在第三层"委托—代理"层次的扭曲是行政任命引致。

因此,"党管干部"原则与经营者市场化选拔针对的完全是不同层次的代理结构对象,两者不存在根本性冲突。之所以在国有企业管理者选拔机制之上被人诟病,主要是因为"党管干部"所代表的行政化任命体系深入到了第三、乃至第四层次的委托—代理结构中,尤其是在竞争性企业中,这种延伸造成的政企不分问题为企业经营带来很多影响。但这种影响并不能否认"党管干部"的制度,只是需要严格限制此类制度的实行范围。对于竞争性企业而言,总经理层的经营者完全可以采用市场化选拔的方式,甚至某些自然垄断行业,也可以在此层面进行市场化选聘,只须保持董事会对企业决策的控制力即可。

四 用制度约束经营者的道德风险

无论在何种所有制下,资产所有者与经营者之间的博弈关系从未停止。双方都试图在"委托—代理"关系的过程中为自身获得最大收益,这种矛盾是无法避免不可调和的。但是,与资产所有者相比,企业的经营者显然拥有更大的博弈优势,这种优势使得公司高层管理人员尤其是董事长这一职位道德风险发生机会大为增加。道德风险包括隐藏行动的道德风险(hazard with hidden action)和隐藏信息的道德风险(hazard with hidden information),所谓隐藏行动的道德风险,是指签约后代理人选择行动(如工作努力还是不努力),"自然"选择"状态",代理人的行动和自然状态一起决定某些可观测的结果;委托人只能观测到结果,并不能直接观测到代理人的行动本身和自然状态本身,由于不完全信息，隐藏行动的道德风险很大。隐藏信息的道德风险是指签约时信息是对称的，签约后，"自然"选择"状态"（可能是代理人类型）；代理人观测到自然的选择，然后选择行动（如向委托人报告自然的选择）；委托人观测到代理人的行动，但不能观测到自然的选择，因而是不完美的信息。委托人所能做的，是设计一个激励合同，诱使代理人在给定自然状态下选择对委托人最有利的行动。①

无论是市场化选拔还是行政任命，国有企业经营者发生隐藏信息道德风险的情况是难以杜绝的。为了追求物质或政治上的利益，国有企业经营者很可能会隐瞒对自己不利的信息，放大对自己有利的信息，在决策选择中做出对自己有利但对所有者不利的决定。而这些都是只能片面接受企业给出信息的所有者代表——政府所无法避免的，这就需要设计出良好的信息沟通发布渠道，利用制度上的设置来制约他们道德风险发生的可能性。一般而言，这类道德风险发生的主要方式，是经营过程中经营者对短期效益的追求而忽视企业的长期发展。在董事会的决策层面，由上级任命的董事会成员为了获得个人的政治资本，可能选择牺牲企业长期利益的决策；在执行层面，以企业经营效益为衡量指标来获得经济收益的管理者也可能会为了任期内的收益最大，而做出损害企业长远发展的经营策略。此类的道德风险发生并不会违背法律，也属于很难监控的范围，只能从制度设置上进行规制。

对行政化任命的董事会等决策层成员的制约机制，新加坡实行的多数独立董事制度就是很好的制度设置。用中立的专家作为企业的独立董事，而且在董事会中占据多数，就能有效降低行政任命类董事道德风险发生的可能，而董事会成员任期强制更换制，更降低了合谋的成本与可能性。对于总经理等执行层面的管理层，他们负责对公司的日常管理，同时也有权提交公司未来的项目规划，需要对他们设置诸如远期期权等激励机制与决策失误的追溯机制，来实现真正的市场化激励与约束。同样，德国国有企业的董事会与监事会机制，也在不同的管理机制下起到了同样权力制衡的作用，最大限度地增加了经营者"合谋"的成本，限制了管理者道德风险发生的可能性。

---

① 张维迎：《博弈论与信息经济学》，上海三联书店、上海人民出版社1996年版，第399页。

五 建立长效"激励约束"制度

对于某些国有企业尤其是竞争型企业而言,其经营决策存在着很大的约束。市场上的收益与风险是对应的,高收益必然面临着高风险。面对某些市场机会,私营企业拥有更强的决策力,甚至可以暂时放弃赢利,进行长期的市场布局与技术研发。但对于市场化选拔的国有企业经营者而言,他们很难做出放弃短期效益而追求长期的市场布局与研发,行政任命的国有企业经营者在这点上可以做得很好,但在常态的市场竞争中却无法取得良好的激励效果。所以,要建立尽可能长的"激励约束"机制,同时允许经营者的试错行为。

企业经营过程中要面临各种风险与决策,变幻莫测的市场又让企业的决策拥有了无数种选项。企业在竞争中获得成功的选项不止一个,因为决策失误造成损失的案例也比比皆是。对于国有企业而言,由于其所有制和"委托—代理"机制的特殊性,国有企业经营者往往对决策更加慎重,甚至上级主管部门也会对企业某些重大决策拥有否决权,对企业决策的掣肘严重。在机会稍纵即逝的市场竞争中,国有企业经营者为了避免犯错选择稳妥的决策,上级主管部门为了避免犯错也对企业的决策层层审批,造成了企业决策的效率低下,甚至直接扼杀了企业的创新能力与开拓精神。只有允许企业经营者在经营过程中犯错误,才能让企业在"试错"的过程中抓住发展机遇,获得更快更好的发展。

当然,这种"试错"机制又不能变成一种纵容经营者胡乱施政的软约束,尤其要关注是否出现国有资产流失和恶意经营的现象。这就需要在决策层进行慎重的讨论,而且"试错"的方向,要与国家经济政策、产业布局等一致,以获得最大的社会总福利提升。事实上,韩国国有企业实行的经营评价团制度就是很好的借鉴,将企业的短期指标与企业内部管理和长期战略共同衡量,即使短期决策失误,也不会抹杀企业经营者的长远布局和努力。

六 市场化选拔与企业内部选拔相结合

所谓的市场化选拔,并非只能针对企业外部,还要包括企业内部员工。经营者市场化选拔的优势在于人才的优胜劣汰,这种机制可以最大限度地发挥激励约束机制的作用。同样,企业内部一个优良有序的晋升选拔制度也是必需的,它是企业留住人才、保持长期健康发展的必需前提。

市场化选拔并不意味着限制企业内部晋升选拔，企业内部晋升体系也不是市场化选拔的阻碍。对企业状况了解的往往是企业内部管理者。他们拥有丰富的管理经验，能够针对企业特性做出适合企业客观现状的决策。让更多的企业外部管理人才参与到岗位竞争中，可以起到良好的内部竞争激励作用；而企业员工良好有序的晋升通道，又对企业管理体系的稳定提供了有利条件。例如日本的国有企业，很多公司都有从本公司内部选择培养接班人的传统。表面上看这种传统似乎违背了市场化选拔的原则，会出现任人唯亲的问题，但如果在一个公开透明的选拔体系下，企业内部的管理者拥有良好的晋升通道，会让基层、中层乃至高层管理者对企业有更高的忠诚度，可以保持企业制度和经营方针的长期性与统一性，维持企业长期的稳定运行。

对于国有企业而言，经营者选拔制度的关键在于能够让国有企业留住合适的管理人才，做大做强国有企业。所以无论企业内部还是企业外部的管理人才，只有两者能够处在同一个公平的机制下参与选拔，才是真正的市场化选拔制度。

第五章

中国国有企业经营者
选拔制度创新研究

改革开放前,我国对国有企业经营者的选拔采取的是组织任命制度,改革开放后,这种选拔制度发生了变化。在改革开放的最初十余年间,组织任命的制度演化成了主管机关委派任命制度、职代会选举推荐和主管机关招聘制度等。

随着国有企业改革的深入,为了适应现代企业制度的建立,在1992年至2003年期间,国家对国有企业经营者选拔制度又实行了委任制、内部竞聘制、公开招聘制以及人才市场选聘制。

在国务院国资委和地方国资监管部门相继成立后,又对国有企业经营者的选拔制度进行了改革,选拔制度逐渐由以行政任命制为主,向以公开招聘制为主的方式转化。不能说,这种变化没有效果,但与预期的改革效果相差很大。行政任命的经营者依然存在过去的一些老问题,而市场公开招聘的经营者水平参差不齐,出类拔萃的经营者并不多见。这一方面是因为,企业在选人用人方面不求甚解,另一方面,人力资本市场不完善,造成了一些鱼目混珠现象。但归根结底是经营者选拔制度存在问题,这也是本课题关注的核心问题。因此,改革现有经营者选拔制度,进行必要的创新,是当前亟待解决的问题。

本章主要研究国有企业经营者选拔制度创新的基本原则、创新的理论基础和创新的对策建议。

第一,创新的基本原则研究。国有企业经营者选拔应该追寻什么样的原则?计划经济时期,经营者的选拔方式不好,与之相对应的市场机制下的选择方式更好，于是，学者与相关人士①纷纷建议采用市场机制，然而，国有企业并非普通的市场组织，单纯的市场机制效果并未见得有多理想，有学者建议，采用组织配置与市场配置相结合的方式，这不失为一个创新的思路，但是要想做好二者的有效结合并不容易，组织配置掺杂主观人为因素，在一定条件下可能会扭曲市场的配置效果，从而抵消市场机制的作用，事实上的市场公开招聘而组织乱加管理，有的甚至完全不管理，便是很好的证明。那么，究竟什么样的经营者选拔原则才适合国有企业呢，这是个最基本的问题。

第二，创新的理论基础研究。进行国有企业经营者选拔制度创新需要有一定的理论作为支撑，要符合国有企业运行的基本逻辑，符合人力资本要素发展的基本逻辑，符合中国特色市场经济的基本逻辑。任何单独一方的理论都很难设计出理想的经营者选拔制度。

第三，创新的对策建议研究。问题的分析一定会回到原点，即如何设计并制定具体的选拔制度。我们将在前面各章的分析基础上，通过理论层面的创建，深刻领悟国有企业经营者选拔应该遵循的原则，进而提出较为可行的操作方案。

第一节　中国国有企业经营者选拔制度创新的基本原则

国有企业经营者选拔问题较为复杂，国有企业类型较多，国有企业本身的行业属性也较多。单从市场方面来考虑，任何类型的企业内部制度都会因为企业为了存续或更好的发展而发生自我演变，经营者的选拔制度也呈现动态调整的状况。因此，国有企业所有者在对经营者选拔制度进行调整时，不仅要考虑非市场因素，更是难以做到及时与市场变化相一致的调整行为。国有企业经营者选拔所面临的核心问题一直没有有效解决，这其中的一个重要原因就是国有企业经营者选拔所坚持的原则存在偏差。

---

① 周丽霞、罗明：《中国国有企业经营者选拔机制研究》，《江西社会科学》2005 年第 12 期；孙伯良：《国企效益提高的有效途径：经营者选拔的市场化》，《学术月刊》2000 年第 8 期；蔡长松：《社会主义市场经济与国有企业经营者选拔任用制度改革》，《特区展望》1994 年第 2 期。

首先，从国有企业自身来讲，不同国有企业具有不同属性，集团性质的国有企业存在明显的层级差异，在经营者选拔上的权利配置不合理，因此，必须对国有企业实行分类、分层、分权式的经营者选拔制度创新。

其次，在强调市场对经营者选拔的同时，往往忽略了组织对经营者的评价机制，任何一个企业都不是单纯依靠市场来完成经营者选拔的，因此，国有企业在经营者选拔问题上不能忽视组织的作用。

再次，国有企业的资产属于全体人民，国家代为行使所有权，这就要求国有企业经营者在行使相关企业经营职责的同时，必须服从国家的意志，而加强党组织对经营者行为的考核与监督，则是体现国家意志的一种有效方式。

最后，过去的经营者选拔完成后，往往注重任期考核，这势必造成经营者行为短期化问题，中长期的激励约束要求对经营者在其卸任后的一定时期内，也应该接受原聘任单位的考核。但是，这一方面做的并不理想，并没有实质性地改变经营者行为短期化的问题。

综合以上论述，国有企业经营者选拔制度创新应该坚持"四项基本原则"。

一 分类分层分权选拔原则

（一）分类

所谓分类，即按照国有企业业务性质划分国有企业类别，国务院国资委将国有企业划分为商业类与公益类两大类。根据《中共中央、国务院关于深化国有企业改革的指导意见》（下称《意见》），商业类国有企业还可根据其主营业务所处领域进一步分为"充分竞争行业和领域的商业类国有企业"和"关系国家安全、国民经济命脉的重要行业和关键领域、主要承担重大专项任务的商业类国有企业"，公益类国有企业则是"以保障民生、服务社会、提供公共产品和服务为主要目标的国有企业"。

从大概念上看，商业类国有企业与公益类国有企业在治理方式上应该会有很大差异，那么，在选择经营者时所使用的标准也将会不同。商业类国有企业更注重经济效益，而公益类国有企业则更注重提供产品的质量和服务效率，即社会效益。在商业类国有企业中，那些涉及"国家安全"和"国民经济命脉"的企业，虽然在很大程度上也要重视企业效益，但是由于其提供的产品和服务具有深远的战略意义和政治意义，其治理方式也会呈现一定差异，在经营者选拔上应该需要考虑更多的风险因素。

基于分类的原则，国有企业经营者在选拔上不仅应该有综合能力考量，同时还要有侧重点。就竞争性商业类国有企业而言，由于其面临与非国有企业之间的广泛竞争关系，"利"字为先的非国有企业在捕捉市场机遇方面具有很强的优势，而这种捕捉往往来自于经营者的敏锐嗅觉。因此，处在这一领域的国有企业能否像非国有企业那样选择出一位"利润嗅觉敏锐"的经营者，具有重要的战略意义。

与竞争性商业企业相比，一些"关系国家安全、国民经济命脉的重要行业和关键领域、主要承担重大专项任务"的商业类国有企业，例如航空公司，虽然也处在竞争领域，但是其自身的运行往往关乎国家的整体命运，因此，对这类企业的经营者选拔不仅要求经营者要具备良好的"利润嗅觉"，同时还要有极高的政治觉悟。与上述两类国有企业相对应的公益性国有企业，它们运行应更多地看重成本因素，经营者应该想方设法实现企业以更低的成本，提供更高质量的产品和服务，而不是如何通过企业的收入弥补成本。因此，要求这类企业的竞争者要有大局意识和广泛的服务意识。

（二）分层

国有企业往往具有集团性质，存在多个层级关系，有些集团公司母公司可能是国有独资公司，而子公司为国有控股公司，子公司还存在被其控股的子公司。对于非国有企业，内部的规章制度具有可复制的性质，母公司的制度复制到子公司，子公司的制度还可以延续到下级公司，但是在国有企业中，这种自上而下的复制过程往往不可行。一个重要原因就是国有企业各层级担负的企业经营任务有所不同，另外一个重要原因与国有企业的功能有直接关系，国有企业不能也不允许像非国有企业那样哪里盈利去哪里，哪个行业盈利做哪个行业。

那么，在不同层级之间，国有企业经营者的选择上，方法一定不能单一，例如有些国有企业集团公司为纯粹的投资公司，而其子公司则既有公益性的企业，也有非公益性的企业。具体而言，母公司作为第一层，子公司作为第二层，等等，以此类推。国有企业进行适应市场经济规律的公司制改革，首先在子公司层面开展，最后才进行到母公司层面，但到目前为止，母公司层面的改制工作还没有全部完成，有些集团性质的国有企业母公司还需要进行更为深入的改革。

国有企业经营者的选拔是否也要按照这一思路——先在子公司进行选拔制度创新，然后再对母公司进行选拔制度创新呢？从谨慎角度考虑，这种类似于试点性质的做法风险比较小，但是存在的问题也极为突出，例如试点的选择问题，即使试点选择较为理想，但由于试点的选拔制度效果显著，而产生经营者薪酬和地位差异，又会进一步阻碍试点企业的正常运行。我们认为，较为理想的方式则是自上而下的分层创新方式。任何组织一个非常宝贵的运行要素就是执行力，而执行力来自于上层对下层的影响和控制。由下层的示范作用逐渐把好的方面向其他方面扩展，一定会存在时滞问题，一些好的做法等到全面展开时，由于时过境迁，而导致实际应用效果下降。另外，高层既有的利益分割已经形成，很容易形成拒绝或者拖延执行的问题。相反，如果母公司层面选拔制度得到有效彰显，那么子公司层面的进一步改革将水到渠成。

（三）分权

无论是在分类层面上还是在分层层面上，国有企业经营者从来都不是所有者，他们只是所有者聘任而来的"打工仔"。尽管契约理论把企业视为一份人力资本与物质资本的合约，但是这份合约本质上是一份委托代理协议，并非像一些人所说的那样，国有企业经营者具有人力资本属性，他们应该与所有者具有同样的地位。他们由此提出了共同治理理论，这种理论高度的提升对公司治理理论无疑具有重要的创新作用，但是对公司的实际治理的完善作用并不显著。张东明给出的观点可能更为科学。[①] 正如他所言，合约各方本质上没有差别，但是由于合约各方所处的外部因素不同，决定了他们在合约中的地位不同，当前甚至在将来很长时间，货币资本要素都将占有绝对地位，尽管人力资本作用越来越大，但是它并没有大到超过货币资本的程度，更何况新的生产要素（技术）的作用越来越明显，甚至在某些领域，技术要素的作用超过了资本要素的作用，比如不具有研发能力的企业。而具有研发能力的企业，技术型人力资本的作用或地位可能还要高于其他人力资本，这就是为什么我们总能看到在企业里管理型的中层人员待遇要低于技术型的中层人员一样。因此，在企业里从来就不存在完全平等的要素地位，总会有要素处在绝对优势地位或者相对

[①] 张东明：《中央企业年薪制存在的两个重大误区》，《经济体制改革》2011年第4期。

优势地位。

处在不同的地位要素就应该拥有不同的权利，股东应该拥有股东的权利，经营者也应该拥有经营者的权利。在一个单一公司内部，股东和经营者之间的权利分配较为清晰，但是对于层级较多的国有集团公司而言，这种股东与经营者之间的关系不仅仅体现在子公司内部，还应该体现在公司的层级关系上，即在分层型的国有集团公司中，母公司应该拥有股东的权利，子公司则拥有经营者的权利，而拥有子公司的子公司则应该拥有股东的权利，而其子公司则拥有经营者的权利。但是这种公司层面的股东与经营者关系，并不意味着代表公司的经营者是其子公司的股东，一旦形成这种错觉，对经营者的选拔将失去应有的意义。

二 内部培养与市场配置相结合原则

有学者将组织配置与市场配置相结合的方式作为国有企业经营者选拔的原则，理论上，如果组织（这里的组织不是企业组织，而是组织部门）与市场能够有效结合，那么所形成的选拔制度将是有效的。问题在于，组织配置难免出现行政指挥的问题，在组织配置与市场配置权衡时，究竟考虑组织因素多一些，还是考虑市场因素多一些，这是很难取舍的。市场配置的自发性与组织配置的主观性会经常发生冲突。一旦发生意见不统一，市场很难战胜组织。

因此，这种结合方式尽管理论上是一种折中的选择，但是其结果却会导致行政干预程度无法弱化。但是，如果单纯依靠外部市场，外部人员对企业内部情况熟悉程度不高，加上外部市场不健全，有可能出现通过外部市场选拔的经营者，要花费大量时间成本去研习企业内部运行的情况。尽管他们对市场较为熟悉，但是企业的整体运行效率还要取决于企业自身的发展程度，"外来的和尚会念经"的传统观念有可能不适用。一个较好的选择可能是从企业内部和外部两个不同层面来考量经营者选拔问题。内部人员一个最大优势在于其成长过程与企业发展密切相关，对企业经营业务、市场战略较为熟悉，但是，国有企业内部人员由于长期缺乏竞争机制，难免会形成一种"居安养尊"的心理。如果能够让内部人员产生因竞争导致的压迫感，那么，对内部人员的成长将具有积极作用。

我们认为，国有企业经营者选拔在很大方面与一般性企业经营者选拔具有相似性。一般性企业经营者也具有从内部进行选拔的机制。国有企业如果一味地追求外部职业经理人，有可能给国有企业造成因职业经理人的频繁更换所导致的企业经营绩效不稳定的问题。因此，坚持从国有企业内部与外部双面选择制度可能更有效果。

所谓"双面"就是既要努力开发国有企业内部人力资本市场，又要发挥国有企业外部资本市场的作用。开发内部人力资本市场应专注于本企业内部人员的培养与选拔，对那些考核成绩突出的人员应给予足够的晋升机会。事实上，国有企业内部也有这种考核晋升的制度，但是实行效果不理想，内部"论资排辈"现象严重，一些资历较深的经营者虽然考核成绩不突出，但是长期占据经营者位置，并为了实现个人利益最大化常常打击对其构成威胁的潜在经营者。这极大地降低了内部潜在经营者的积极性，导致内部有潜力的管理人员被迫从国有企业"出走"，这也是国有企业人才外流的一个典型表现。

"双面"的另一面就是市场配置。以往市场配置表现是通过公开招聘的方式让外部职业经理人参加国有企业应聘。在国有企业薪酬机制不健全时，一些国有企业为了响应国家相关政策，通过开出"天价薪酬"的方式盲目地从外部引进经营者，这其中不乏有一些好的经营者，但是也存在一些鱼目混珠，为了获得短期高薪而以市场方式进入国有企业的经营者。在国有企业薪酬制度逐渐规范后，特别是限薪政策出台后，国有企业无法再通过高价薪酬吸引优秀的经营者，因此，这种传统的公开招聘的方式就会降低经营者选拔的效果。但这并不意味着市场配置对国有企业经营者选拔失去了作用。事实上，有很多潜在的经营者都试图通过国有企业达到"试金"的目的。

国有企业规模庞大，经营目标复杂，如果经营者在国有企业中能够实现自身价值，能够实现企业发展目标，对其未来的发展将有巨大的促进作用。相对地，在国有企业中如果不能很好地履行经营者职责，不能完成企业发展的相关目标，那么就会在一定程度上对这类经营者给予较低评价。因此，我们所提倡的市场配置，是要求国有企业把对外部职业经理人的评价结果也纳入市场评价系统。而不是选择市场评价较高的经营者，然后不断更换，对国有企业发展造成不利影响，而经营者本身并没有受到什么负面影响。

这个原则一个重要的节点在于，内部人才市场与外部人才市场之间相互制约。人力资本市场的作用不仅仅是作为传递人才价值信号的工具，更是对人才进行约束的有力机制。依靠内部晋升机制与单纯依靠外部市场配置都会对国有企业发展产生不利影响。一些学者认为，应该使二者并列起来。这种观点值得商榷，制度并存的条件是服从或制约，而不是并列。很难想象一个企业内部有两套人才管理办法，这种自我混乱的办法是不可取的，必须做到二者之间的相互影响、相互制约，实现内部人员与外部人员的同场竞技。

过去，国有企业虽然也在不断进行公开市场招聘，但是一些岗位人员内部化，导致公开竞聘流于形式，导致外部优质人员并不热衷于参与国有企业公开竞聘。"同场竞技"就是要打破这种不良心理，让外部人员敢于乐于参与国有企业公开竞聘，这需要具体国有企业做好宣传工作，营造良好竞争氛围、形成内外竞争压力。总而言之，提倡组织内部培养和市场配置相结合，就是要在企业内部和外部形成两股相互制约的力量，既要避免内部力量的行政化，又要避免外部力量的形式化，既要提升内部力量的综合实力，又要加强外部力量的渗透。

三　党管干部原则

在国有企业改革过程中，党组书记与企业经营者相分离的做法是合理的，因为兼党组书记的经营者无法通过党纪的约束来规范自身的行为。但是，由于党组书记所带领的党组成员与经营管理团队存在高度的交叉，常常意见不统一。还有一个问题是，由于党组任务较为单一，并不是企业的生产经营活动，因此，党组的职能往往被弱化，变成了附和经营管理团队的工具。

如果经营者来自于企业内部的选拔，且不论选拔机制是否合理，经营者通常具有党员身份，党组织对其党性及其相关纪律监督有章可循。市场化选聘的经营者，有很多不具有党员身份，党组织对其约束性势必会大大降低。党组织对市场化选聘的国有企业经营者的约束，不仅没有在改革过程中得到加强，反而在逐渐下降。习近平同志在对国有企业进行基层调研时多次强调，"国有企业是中国特色社会主义的重要物质基础和政治基础"，而中国共产党又是中国特色社会主义的执政党，如果党组织不能发挥对国有企业经营者行为的监督作用，那么，"物质基础"和"政治基础"都将无从谈起。

然而，现实的情况则是，一方面要加强国有企业经营机制的市场化改革，让国有企业遵循市场规律；另一方面又要加强党组织对国有企业经营者的监督作用。在面对经营者非党员化和经营行为市场化的境况面前，当前的国有企业党组织将很难发挥应有的作用。党组书记与经营者职权分离，为党组书记履行相关职权提供了必要条件，但是其团队人员身份的高度交叉，又会导致党组意见无法得到有效实施。换句话说，国有企业内部的党组织并没有做到真正的与国有企业经营团队分离，在这种情况下，不可能期望仅靠党组书记一个人想法开展党务活动，完成党组织对经营者的监督工作。即便是定期组织企业内党员学习，但也会因为党组成员的个人工作倾向而流于形式，变成"精神传达会"，学习效果很难考量。

一些人认为，既然国有企业党组织不进行任何生产经营活动，对于国有企业而言只是增加成本，那么，它在一定程度上就变成了国有企业的负担。我们认为，这种想法是极不可取的，如果把这种想法变成做法更是极其危险的。持有这种观点的人完全没有把国有企业作为中国特色社会主义物质基础和政治基础的觉悟，完全没有站在中国经济发展的政治保障层面审视问题，这种观点是错误的。强化国有企业党组织的作用，是本课题所关注的核心问题之一。

从国有资产监督管理角度讲，国有企业党组织的独立性并不会增加国有企业负担，相反会增强对国有企业经营者经营行为的监督，达到国资监管部门与党组织双向监督的效果。我们认为，关键问题是如何实现国有企业中党组织的独立性。国有企业中的党组织与行政事业单位中的党组织不同，国有企业党组织的工资由国有企业发放，党组成员的薪酬水平由董事会决定，这就使得国有企业党组成员难以真正地独立。因此，我们认为，国有企业内部党组织的独立性应该包括收入决定的独立性。还有任命的独立性，国有企业党组书记的任命必须独立于其他管理者的任命，而其成员的任命则应该由党组书记负责下的组织内部任命。

《中国共产党章程》（以下简称《章程》）中对基层党组织的作用给出了较为系统的详细的规定，其中有一项重要的规定，就是"监督党员干部和其他任何工作人员严格遵守国法政纪，严格遵守国家的财政经济法规和人事制度，不得侵占国家、集体和群众的利益"。《章程》中还专门对国有企业的基层党组织的工作列出框架，包括：（1）保证监督党和国家的方针、政策在本单位的贯彻执行；（2）支持股东会、董事会、监事会和经理（厂长）依法行使职权；（3）全心全意依靠职工群众，支持职工代表大会开展工作；（4）参与企业重大问题决策；(5) 加强党组织的自身建设，领导思想政治工作、精神文明建设和工会、共青团等群众组织。但是，《章程》中没有对国有企业党组织应该具有的基本作用加以规定，这可能是造成国有企业党组织无法真正发挥党管干部作用的原因。

四 中长期考核原则

从经营者选择与任用的过程看，经营者的考核问题似乎是在选拔之后的事情，而与选拔制度没有太大关系，这是一种不正确的认识。因为，有什么样的选拔制度，就会有什么样的考核机制。很难想象，通过市场机制选拔的经营者，最后使用行政手段考核其业绩。用市场机制选拔的人员，必须有市场的考核方式，这似乎又会出现让人误解的地方，似乎只有确定了某种选拔制度，才能确定采用什么样的考核方式。然而，结论恰恰相反，只有确定了具体的考核方式，才能确定采用什么样的选拔制度。

各种不同的选拔制度并不是由某一企业自己创造的，而是各类企业共同努力的结果，某一个企业只能同时采用某一类型的考核机制。这就意味着，企业要么自己从市场中或同类型的企业当中选择适合自己的类型，要么自己独立创造出某一特殊的适合自己的机制。然而，自改革以来，国有企业并没有在经营者考核方面给出创新的答案，更多的是参考了国外的经验，或者是参考了市场中一些做得好的非国有企业的一些经验，大多数的国有企业都呈现出等待或者按指令操作的改革过程。

无论是公司制改革以前，还是公司制改革以后，国有企业经营者考核问题都没有得到显著优化，经营者行为短期化与企业发展长期化矛盾问题并没有得到根本性解决。在近些年，关于国有企业经营者考核工作的努力让人们看到了希望，无论是研究者还是管理机构，都开始注重对经营者中长期经营行为的考核机制建设。

2015 年，中共中央、国务院发布了《关于深化国有企业改革的指导意见》（以下简称《意见》），但《意见》中对国有企业经营者考核建议比较模糊，例如"明确责任、权利、义务，严格任期管理和目标考核"和"对市场化选聘的职业经理人实行市场化薪酬分配机制，可以采取多种方式探索完善中长期激励机制"，没有对非市场化选聘人员是否也要采用中长期激励机制和对非市场化选聘的经营者是否应该接受中长期考核做出明确规定。

到目前为止,对国有企业经营者还没有一套基于中长期发展的考核机制。在《中央企业负责人经营业绩考核暂行办法》(2013)中,能够看到的对中央企业负责人的奖惩方式是,绩效薪酬和扣分机制。我们不对扣分机制进行过多的讨论,因为这是一种适时调整的规则,但是绩效薪酬则是依据委托—代理理论形成的中长期激励办法,让经营者与企业绩效挂钩。这种逻辑是正确的,但是由此而形成的绩效薪酬规则却不甚合理。原因是,如果绩效薪酬比例定得过低,很难让经营者收益与企业绩效有很强的关联,但是如果定得过高,又有可能出现经营者因企业业绩突出而获得显著高于其他类型企业经营者收入水平的情况,从而造成更为严重的负面社会影响。

在这种两难的选择下,国有企业最初选择了不温不火的绩效薪酬比例(40%)(见《中央企业负责人薪酬管理暂行办法》)。在中央企业限薪令发布之后,2013年国务院国资委出台的那份文件中对经营者绩效薪酬比例调整为30%。为什么做这样的调整,不得而知,但是可以从那个期间发生的一些事情中寻找端倪。当时,对国有企业高管人员薪酬过高问题讨论得如火如荼,最终的结论是国有企业高管薪酬过高。国有企业薪酬政策可能受此影响而做出调整。调整之后,固定薪酬部分比例增加了,而浮动薪酬比例下降了。如果说这样能起到一定的限制高管薪酬水平的目的,那么其显著作用应该是在实行限薪令以前,而实行限薪令后,高管的薪酬总额并未增加,相反平均水平下降了。总量的下降,已经在一定程度降低了对高管的激励效应,如果再减少总收入中绩效奖励的浮动比例,更加会降低经营者的激励效应。一个可能的解释则是:避免在位的高管薪酬水平波动过大,影响当期国有企业正常运行。

绩效奖励方式上的变化也会给考核带来变化。一方面要求经营者的经营行为要与企业总体发展一致,而另一方面又在大幅度降低浮动激励效应,这不能说不是背道而驰的。除了上文中提到的一个考虑外,另一个足以影响经营者"心情"的情况则是,一些国有企业并不具有高赢利能力,企业的经营绩效并不是企业存在的目标,对于这样国有企业的经营者,绩效考核是"吃亏"的,他们往往希望拥有较高比例的固定收入。这就给考核机制提出了问题,即,考核机制并没有针对不同类型国有企业给出不同标准,而是同一杆"秤",因此,在考核方式上必然面临对一些竞争性国有企业不适用的情形。我们认为,这可能也是国有企业政策层面下一步的工作内容之一，但无论如何，对国有企业中长期的考核机制还不够健全，而这一原则又是国有企业得以健康发展的重要保障。

2015年出台的《深化国有企业改革指导意见》明确指出，要"根据不同企业类别和层级实行选任制、委任制、聘任制等不同选人用人方式"，"推行职业经理人制度，实行内部培养和外部引进相结合"，"推行企业经理层成员任期制和契约化管理"，"明确责任、权利、义务，严格任期管理和目标考核"。2016年，习近平总书记在国有企业党建工作座谈会上发表的重要讲话中强调，"要坚持党管干部原则，保证党对干部人事工作的领导权和对重要干部的管理权，保证人选政治合格、作风过硬、廉洁不出问题"。由此，我们提出上述四项基本原则。

第二节　中国国有企业经营者选拔制度创新的理论基础

有学者将委托代理理论作为经营者选拔的理论基础，这不能说不是理论基础，但是从更广泛的意义上讲，委托—代理理论要解决的是选拔之后委托人与经营者之间的关系问题，而不是选拔问题，换句话说，而是委托人通过某种机制选拔出的经营者，能否最大程度按照委托人的意愿来经营管理企业的问题。那么，国有企业经营者选拔制度创新的理论基础应该是什么呢？

自国有企业改革以来，党和国家以及社会各界都在致力于探索国有企业发展之路，这期间形成的关于国有企业改革思想，被称之为国有企业改革理论，而且这一理论随着国有企业改革的逐步深化在不断完善，并通过各种规章制度的方式表现出来。我们认为，这应该是国有企业经营者选拔制度创新的首要理论基础，这是符合中国国情的理论，而不是简单的照抄照搬，是党和国家及社会各界的认识，并通过多年的研究努力总结出来的符合国有企业发展的思想结晶。此外，关于经营者属性的理论也应该构成选拔制度创新的理论基础，这是因为，只有了解经营者的社会性质和经济性质，才能更好地设计出符合经营者发展前景的制度。人力资本理论是其中最为重要的一个理论。以舒尔茨为代表的人力资本理论把企业看成了物质资本与人力资本的结合。由于人力资本也要对其自身进行投资,因此,也就有了人力资本定价的基础,而不再仅仅是行业的比较或者粗暴的供需决定。

上述两个理论可以被认为是国有企业经营者选拔制度创新的最基础理论,与这两个理论相比,还有两个理论对经营者选拔能起到直接的指导作用,即竞赛理论和胜任理论。

一 国有企业改革理论[①]

经营者选拔是国有企业改革的一项重要内容。良好的选拔制度能为国有企业选择优秀的代理人。国有企业改革理论中有关经营者选拔的理论思想,集中体现在改革开放以来的历届政府工作报告中。

1978年,政府工作报告在揭批了"四人帮"的修正主义和极右主义后强调,要在20世纪内"把我国建设成为社会主义的现代化强国,需要在政治、经济、文化、军事、外交等各个方面,进行紧张的工作和斗争,而高速度发展社会主义经济,归根到底具有决定性的意义",为此,国家修订了十年规划,在经济领域实行了全面整顿工作,对农业、工业和商业的发展都提出了更高的要求,为实现"多快好省"的建设任务,国家批复了120个大型项目,通过"抽调得力的领导干部、优秀技术人员和熟练工人"方式组建了一批国有企业领导班子。一时间,全国上下成立了各种"大而全""小而全"的企业,企业管理也较混乱。

为有效整顿上述问题,1979年政府工作报告中明确指出,要"在三年内,所有企业都要建立起在政治上和业务上强有力的、有技术专家参加并能真正发挥作用的领导班子,坚决实行党委领导下的厂长负责制,使厂长确实成为统一指挥全厂生产工作的主要行政领导人"。

1980年政府工作报告在这一方面做了努力,特别是对国有企业中建立职工代表大会的要求,并赋予它们的权利则是"有权对本单位的重大问题进行讨论,做出决定,有权向上级建议罢免本单位的不称职的行政领导人员,并且可以逐步选举适当范围的领导人员"。

1981年,政府工作报告对国有企业领导班子提出了新的要求,一是对

[①] 本部分资料来源:中国历年《政府工作报告》。

"违反财政纪律,弄虚作假,营私舞弊,截留上交利润,偷漏税款的,对有关人员和领导人员要追究经济责任和法律责任";二是"要着重做好整顿领导班子的工作,克服某些领导班子存在的涣散、软弱、臃肿、老化等现象,同时把中青年干部和技术业务干部选拔到领导岗位上来";三是"要健全党委领导下的厂长负责制、职工代表大会制,加强以厂长为首的生产技术、经营管理指挥系统"。

1982 年至 1985 年,对于国有企业经营者的选任没有过多强调,但是突出了"责"(1983 年政府工作报告),并且赋予"厂长"更多的职权(1984 年政府工作报告)。为适应 1985 年《关于进一步扩大企业经营自主权》的相关规定,国家认为有必要制定关于国有企业经营者选拔的正式制度。因此,1986 年国家出台了《全民所有制工业企业厂长工作条例》(以下简称《条例》),该《条例》较为详细地列举了国有企业经营者胜任条件、选拔方式和考核方式。后来,由于不适应现代企业制度对经营者选拔的要求而被废止。从该《条例》的具体内容看,在当时,国有企业经营者的选择主要有三种方式,即"按照干部管理权限,由企业主管机关或干部管理机关委派任命";"按照企业主管机关的部署,由企业职工代表大会选举或推荐,然后按照干部管理权限由企业主管机关或干部管理机关批准或任命";"企业主管机关招聘、提名,经企业职工代表大会同意,按照干部管理权限,由企业主管机关或干部管理机关任命"。

1987 年,国有企业经营者选拔问题没有最新进展,只是停留在继续研究阶段。1988 年,对《条例》的内容提出调整要求,即"要积极引入竞争机制,采用招标、选聘和民主选举等多种形式,择优选任企业的经营者或经营者集团,逐步造就一支宏大的善于进行科学管理的企业经营者队伍",并强调要"全面推行厂长负责制"。这一年,国家出台了《中华人民共和国全民所有制企业法》,该法对《条例》做出了进一步规范,并把招聘方式首次作为合理的选任方式写进法律当中。一直到 1993 年,我国国有企业经营者选任方式基本上是按照《中华人民共和国全民所有制企业法》进行的。

从 1993 年以前的政府工作报告及相关规章制度可以看出,国家一直非常重视国有企业领导班子建设问题,但是,出于渐进式改革模式和摸着石头过河的改革思路的考虑,在国有企业经营者选任上并没有做出太大的调整。1993 年,国家出台了新中国成立以来的第一部《中华人民共和国公司法》(以下简称《公司法》),为后续的现代企业制度建立提供指导。

1997年,政府工作报告强调,"搞好企业,必须有一个好的领导班子,要把整顿和建设企业领导班子放在突出的位置,把那些有事业心、有开拓精神、善于经营管理、能够和职工群众同甘共苦的人才,充实到领导班子中去"。

1998年,组建现代企业制度的企业,其经营者选任方式也同样采取了行政委任的方式。在建立现代企业制度的国有企业中,要求"加强领导班子建设和企业经营管理","要完善对经营者的选聘、监督、考核和奖惩办法。办得好的企业,领导班子要保持稳定,办得不好的要及时调整"。但是对董事长、董事、总经理、副总经理的选任方式并没有变化,沿用了先前的内部选举和推荐的方式。

1999年,对《公司法》进行了修订,国有企业董事长、董事、总经理、副总经理等经营者的产生也有了"选聘"机制,但是选聘的方式为内部选举和推荐的形式,国家没有鼓励以市场化的方式。

1999年政府工作报告提出,"推进政企分开,健全监管制度,整顿和加强企业领导班子","搞好国有企业,关键要加强企业领导班子建设。要坚持德才兼备原则,选拔政治素质高、经营管理能力强、公正廉洁的优秀人才担任企业领导。全心全意依靠工人阶级,发挥职工的民主监督作用,坚持职代会评议企业领导人的制度。加强对企业领导班子的考核,达不到标准的,限期整顿;对因经营管理不善而严重亏损的企业一把手,一年黄牌警告,两年予以撤换;对贪污受贿、腐败堕落者,依法惩办,决不手软;对企业效益好、社会贡献大的,要给予奖励"。这是国家对国有企业建立符合现代企业制度的用人机制方面做出的科学判断,但是,在选择领导班子成员问题上没有创新,即使修订的《公司法》也没有对国有企业经营者的选任方式做出创新。

一直到2002年,国有企业在经营者选拔方面都没有实质性创新。2002年,广州市率先开展了"面向全国公开招聘国有企业经理人的工作,广州市30多家市属工业企业共拿出61个职位进行公开招聘"[①]。广州市在国有企业经营者选拔制度创新方面,迈出了实质性一步,其示范效应为后来的由国务院国资委组织实施的中央企业面向社会公开招聘提供了必要经验。

---

① 刘贞元:《公开招聘国有企业经理人的实践与探索》,《中山大学学报论丛》2005年第5期。

2009年，中共中央办公厅、国务院办公厅印发了《中央企业领导人员管理暂行规定》（以下简称《管理规定》）。《管理规定》是中央企业领导人员管理的基本规章，坚持以邓小平理论和"三个代表"重要思想为指导，深入贯彻落实科学发展观，从中央企业实际出发，着眼于建设"政治素质好、经营业绩好、团结协作好、作风形象好"的领导班子，以完善领导体制和健全选拔任用、考核评价和激励约束机制为重点，规范程序，明确要求，努力造就一支高素质的中央企业领导人员队伍，保证中央企业又好又快发展。《管理规定》明确了"中央企业领导人员的资格条件，不仅要有突出的工作业绩和良好的职业素养，还要有较高的政治素质"，"选拔中央企业领导人员主要采取组织选拔、公开招聘、竞争上岗等方式，任用中央企业领导人员可以采取委任制、聘任制、选任制"，"对中央企业领导班子和领导人员实行任期和年度考核评价"，"明确了中央企业领导人员免职（解聘）、撤职、辞职、退休制度，对任期届满未被续聘的、考核评价中被确定为不称职等予以免职（解聘），对达到规定的退休年龄的，应当退休并及时办理退休手续"。根据《管理规定》要求，2010年，国务院国资委首次启动"央企高管大招聘"，对12个高管职务和8个高级专业技术职务人员进行了市场化公开招聘活动。在国务院国资委的引领下，各地区也陆续开展了市场化公开招聘试点。在国资委成立后，"先后七次面向全球公开招聘中央企业高管，共为100多家企业招聘了138名高级经营管理者和高层次科研管理人才"，市场化选拔已初见成效。

由国家历年的政府工作报告和发布的各项规章制度可以看出，国家对国有企业领导班子建设一直都非常重视，一直在不断"深化企业用人制度改革，探索建立与市场化选任方式相适应的高层次人才和企业经营管理者薪酬制度"（2016年政府工作报告）。这对国有企业经营者选拔制度创新提供了必要的理论依据。到目前为止，国有企业经营者的选拔方式已经呈现多样化，并且，公开招聘和竞争上岗的方式实行范围在不断扩大。国有企业经营者的选拔必然是多种形式的，这是由不同国有企业的自身属性决定的，因此，如何做到科学、有效地选择出能够胜任具体职务的经营者，防止出现广东省在实行经营者公开招聘过程中出现的"重学历不重能力、重能力不重素质、重直觉不重科学"的问题，才是实现建设优秀国有企业领导班子的关键。

国有企业改革理论所包含的国有企业改革与发展的各种思想，应当成为国有企业经营者选拔制度创新的最高层次的理论基础。国有企业改革与发展理论表明了国有企业发展的方向，一切关于国有企业改革的制度安排都应该服从这一方向，而不是与之背道而驰。

二 人力资本理论

人力资本理论的发展大致经历了三个时期：第一个时期是舒尔茨人力资本理论提出以前的关于人力资本及其创造价值的一些论断。这可以从魁耐、斯密、李嘉图、穆勒、萨伊等人的理论中找到答案，但这一时期对人力资本的重视程度远远不够。第二个时期是舒尔茨发表了《人力资本投资》[1]的演讲及之后，才真正地把人力资本对于经济增长的作用提升到了应有的高度，他不仅回答了"里昂惕夫之谜"，同时形成了人力资本理论体系。与舒尔茨同样注重人力资本要素的经济学家还有贝克尔、明赛尔、丹尼森等人，他们共同建立了人力资本理论体系。但是，他们的研究更为偏重宏观，而对于企业组织内部人力资本一些重大问题的研究并不广泛，尽管明赛尔曾将研究视角引入到企业内部，但也仅停留在了如何提升人力资本贡献这一层面，而对于人力资本的甄别与选择等问题并没有深入研究。第三个时期是与上述研究形成鲜明对比的，被称为第二代人力资本理论的研究成果的问世之后。其中以斯宾塞和索洛为代表的经济学家创立了人力资本筛选假设理论。[2] 这一理论的一个最为重要的功能就是要解决现代企业中普遍存在的委托人如何选择符合自己意愿的代理人问题。该理论认为，委托人在选择代理人时，面对众多的应聘者，往往并不清楚备选代理人的能力如何，而委托人又希望能够准确找到与招聘岗位完全符合的求职者，这种天然的信息不对称给委托人选择代理人造成了巨大麻烦。但是，备选代理人的一些自然条件信息却可以在一定程度上反映出他们的能力，从而为委托人选择合适的代理人提供依据。他们把求职者的自然条件信息进行了分类，并强调，备选代理人接受教育的水平具有重要的参考意义和价值。

---

[1] 舒尔茨：《论人力资本投资》，北京经济学院出版社1990年版。
[2] 洪柳：《教育与经济：从人力资本理论到筛选假设理论》，《教育评论》2012年第12期。

与他们的研究不同,多林格尔和皮奥里认为,① 劳动力市场是一个十分特殊的市场,最为重要的特征就是具有非竞争性,也正是因为这种非竞争性的存在,导致了不同劳动者之间的收入差距。基于此,他们把劳动力市场做了层次划分(又被称为二元结构),不同层次的劳动力市场之间竞争性非常小,企业可以根据人力资本市场的这种特征,结合企业自身需求,从人力资本市场获得需要的员工。在第二代人力资本理论中,还有一个理论,即社会化理论,该理论否定了舒尔茨等人提出的教育影响生产率的机制,认为,教育并不能向个体提供生存所必需的知识技能,这些技能更多地表现为员工本身的非知识性个体特征,教育的作用则是培养和强化了个体的这一特征。

从人力资本理论的发展脉络看,研究的内容越来越微观、越来越具体,特别是第二代人力资本理论,对形成国有企业人力资本选拔制度具有重要的指导意义。早期关于人力资本的论述对人力资本理论后期的形成起到了巨大的铺垫作用,第二代人力资本理论则正式确立了理论分析框架,从宏观层面强调了人力资本对经济发展的巨大推动作用,第二代人力资本理论则深入到企业内部,为企业选择合适的代理人提供了理论依据。从理论发展的角度看,人力资本理论不仅仅是日趋完善,更为重要的是,为微观经济组织提供了操作性非常强的理论依据,这是人力资本作用在微观层面得到彰显的有力体现。因此,我们认为,从客观角度看,人力资本理论的基础层面内容和具体内容对国有企业经营者选拔能够提供必要的理论支撑,我们在进行国有企业经营者选拔制度创新时,将在一定程度上结合人力资本理论进行制度设计。

三 锦标赛理论

锦标赛理论是一种从内部激发员工积极性,从而为一些职位选择出高绩效的 CEO 的理论。该理论最初由 Lazear & Rosen 提出,然后经过 Green & Stokey 和 Shleifer 等人的不断完善而形成。② 该理论的提出基于这样一个事实,即为什么企业内部员工的薪酬水平会呈现出非连续性的特征,就像向上走楼梯一样?这一问题是人力资本理论没有注意到的,尽管人力资本理论给出了筛选机制,

---

① 杜玲玲:《劳动力市场分割理论》,北京师范大学出版社 2007 年版。
② 闫威、杨金兰:《锦标赛理论研究综述》,《华东经济管理》2010 年第 8 期。

但是面对企业内部的实际晋升机制,它的解释力就偏弱了。

Lazear & Rosen[①]认为,之所以会产生上述现象,一个重要原因是,员工对晋升结果的期许会对员工产生激励作用。当员工在一个职位持续工作一定时期后,都会希望得到质的飞跃,而连续报酬达不到这种效果。当员工期许的下一个岗位没有实现之前,只要不能清晰地判断出努力的结果,那么他就会不断地付出工作努力,从而达到激励员工的目的。那么,这一观察的一个推论则是,对于企业的最高级代理人,如果他的职位与其他职位有着明显的差距特征,那么对于减少最高级代理人的机会主义行为将具有积极作用。但是,一些研究者同时指出,如果通过这种具有显著差距性特征的方式激励代理人而减少代理成本,那么,对代理人而言,至少具备两个基本能力,一个是这一最高级代理人必须懂管理、了解企业运行,这是最基本的条件,只有懂管理的人才更有可能实现委托人的目标。第二个是代理人对薪酬差距非常敏感。

也就是说,只有代理人的主观能动性与薪酬差距成正向变动时,这种差距特征才会激励代理人。换言之,如果上述两个条件不能同时具备,例如备选代理人对薪酬敏感性并不高,他本身财富就很多,对于来自于薪酬差距的激励作用效果可能就非常小。这就给选择备选代理人带来了障碍,如何确定备选代理人具备上述两个特征,而如果不具备这两个特征又如何进行选择?什么样的选择机制才能选择出具备上述特征的代理人?是不是每个企业都需要代理人具备上述特征?

锦标赛理论研究的样本企业是美国企业,这类企业为市场化企业,有别于我国的国有企业。锦标赛理论强调的是竞争,虽然国有企业有些属于竞争性企业,但大多数属于非竞争性企业,非竞争性企业能否适用锦标赛理论是个有待深入探讨的问题。对于竞争性企业而言,其最高级代理人的能力与选择该代理人的具体制度设置有直接关系,因为,利用制度确定了最终领导企业运行的代理人,它是由该制度直接确定的。从市场化企业来看,他们在选择最高级代理人时,往往就是通过竞争机制来实现的,例如岗位竞聘、根据业绩考核确定去留和接任、末位淘汰制等方式,都是锦标赛理论的真实写照。在市场化企业中

---

① Lazear, E. P., and Rosen, S., "Rank-Order Tournaments as Optimal Labor Contract (1981)", *Social Science Electronic Publishing*, Vol. 89, No. 5, 2004, pp. 841 – 864.

还有一类企业，即家族企业，它们在确定最高代理人时往往不遵循这种锦标赛理论，而是通过在任者指派的方式，以期确定合格的继任者，但是这种指派并不是无根据的，而是通过开展家族内部竞赛的方式，或者说，锦标赛理论在这类企业中被内化于家族当中，在企业层面看到的则是拥有最高权力的在位者在选人用人上面的指派方式。国有企业经过市场化改革，大部分国有企业都经过了质的变化。但是，还有些处在自然垄断行业中的国有企业并不具备市场化特征，锦标赛理论在这样的国有企业中将不适用。

关于这一理论，还有一个有趣的类似于对赌协议的游戏。如果当事人面临两个选择 A 和 B，那么，为了确定 A 和 B 谁是最优秀的人选，委托人可以设计这样一份工资协议，即两个人绩效相同或者处在同一水平线上，那么，他们可以获得相同的工资，如果绩效有差异，绩效高者将获得预期工资，而绩效差者将受到重罚。这个游戏实际上是一个变化了的囚徒困境博弈，任何不努力的一方等同于不坦白的一方，任何努力的一方等同于坦白的一方，但结果却和囚徒困境的博弈不同，在这个游戏中，博弈的结果就是两个人只有都拿出自己的真实水平才能满足自身愿望。这与游戏设置的目的有关，这个锦标赛游戏的最终目的是要代理人付出最大努力，而囚徒困境是要嫌犯都坦白，也就是说，在锦标赛游戏中，只有努力才能触发结果，而在囚徒困境中只有坦白才能触发结果，所以必然形成截然相反的情况。

锦标赛理论为国有企业经营者选拔提供了运行制度，只有在比较与竞争的环境下，才能既激发经营者的潜能，同时又达到约束经营者行为的目的。

四 胜任理论

如何判断一个人是否胜任某一项任务是非常困难的，前面的理论为经营者选拔提供了原则、内涵和规则，但是如何确定备选代理人，让他们能够按照上面的机制进行竞争或比较？这是经营者选拔制度最先应该解决的问题。首先，没有绝对胜任。胜任与不胜任只是对人的两分法，例如，为完成某项任务，一群人中，会有一部分人处于可以胜任的状态，而其余的人则表现出不胜任，如果任务只需要一个人，那么，在胜任的人群中，又会出现更胜任的人。显然，一个人对某项任务的胜任问题不是经济学问题，更像是心理学问题。

因此，美国的心理学家 McClelland 博士在为美国选择合适的外交官过程中，发明了一种测试备选者胜任能力的方法，并且于 1973 年把这种方法以论文的方式公布于众。他的研究做的一个重要的工作，就是对智力测验的否定，他通过大量的文献查阅和实验发现，运用类似于智力测验这种考试方式而达到选择员工的目的是不合理的。导致这一问题的根本原因在于，大量的智力测验存在出题人主观判断因素，把自身的对合格人选的一些特征主观人为地加到了考试内容当中，从而使得最终的判断出现严重误差。他认为，应该大胆地放弃考官思维，而从纯客观角度出发，利用能够获取的最原始资料，根据客观的信息去评判一个人的内在素质，只有这样才能了解与胜任有关的信息，他把这些信息分为胜任素质或胜任能力（Competency），他还确定了胜任能力的个人条件和行为特征，从而使其理论在实践中具有极强的操作性，特别是在企业的人力资源管理中得到了非常广泛的应用。

从 McClelland 的研究成果看，要想确定一个人的胜任能力或胜任素质，必须遵照两条基本原则：一是，待选岗位备选代理人时，备选的代理人的工作业绩易于区分，用他的话说是"能否显著区分"。这种显著区分（或者易于区分）不是说备选代理人的工作业绩易于计算，而是，备选代理人的工作业绩与其他员工的业绩是否存在显著差异。他认为，这是判断一项胜任素质的唯一标准。二是，与胜任能力有关的业绩区分必须依赖于客观的数据。某一岗位应该具备的应有的胜任素质，可以称为岗位胜任特征，这些特征是为了保证备选代理人能够顺利完成某一项任务所应具备的个人特征。它包括以下几个方面内容：（1）知识。这是某一岗位所需人员应具备的基本专业技术能力，例如，焊接工人的焊接技术，管理人员的管理知识，等等。（2）技能。不同于上面的技术，这是一个人为了适应某一岗位而需要具备的处理信息的能力，例如，外语或者软件的使用，等等。（3）角色。对个体而言，他在企业中想成为什么样的角色，这是个体对于社会规范的认知与理解的结果，例如，某个个体想成为组织的管理者，而有的个体则会选择安于现状。（4）自我认知。对自身的能力、缺点等多方面的自我感知与判断，例如，某个技术主管会认为他在该技术领域是权威人士。（5）特质。一个个体与其他个体的显著差异，或者行为规范的某些特殊表现层面，例如，保守或冒险。（6）动机。个体行为背后所隐藏的一贯的想法或者目的。①

一般而言，某项具体的工作岗位并不需要个体具备全部的胜任素质，而只需要个体胜任素质的某些方面而已，那么，在利用该理论进行判断时，必须根据岗位的具体要求和企业的内部环境来综合分析。具体的操作中，可以把上述各胜任素质分成三个类别，一类代表个人的胜任条件，一类代表岗位的基本要求，还有一类代表组织环境。前述的胜任素质并没有提到关于组织环境因素，但是组织环境是某一特定组织对个体的特殊需求，也就是说，这一理论关注了个体、岗位和组织三个方面。个体具有一般性，岗位具有一般性，组织具有具体性与特殊性，当三者做到有效交叉时，所交叉部分便是某个个体在某一组织内能够胜任的工作内容。胜任力理论针对具体岗位确定出备选代理人。

第三节　中国国有企业经营者选拔制度创新的建议

制度创新应服务于实践，一般性企业的选拔制度由企业自主决定，当然，必须得到企业最高层的同意，或者由企业高层给出选拔的一个基本原则，例如，业绩最高的，然后由具体部门负责制定选拔规则。当然，一般性企业在选人用人上并没有完全一致的做法，但是对于企业内部，应存在延续性或者可复制的特点。对于经营者的选拔，虽然由人力资源部门组织实施，但是确认程序却发生在所有者与经营者之间。因为，经营者被选拔后，将代表所有者履行经营管理职能，同时接受所有者的监督。

但是，对国有企业而言，不是这么简化，因为，国有企业的所有者并不是真实存在的，而是一个机构，不具有人格，不能像自然人那样履行监督职能，而必须将其赋予能够履行这一职能的代表，国资委就是这样的部门。但是国资委只是代表，并不是真的所有者。在国资委刚刚组建时，有人主张将国有企业的所有权力都划给国资委，由国资委全权管理，以避免"多龙治水"的局面。的确，这样做是解决了"多龙治水"，但是国资委的权力被放大了，同样生出不利于国有企业发展的新问题。因此，任由国资委去管理国有企业的做法考虑

---

① 吴东晓：《社会胜任力理论研究进展》，《心理科学》2004年第11期；张东红、石金涛：《领导者胜任力理论综述研究》，《现代管理科学》2010年第9期。

得并不周全。国资委的领导干部也需要接受监督。

一 选拔制度创新的思路

首先，满足企业需求。有人对思路提出过建议，认为应该强调需求，建立"以适应社会主义市场经济需求为目标，以竞争机制创新为切入点，以测评体系创新为手段，以激励约束机制为动力，形成内外市场融合、人员流动顺畅、经济绩效突出的循环互动机制"[1]。但是，他所强调的需求是"经济社会发展对国有经济的总体需求"。这是不现实的。经济社会的发展对国有经济的总体需求非常庞大，这不是某一个国有企业能够实现的，需要所有国有企业共同配合完成，因此，不应该是以经济社会对国有经济的总体需求为目标，而是以经济社会具体领域对国有企业需求为目标。尽管如此，我们认为，这样做还是缺乏一定的理论依据。因为，在满足需求过程中往往会存在一定的转换时滞问题，即使当时有需求，但是当选拔完成后，企业为满足具体目标有可能需要对经营管理内容进行调整。一个极端的例子，如果在一个短暂的时期，经济空前活跃，似乎是不需要国有企业为经济社会再提供额外的产品了，那么，是不是国有企业就可以消失了呢？答案显然不是。国有企业是先进制度下产生的企业组织，是先进生产力的代表之一。因此，用契合经济社会发展需求作为导向，来建立国有企业经营者选拔制度并不科学，这样做就是把国有企业完全沦为弥补市场失灵的工具了。因此，在考虑国有企业经营者选拔制度时，必须企业需求与企业功能两者兼顾。这里，我们所指的需求并是经济社会发展需求，而是企业岗位需要，这一需要与企业的职能存在着必然联系，例如，如果是提供公共产品的企业，它的功能则是更好更低成本地向社会提供服务，我们选择的经营者就不应该是"会赚钱"的经营者。

其次，选好选拔切入点。有人强调将竞争作为构建国有企业经营者选拔制度的出发点。我们认为，竞争固然是有效率的，但未必是好的。纯粹的基于市场的竞争，有可能导致丧失整体利益。国有企业经营者是个特殊角色，不同于一般竞争性企业的经营者，不同的国有企业因肩负的功能不同，其经营者应该发挥的作用也不一样。如果给竞争划定一个合理范围，以适应不同经营者的求

---

[1] 龚玉良:《经营者选拔任用机制创新思路——以石家庄为例》,《经济论坛》2005年第17期。

职需求,那么,这样的竞争机制对国有企业而言可能是好的。我们认为,国有企业经营者选拔的竞争机制,应该是内外结合同场竞技的方式,而不是单纯地通过外部人力资本市场进行选拔,还应该注重内部人力资源的发展情况。国有企业如果没有内部培养机制,那么,由于内部员工看不到晋升希望,任何激励都有可能失效,会加剧人才流失。这是国有企业发展过程中不希望看到的。

再次,以约束为主。有关代理人的激励约束机制问题研究成果非常多,在一段时期,一些学者曾极力建议提高国有企业经营者的薪酬待遇,原因是,认为对国有企业经营者激励明显不足。在当时,无论是从理论上还是从现实上都是说得通的,但是,这并不意味着放大激励是正确的,因为这样做并不一定会换来更大的绩效。更何况,我们所谈论的激励问题多数都与监督有关。当监督遇到障碍时,往往会选择激励来代替监督,但是,这种做法有一个基本前提,就是将激励的效果内化到代理人的行为当中,以提高代理人的机会成本。从本质上讲,激励不过是约束的另外一种形式。我们不提倡任何经营者的治理都以激励为主,而应该是以约束为主。另外一个重要方面是,国有企业经营者不能像非国有企业那样频繁更换。对非国有企业而言,如果经营者被发现有机会主义行为,那么,在缺少经营者情况下,第一大股东或者其他经营者均可暂时替代,而国有企业第一大股东并不是自然人,无法暂时替代。如果国有企业频繁更换经营者,势必会造成经营者经营目标短期化,这同样是国有企业不希望看到的。

最后,建立合理的考核标准。应避免过度更换国有企业经营者,如果更换频率过高,可能导致长期考核失效。但是对于不能按要求履行职责的经营者应该尽早更换。这就要求有一个合理的标准。竞争性企业可以考核企业绩效,非竞争性企业应该以成本、服务或提供产品质量为主。

二 选拔制度创新的路径

我们认为,任何单一的理论都很难解决国有企业经营者选拔存在的问题,更无法达到经营者选拔制度创新的目的,需要上述四个理论深入融合。为此,我们构建如下创新路径。

从国有企业经营者选拔制度创新设计视角,可以把国有企业划分为四大类:国有投资公司、商业竞争性国有企业、商业支柱性国有企业和非竞争性国有企业。然后是分层，国有资本投资公司的二级子公司还存在不同类别，因此，还要对它的二级子公司进行分类。分类的方式与前面除国有资本投资公司外的类型相同；对于国有资本非投资公司，它的母公司已经进行了分类，而且控股的子公司与母公司在主业上基本具有一致性，也就说，对于国有资本非投资公司首先面对的是分类问题，然后是分层问题，它的分类、分层逻辑是：分类—分层—分类—分层……；而国有资本投资公司的分类、分层逻辑是：分层—分类—分层—分类……

这是一个基本思路，此外，企业不仅要进行内部的不间断培养工作，同时还要充分利用外部市场压力，对于特殊情况还应该采取特定方式。在企业的选拔机制建设过程中，上下、左右和内外要同时兼顾，所谓上下是指分层，所谓左右是指分类，所谓内外是指培养与市场选聘。

国有企业经营者选拔制度创新的路径如图 5-1 所示。

三 选拔制度创新的机制

在国有企业中，发挥党管干部的作用不仅仅局限于日常工作，还应该在首尾部分严把关，特别是对选拔人员的政治素养、政治觉悟和理论功底都应该认真考核。但是，自改革开放以来，党组织在企业内部的作用被逐渐弱化，现在将这一基本原则重新提上重要议程，实际上只是对原有党组织作用的一个重申和强调，并不是新举措。关键的问题是如何在重申和强调中发挥党组织的作用。

第一，同级的党组织不应该管理同级的经营者，其中一个重要的原因就是二者存在竞争关系，如果试图通过同级党组织去管理同级的经营者，要么会出现过度干预的问题，要么就会被经营者俘获。

第二，国有企业党组织成员，不应有同级国有企业经营者，而应该来自于组织外部。尽管一个组织的领导者可以对自身的成员进行监督，但是当经营者与党组织领导平级时，而同时经营者又兼任党组织的职务，势必会造成难于监督的问题。

第三，国有企业党组织成员任期不宜过长。在党组织内部形成监督机制，任何被发现违反党章的行为都可以终止成员的任期，并给予相应处罚。

第四，本级党组织必须完全受到上级党组织的管辖。集团公司的母公司，

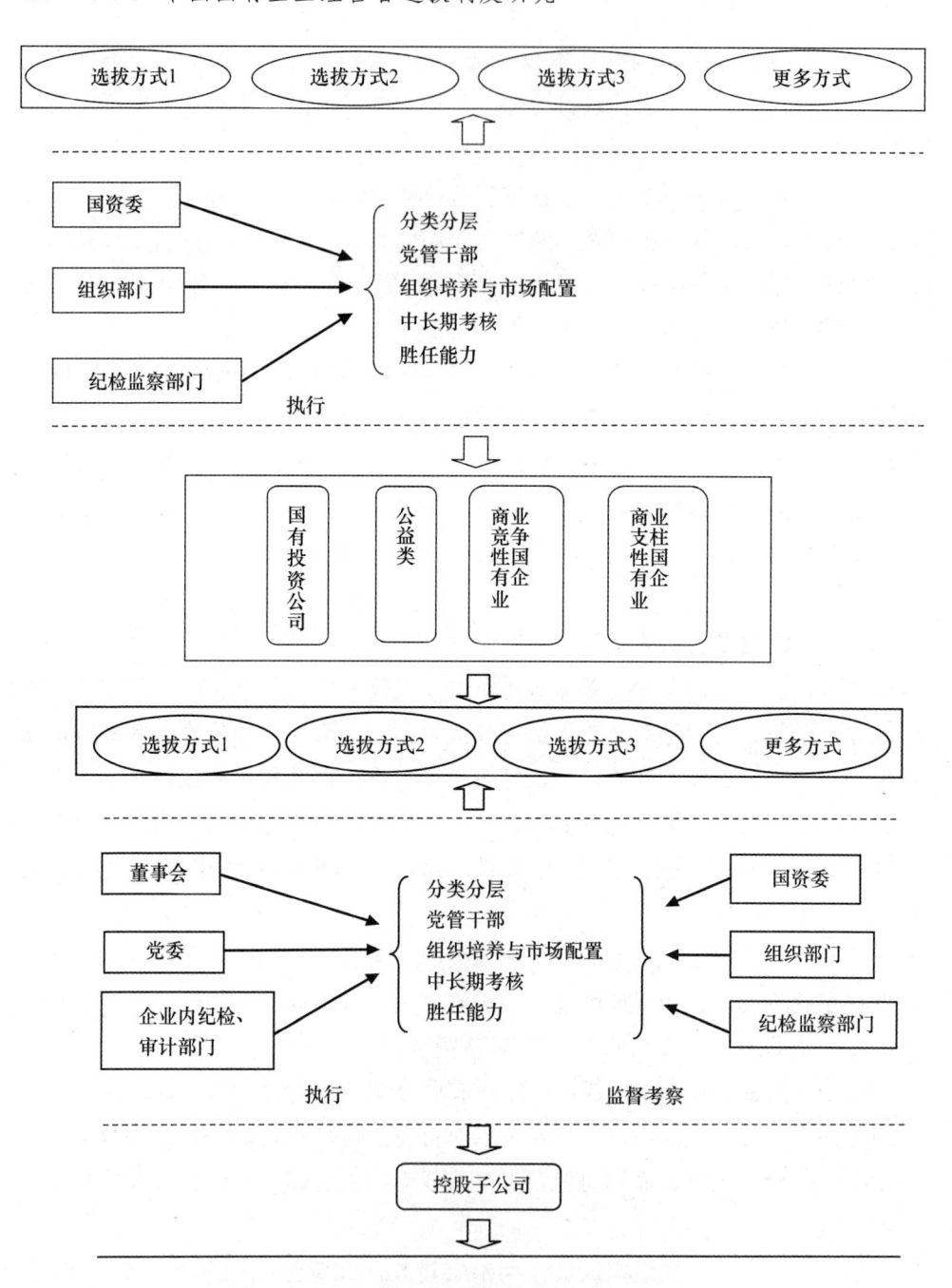

图 5-1 国有企业经营者选拔制度创新的路径

党组织应直接受到国资监管部门党组织管辖,而母公司的党组织则对其子公司的党组织拥有绝对管辖权。

第五,有罚就应该有奖,对于党组成员,应该设置考核标准,对于考核合格的党组织成员,任期满后,可升迁或调离原工作岗位。

另外,党组织成员还应该列席国有企业经营者选拔的评判大会,并对国有企业经营者的党性党纪给出准确评价,从选拔活动开始,一直到选拔活动结束,党组织应该接受任何对备选经营者不良行为和记录的检举,检举的内容仅限于党风和党纪,然后要对检举给出实质性调查并提出建议。而不是仅通过公示期的方式,对确定的唯一被选人进行公开化接受质疑,要将问题解决在源头。

四 选拔主体组织制度的优化

(一)选拔主体组织制度的优化

2009年,中共中央办公厅、国务院办公厅联合印发了《中央企业领导人员管理暂行规定》之后,地方国资监管部门也纷纷出台国有企业领导人员管理办法,在内容上与中央企业的规定保持一致。这些规定的重要作用,在于规范各类国有企业领导人员的任用问题,规定了由谁来行使任用职责。以中央企业为例,《中央企业领导人员管理暂行规定》第四章第14条明确规定,"中共中央组织部、国务院国资委按照管理权限、工作职责和有关组织规定实施中央企业领导人员的推荐、考察和任免等事项"。可以看出,中央企业领导人员选拔时的选拔主体为中央组织部和国资委。但是,地方国有企业的领导人选拔时,选拔主体呈现两种状况,一种与中央企业领导人员选拔主体设定一致,例如,成都市国资委2011年发布的《成都市市属国有企业负责人选拔任用暂行办法》第20条规定,由"市委组织部和国资委依照管理权限组成考察组对拟任人选进行考察";另一种情况则是有所变化,例如,《北京市市属国有企业选拔任用暂行条例》第29条规定,考察拟任人选,应当听取纪检监察部门的意见,并由纪检监察部门出具考察对象廉洁自律书面材料。对需要进行经济责任审计的考察对象,应当委托审计部门按照有关规定进行审计;第30条规定,市属国有企业党委或者组织(人事)部门派出的考察组由两名以上成员组成。考察人员应当具有较高素质和相应资格。考察组负责人应当由思想政治素质好、有较丰富工作经验并熟悉干部工作的人员担任。考察组并不是由组织部门和国资委联合组成。

但是，在国有企业经营者选拔问题上，一个被忽视的问题则是，如何保证选拔经营者的选拔者能够做到客观公允？[①] 有两种情况的选拔者身份较为清晰：一种是国有企业不是集团性质的企业，它由国资监管部门直接控制；一种是国有企业集团公司的母公司，它也由国资监管部门直接控制。对于这两类企业的经营者选拔都将由国资监管部门来完成，而国资监管部门代表国务院行使所有者权利，它的身份具有二重性，对国有企业它代表了所有者，而对政府它又是代理人，因此，当国资监管部门作为选拔主体时，同样会面临选拔问题，特别是道德风险问题。还有一种情况的选拔主体的身份相对模糊，那就是国有集团公司的子公司经营者选拔的选拔主体身份。这类企业的直接控制者应该是上一级国有企业，上一级国有企业是它的实际控制人，那么，选拔主体应该来自于上级国有企业，然而，上一级国有企业仅代表国资监管部门，因此，它的身份更为特殊。如果国资监管部门介入，势必会增加国资监管部门的工作量，从而引发低效率；但如果国资监管部门不介入，那么，来自于国有企业的代表又可能面临更大程度的不尽职问题。因此，选拔主体也面临激励约束问题。

我们认为，归国有资产监管部门直接管辖的国有企业经营者的选拔主体应该以约束为主，而由国有集团公司母公司管辖的国有企业经营者的选拔主体应该采取激励约束相结合的方式。因为，对于由国有资产监管部门管辖的国有企业经营者的选拔主体身份为政府官员，选拔出合格的经营者是他们的职责所在，如果对他们行使选拔职权时实行激励机制，将改变或者扭曲政府官员的公务员身份，这与党章及国家公务员管理规定是相违背的，更为严重的是，激励的方式有可能在选择经营者过程中被逐渐放大，从而滋生腐败。而对于归国有集团公司的国有企业经营者选拔时，选拔主体的身份为国有企业员工，他们往往有较为严格的业绩考核机制，他们在选择合适的经营者时可能面临动力不足的问题，因此，适当的激励可能会产生更为良好的效果。除此之外，我们认为，无论是在母公司层面还是在子公司层面，选拔主体不应该被固定，选拔主

---

① 周丽霞、罗明：《中国国有企业经营者选拔机制研究》，《江西社会科学》2005 年第 12 期。

体成员应该在每次选拔时都予以随机调整和更换，同时，选拔主体成员信息要严格保密，例如，可以采取在选拔日当天确定选拔主体成员的做法，在选拔考察日或者选拔考察过程中，通信设施应尽量关闭，保证信息不泄露。

（二）选拔程序创新

《中央企业领导人员管理暂行规定》不仅对国有企业经营者选拔方式做了分类，而且还详细地规定了不同情况下经营者产生的程序。地方国有企业领导人员的选拔任用办法大部分参照了《中央企业领导人员管理暂行规定》。

国有企业领导人员的任用方式有三种：组织选拔、公考招聘和竞争上岗。组织选拔的基本程序为沟通酝酿、民主推荐、组织考察、征求意见、综合分析、讨论和依法任职七个步骤；公考招聘的基本程序为面向社会发布招聘公告、报名与资格审查、测试、确定考察对象、组织考察或其他方式、征求意见、综合分析、讨论和依法任职九个步骤；竞争上岗的基本程序为在企业内发布公告、报名与资格审查、测试、民主测评、确定考察对象、组织考察、征求意见、综合分析、讨论和依法任职十个步骤。

在上述三种选拔方式中，组织考察与竞争上岗的考察对象的确定，均要通过一定的民主程序，例如，组织选拔需要民主推荐，竞争上岗需要民主测评。从理论上看，这充分体现了员工与选拔对象之间的和谐程度，表明员工对某一对象的拥护情况，在一定程度上反映了大多数的愿望。但是，这需要真正的民主才能达到上述理论的效果，如果民主推荐或者测评并没有很好地或者完全没有按照民主程序进行，那么，民主活动将失去意义。例如，有的民主推荐和民主测评结果并不当场宣布，而是将民主投票结果做保密处理，这样做，一方面不能让参与投票的主体感受到自身投票权的重要性，另一方面有可能让民主表决流于形式。我们认为，这种情况是选拔制度不明确所致，在我们所见到的所有选拔制度中，并没有要求民主推荐结果要公开唱票。

五　选拔制度分类创新的建议

国有企业存在商业类和公益类两种类型，但是不同类型国有企业经营者适合于何种选拔制度，并没有相关文件明确规定。从现有的研究成果看，商业类国有企业经营者选拔倾向于公考招聘，而公益类国有企业经营者选拔倾向于竞争上岗或组织选拔①。然而，这种基于国有企业分类而进行的选拔方式配置，似乎有些过于简单，难以很好地解决国有企业经营者选拔所面临的问题。主要有两方面原因：

第一，关于国有企业经营者选拔的相关规定并没有明确某种具体的选拔方式与哪些国有企业匹配，而只是对三种选拔方式的程序及运行机制给出了制度安排。这样做是合理的，因为，即便是商业类型的国有企业，不同的国有企业发展状态也不一致，有些国有企业适合于公开招聘，而有些由于制度不够健全，还无法进行公开招聘，如果强行推行公开招聘的选拔制度，可能会导致选拔效果大打折扣。

第二，国有企业经营者选拔不是单一的选拔制度能够实现的。公开招聘更多面向国有企业的外部经营者市场，竞争上岗和组织选拔更多面向国有企业内部经营者市场，但绝不是面向单一的市场。以竞争上岗为例，如果单纯考察企业内部经营者市场，而忽视同行业经营者市场，有可能导致本就无人可选的企业内部最终依然选出"无能"的经营者。不同类型的国有企业，可以进行如下选拔制度组合：

（1）对于有条件的、商业类型的国有企业，可以从企业内部和外部两个市场实行公开招聘。有条件是指具备了市场经济、主体完善的公司治理结构与管理框架，对于这样的国有企业，可实行公开招聘制度。在公开招聘程序中，由于招聘对象面向全社会，一般不实行民主测评，任何有资格的潜在经营者均可报名，即便是企业内部人员也可报名，但是如果没有外部经营者参与竞聘，那么，有可能导致只能从内部报名者中选择。虽然内部经营者可能在各个环节都显示出较高的综合能力，但是企业员工对其以往的经营管理行为可能并不认可，选择这样的经营者出任国有企业领导人，最终可能不利于其工作的顺利展开。因此，我们建议，在有条件的国有企业中实行公开招聘应该分为两大块，一块是外部市场，通过报名的方式确认竞聘者；一块是内部市场，通过民主推荐的方式确认候选人。内部候选人与外部候选人通过公开招聘程序进行竞争，胜出者聘为经营者。对于没有条件的国有企业，实行"准公开招聘"竞争上岗机制。所谓准公开招聘是指招聘范围相对较小，仅限于企业内部和同行业之

---

① 陶敏：《新一轮国企改革中经营者选拔机制创新思考》，《北方经贸》2015年第7期。

间，选拔程序遵循竞争上岗程序。

（2）对于公益类型的国有企业，可以通过竞争上岗制度选拔经营者。这类国有企业往往以垄断形式存在，企业并不以赢利为目标，要求经营者对行业和本企业非常了解，对国有企业目标把握准确，外部潜在经营者往往在同场竞争中很难取得优势，这类国有企业经营者的候选人往往来自于企业内部，因此，竞争上岗机制应该成为这类国有企业经营者的主要选拔制度。但是，从竞争上岗制度所划定的候选人范围看，仅仅是企业内部人员，尽管外部潜在经营者存在对企业不了解的情况，但是依然有潜在经营者在同行业中履职多年，并且业绩显著。竞争上岗制度将把这类潜在经营者排除在外。我们认为，对于公益类国有企业实行竞争上岗制度时，候选人的确定除了内部人员外，还需兼顾同行业潜在经营者，这与不具备条件的商业类国有企业经营者选拔制度较为类似，但是最终的程序并不一致。对于公益类国有企业最终的程序应该依然为竞争上岗制度，只是在候选人的范围上应该有所扩大。

还有一类是国有科研院所。由于国有科研院所既不以赢利为目标，也不直接向社会提供公共产品，同时有些部门还存在高度的保密性，因此，对于这类机构的领导人的任用，往往倾向于组织选拔。我们认为，单纯的组织选拔会导致过于行政化，不利于企业员工对晋升制度的信任，在一定程度上会影响企业员工的积极性。因此，可以考虑在组织选拔前引入适当的竞争机制，强化员工对经营者岗位的认知。将竞争上岗机制引入到组织选拔机制中，依据民主测评或推荐确定候选人。在竞争上岗机制完成后，再执行组织选拔机制。从形式上看，似乎增加了组织选拔的工作量，但从审慎的角度讲，这种做法更为妥当。

附　录

国有企业经营者需求实证研究[*]

年志远　许家瞻

一　国有企业经营者需求研究简评

国内学者关于国有企业经营者需求的研究文献，内容较为丰富，视角也呈多元化。既有理论研究，又有实践调研。

张仁一认为，[①] 国有企业经营者的需求既有物质方面的，又有精神方面的，只有当二者都获得满足时，他们才会积极努力地投入工作；同时，他还介绍了威廉姆森的经营者效用函数模型。但只是简略分析，并没有运用该模型给出国有企业经营者效用函数的具体形式。

陈新忠通过调查发现，[②] 国有企业经营者在事业达到高峰以后，需求会变得更加多元化，但仍然会追求管理的成功以及自我价值的实现。调查还发现，超过八成的国有企业经营者愿意继续留在国有企业工作，成就欲是他们永恒的动机。

赵纳[③]从权力需求和声誉地位需求两个方面对国有企业经营者需求进行了

---

[*] 基金项目：本文得到教育部人文社会科学重点研究基地重大项目"中国国有企业经营者选拔制度创新研究"（15JJD790013）；吉林大学"985工程"项目"中国国有经济改革与发展研究"资助。年志远、许家瞻：《国有企业经营者需求实证研究》，《经济体制改革研究》2017年第1期。

[①] 张仁一：《国企经营者的激励与约束机制分析》，《科技进步与对策》2000年第10期。

[②] 陈新忠：《企业经营者行为及其需求分析》，《企业家研究》2002年第6期。

[③] 赵纳：《企业经营者非物质激励机制研究》，硕士学位论文，河北工业大学，2007年。

分析。他认为，充分赋予国有企业经营者决策权力是其发挥才能和作用的关键因素，但是在现实中，国有企业经营者的权力往往会受到限制。虽然较高的薪酬可以为国有企业经营者带来成就感，但还是无法代替良好声誉给其带来的自我需求满足感。良好的职业声誉可以提高其在职业经理人市场的地位和身价，使其安全感倍增，解除后顾之忧，进而增加工作动力。

杨睿[①]从内在需求和外在需求两个方面对国有企业经营者的需求进行了分析。他认为，内在需求大致包括自我成就满足需求、提高经济和社会地位需求以及自我发展需求；外在需求包括广泛的人脉需求、权力需求和职位安全需求。前者应主要依靠精神方面激励，后者应主要依靠物质方面激励。

张英宣、杨康、王娜认为，[②] 国有企业经营者的需求层次要高于普通人的需求层次，其中经济收入需求占据重要地位，同时对未来职业发展以及名誉地位的需求也很强烈。在此基础之上，他们提出了三种精神激励模式：事业激励、控制权激励和声誉激励。

国有企业经营者需求研究丰富的内容、多元化的视角和创新的观点，为本论文研究提供了起点、参考和启示。

二　国有企业经营者需求研究

（一）国有企业经营者需求研究的原则

国有企业经营者需求研究，需要遵循一定的原则。遵循的原则正确，研究才有正确的依据和方向，才能达到预期的目标；遵循的原则不正确，研究就失去了意义。所谓原则，就是一定工作或活动规律和目的的反映或体现，它本身应该具有目的性、简明性、概括性和指导性。国有企业经营者需求研究有利于提高国有企业经营者的工作效率，也有利于提高国有企业的效益。因此，研究国有企业经营者需求应遵循的原则至关重要。概括起来，国有企业经营者需求研究主要应遵循以下原则。

---

① 杨睿：《基于需求分析的国企经营者全方位激励机制的构建》，《经济论丛》2011 年第 4 期。
② 张英宣、杨康、王娜：《基于需求理论视我国国有企业经营者的精神激励机制》，《价值工程》2012 年第 23 期。

第一,客观性原则。客观存在于意识之外,不依赖意识而存在,不以人的意志为转移。不管人们是否认识它、是否知道它、是否承认它,它都照样存在。它按照事物本来的面目去考察事物,不加入任何个人的感情、偏见或意见。客观是包含在对象中的,构成对象的,具有对象性的客观现实。客观既包括有形的事物,也包括无形的事物。客观是以得出客观规律而认知,或用客观规律来做出再认知。客观规律是指人类对事物认知中的普适性部分——不随认知主体变化而改变的那部分认知总结。比如,国有企业经营者的权力追求,就是客观现实。就算你主观上不承认,它还是存在的。遵循客观性原则,就是在研究中,实事求是地研究国有企业经营者的需求,不加入任何个人主观见解。只有遵循客观性原则,遵循客观规律,国有企业经营者需求研究才能得出真实、正确的结论,进而才能够有针对性地激励国有企业经营者,调动国有企业经营者的积极性。

第二,主要性原则。毛泽东在《矛盾论》中指出:"任何过程如果有多数矛盾存在的话,其中必定有一种是主要的,起着领导的、决定的作用,其他则处于次要和服从的地位。因此,研究任何过程,如果是存在两个以上矛盾的复杂过程的话,就要用全力去找出它的主要矛盾。抓住了这个主要矛盾,一切问题就迎刃而解了。"研究国有企业经营者需求也是如此,不可能对所有需求的内容都进行研究,只能选择主要的需求内容进行研究。从研究成本和研究效率的角度出发,也应该选择主要需求内容研究。因此,应该忽略那些次要的需求,选择那些能够突出反映国有企业经营者需求本质的重要需求。

第三,独立性原则。独立性原则是指国有企业经营者需求中的每项需求都是独立的,其内涵明晰、不相互重叠或不互为因果。只有每项需求都是独立的,国有企业经营者需求才是合理的和正确的,才能正确反映国有企业经营者的需求。通过对国有企业经营者需求中的每一项需求的逐级分解,并进行横向的比较分析和规范研究,剔除相通、相叠、相近、相似、含义不清、互为因果的需求,使每一项需求都具有独立性,使每一项需求之间不存在互相包含、互相重叠和互为因果关系,更不能从其中的一项需求分解出另一项需求。如果某一项需求不具备独立性,将会大大降低需求的可信度。

第四,动态性原则。受多种因素的影响,国有企业经营者需求内容是呈动态性的。之所以呈动态性,是因为国有企业经营者的需求,是随着外界或内在的变化而变化的。比如,非国有企业经营者薪酬增加,国有企业经营者也会产生加薪需求;

再比如，随着国有企业经营者对国有企业贡献的增大，国有企业经营者的价值补偿需求也会逐渐增强。国有企业经营者需求的动态性，可以调整国有企业经营者的需求结构，激发国有企业经营者的潜能和创造性。依据动态性原则，国有企业应及时调整对国有企业经营者的供给或激励约束，以实现国有企业经营管理目标。动态性原则也是国有企业经营者和国有企业的一种自我调整和完善机制，这种机制的存在和运行，可以使国有企业经营者和国有企业更具活力和竞争力。

（二）国有企业经营者需求研究的内容

遵循国有企业经营者需求研究的原则，我们可以概括提炼出六种国有企业经营者的主要需求进行研究，这六种需求及内容如下。

第一，业绩需求。国有企业是资产归全民所有的企业或者国有资产占多数的企业，尽管身份和地位相对特殊，但是作为企业，它还是有业绩或者利润方面需求的。尽管公益类的国有企业不以追逐利润为主要目标，但是对掌管国有企业的经营者来讲，不论是为了证明自身在生产经营管理方面的才能，还是为了将来的职位晋升，都会尽可能地使国有企业经营业绩最大化。由于企业业绩好坏是衡量经营者能力和工作效果的最直接也是最明显的标志，因此业绩需求是国有企业经营者的重要需求之一。

第二，自我价值补偿需求。它既包括物质方面的补偿需求，也包括精神方面的补偿需求。国有企业经营者具有"官"和"商"双重身份，虽然仕途考虑是其主要内容，但是收入高低也是其考虑的重要内容，这就是物质补偿需求；另外，据有关资料显示，当国有企业经营者的收入达到某一高度后，将会更在意荣誉和社会地位等需求，这些构成了国有企业经营者的精神补偿需求。

第三，职业发展需求。由于国有企业经营者具有既是政府官员又是商人的特殊身份，所以无论是将其调动到其他国有企业继续任职，还是调动到政府部门任职升迁，其都会重视将来的职业发展，以满足自己的成就需求。这是国有企业经营者为了取得高社会地位和高收入所产生的"战略"需求。

第四，权力需求。国有企业的经营管理，客观上需要国有企业经营者拥有绝对的、充分的决策权力，这样才能充分发挥其领导和管理才能。但目前大多数国有企业经营者都是由国有资产监督管理机构或国务院任命的，是政府官员，因此赋予他们的权力是有限的，这就使国有企业经营者发挥才能的空间受到限制。因此，国有企业经营者迫切需要拥有绝对的、充分的经营决策权力。

第五，职位和安全需求。因为国有企业经营者是由国有资产监督管理机构或国务院任命的，所以与市场经济所要求的由市场选择经理人的原则相违背，这种传统的行政任命机制使得"逆向选择"的概率大大增加。很多具有企业经营管理才能的国有企业经营者很可能因为某种"莫须有"的原因而被替换或者调离岗位，进而可能影响国有企业的生产经营，也可能会挫伤国有企业经营者的自尊和工作积极性。这种行政任命机制使国有企业经营者缺乏职场安全感，甚至感到退休后缺乏生活保障。

第六，声誉需求。高薪酬会给国有企业经营者带来优越的生活条件以及心理满足感，使其成为成功人士，但是它并不能完全替代良好的个人声誉所带来的自我需求满足。如果没有良好的职业声誉，很可能会造成其职位不稳、仕途受到牵连；甚至可能会使其提前结束职业生涯，名声扫地；相反，如果拥有良好的职业声誉，就会提高其职场的威望和信誉，也会增加在职业经理人市场上讨价还价的能力。具有这种良好声誉的国有企业经营者在职业经理人市场上是供不应求的。因此，国有企业经营者都有职业声誉需求。

三 国有企业经营者需求的探索性因子与验证性因子检验

（一）需求调查问卷设计

本文采用样本调查的方法，通过对部分国有企业经营者发放调查问卷的形式获得有关数据。调查问卷设计采用李克特五级量表的样式，对六类国有企业经营者的需求进行需求因子设计，每个需求因子均有五个得分项：非常赞同计5分，赞同计4分，较赞同计3分，不赞同计2分和很不赞同计1分。被调查者采用匿名方式，只需对每个需求因子对应的分值打钩即可。调查得到的数据采用SPSS软件进行探索性因子检验和验证性因子检验，以验证国有企业经营者的需求是否符合实际情况。

依据国有企业经营者需求研究的原则和内容，我们设计了国有企业经营者需求调查问卷，其内容和样式如表1所示。

表1　　　　　　　　　　国有企业经营者需求调查问卷

需求类别	需求因子	分值				
		5	4	3	2	1
A 业绩需求	A1 国有企业也要追求最优业绩					
	A2 国有企业业绩可以证明经营者的才能					
	A3 国有企业业绩决定经营者的收入					
	A4 追求国有企业业绩的目的是为了改善员工的福利					
	A5 希望在职期间扩大国有企业经营规模					
	A6 提升国有企业品牌附加价值很重要					
	A7 重视环境和资源的可持续发展					
	A8 国有企业业绩提高可以增加国家综合财力					
	A9 国有企业业绩不佳而会被解除职位					
	A10 国有企业业绩可以衡量经营者的综合能力					
B 自我价值补偿需求	B1 国有企业经营者的职位应该获得较高的收入					
	B2 收入是衡量经营者成功与否的重要标志					
	B3 高收入可以有效激励经营者努力工作					
	B4 国有企业经营者既追求物质需求，又追求精神需求					
	B5 现有的收入评价标准难以完全衡量自我价值的实现					
	B6 多做工作就应该获得多的价值补偿					
C 职业发展需求	C1 国有企业经营者的经历是官员提拔的重要依据					
	C2 国有企业经营者岗位可以提升其社会地位					
	C3 长期担任国有企业经营者是理想的选择					
	C4 国有企业经营者岗位可以丰富其人脉					
	C5 国有企业在行业中的领先地位可以提高其影响力					
	C6 竞争力强的国有企业经营者获得的聘任机会多					
D 权力需求	D1 国有企业经营者必须拥有充分的经营权力					
	D2 国有企业经营者权力越大越会努力工作					
	D3 权力的大小表明个人综合地位的高低					
	D4 国有企业经营者未被赋予充分的权力					
	D5 国有企业经营者应该具有绝对的人财物管理权					
	D6 国有企业经营者的决策必须得到落实					

续表

需求类别	需求因子	分值 5	4	3	2	1
E 职位生活安全需求	E1 国有企业经营者的职位越高风险也越大					
	E2 生活中或多或少被匿名恐吓过					
	E3 希望工作环境舒适优越					
	E4 担心工作失误前功尽弃					
	E5 希望退休以后物质和心理仍然能够平衡					
	E6 希望有退休以后的生活保障制度					
F 声誉需求	F1 合格的国有企业经营者必须有良好的声誉					
	F2 国有企业经营者必须得到员工的充分信任					
	F3 国有企业经营者很重视社会对其能力和成就的评价					
	F4 良好的声誉可以提高自身的幸福感					
	F5 声誉是经济收入之外最重视的环节					
	F6 国有企业经营者期望得到企业员工的高度评价					

在正式调查之前，先进行模拟调查，以了解被调查者是否能够清晰地理解调查问卷。模拟调查的结果显示，被调查者们都能清晰并准确无误地理解调查问卷内容，没有任何歧义发生。在此基础上，我们开始正式进行调查，将印制好的调查问卷发给要调查的国有企业经营者们。本调查问卷共发放 200 份，回收 173 份，其中回收的调查问卷中有 3 份填写不够完整，加上 2 份发生破损或污渍，因此实际收回有效调查问卷 168 份，有效回收率为 84%。

（二）探索性因子检验和信度分析

将上述回收的有效调查问卷得到的数据进行科学的统计分析，以保证研究的科学性和严谨性。分析采用 SPSS19 中文版软件。探索性因子检验的原理是将大量的变量浓缩为几个精简的变量，用尽可能少的变量研究目标变量。

本文采用主成分分析法和 Kaiser 最大方差正交旋转矩阵法。在因子分析后，再进行信度分析，以最大限度保证调查问卷的内部一致性。在分析过程中，会删除一些不理想的因子，删除后因子结构会随之发生改变，还需重新再进行因子分析，反复进行该过程，直至因子结构稳定为止。分析过程中因子提取的标准为特征值大于1，因子负荷量大于0.5，进行相关矩阵检验时采取KMO和巴特莱特球体检验法。

1. 因子分析

在SPSS软件中录入调查数据后进行统计分析，结果显示KMO值为0.812，巴特莱特球体检验数值为0.000<1%，表明该样本数据很适合做因子分析，具体结果如表2所示。

表2　　　　国有企业经营者需求因子数据的KMO和Bartlett检验

取样足够度的 Kaiser-Meyer-Olkin 度量		0.812
Bartlett 的球形度检验	近似卡方	1728.218
	df	384
	Sig.	0.000

通过SPSS软件的分析，旋转前后全部40个需求因子中共有27个需求因子的特征值大于1，根据Kaiser准则提取出这27个需求因子。其中，业绩需求有6个需求因子符合要求，这6个需求因子的累积方差解释率为68.262%；自我价值补偿需求有4个需求因子符合要求，这4个需求因子的累积方差解释率为67.311%；职业发展需求有4个需求因子符合要求，这4个需求因子的累积方差解释率为78.765%；权力需求有4个需求因子符合要求，这4个需求因子的累积方差解释率为73.438%；职位生活安全需求有5个需求因子符合要求，这5个因子的累积方差解释率为79.562%；声誉需求有4个需求因子符合要求，这4个需求因子的累积方差解释率为71.093%。具体数据如表3所示，结果说明样本方差解释率很好；同时观察表2中正交旋转后因子负荷矩阵的数值情况，没有发现任何不满足要求的需求因子，保留下来的27个需求因子均符合因子负荷量大于0.5的准则（因子负荷量低于0.5的13个需求因子被过滤掉，没有显示在表3及表4中）。因此，在双重标准定位下，剩余的27个需求因子均可以用来分析国有企业经营者需求。

表3　　　　　国有企业经营者需求因子解析的变异数——转轴后的数据

因子编号	初始特征值 合计	方差的%	累积%	提取平方和载入 合计	方差的%	累积%	旋转平方和载入 合计	方差的%	累积%
A4	6.424	27.677	27.677	6.424	27.677	27.677	5.259	22.658	22.658
A10	3.515	15.144	42.821	3.515	15.144	42.821	3.215	13.851	36.509
A7	2.389	10.293	53.114	2.389	10.293	53.114	2.004	8.634	45.143
A2	1.211	5.217	58.331	1.211	5.217	58.331	1.799	7.751	52.894
A6	1.177	5.071	63.402	1.177	5.071	63.402	1.791	7.716	60.610
A1	1.128	4.859	68.262	1.128	4.859	68.262	1.776	7.652	68.262
B3	5.724	28.785	28.785	5.724	28.785	28.785	4.659	24.710	24.710
B4	3.677	17.106	45.891	3.677	17.106	45.891	3.012	17.081	41.791
B2	2.291	14.338	60.229	2.291	14.338	60.229	3.455	16.473	58.264
B1	1.387	7.082	67.311	1.387	7.082	67.311	1.946	9.047	67.311
C1	6.389	32.127	32.127	6.389	32.127	32.127	5.928	29.633	29.633
C3	3.825	19.348	51.475	3.825	19.348	51.475	3.587	18.392	48.025
C6	3.361	17.925	69.400	3.361	17.925	69.400	3.455	17.535	65.560
C5	1.774	9.365	78.765	1.774	9.365	78.765	2.358	13.205	78.765
D1	5.525	29.518	29.518	5.525	29.518	29.518	4.763	24.399	24.399
D5	3.833	21.991	51.509	3.833	21.991	51.509	3.449	18.710	43.109
D4	3.002	15.516	67.025	3.002	15.516	67.025	3.104	17.828	60.937
D6	1.138	6.413	73.438	1.138	6.413	73.438	2.449	12.501	73.438
E5	5.737	25.439	25.439	5.737	25.439	25.439	3.753	21.277	21.277
E6	3.914	18.134	43.573	3.914	18.134	43.573	2.918	17.304	38.581
E2	2.721	15.369	58.942	2.721	15.369	58.942	2.527	16.280	54.861
E3	2.142	13.028	71.970	2.142	13.028	71.970	2.288	15.501	70.362
E1	1.056	7.592	79.562	1.056	7.592	79.562	1.526	9.200	79.562
F4	4.026	23.585	23.585	4.026	23.585	23.585	3.565	20.802	20.802
F2	3.175	18.722	42.307	3.175	18.722	42.307	3.071	18.534	39.336
F5	1.997	15.901	58.208	1.997	15.901	58.208	2.566	18.239	57.575
F6	1.264	12.885	71.093	1.264	12.885	71.093	1.737	13.518	71.093

注：提取方法：主成分分析法。

说明：表3中六类需求各因子转轴后的数据是每一类需求单独分析的，并非放在一起按照权重加总分析，只是为了读者阅读的方便才将六类需求独立运行的结果放在同一张表中。

表4　　　　　国有企业经营者需求因子检验正交旋转后因子负荷矩阵

因子编号	业绩需求	自我价值补偿需求	职业发展需求	权力需求	职位和安全需求	声誉需求
A4	**0.861**	0.121	0.116	0.033	0.255	0.002
A10	**0.827**	0.119	0.228	0.218	0.276	0.017

续表

因子编号	业绩需求	自我价值补偿需求	职业发展需求	权力需求	职位和安全需求	声誉需求
A7	**0.775**	0.217	0.042	0.112	0.313	0.345
A2	**0.726**	0.023	0.155	0.183	0.277	0.327
A6	**0.659**	0.298	0.088	0.003	0.196	0.288
A1	**0.594**	0.334	0.082	0.364	0.096	0.174
B3	0.012	**0.799**	0.323	0.256	0.002	0.387
B4	0.179	**0.784**	0.102	0.284	0.007	0.245
B2	0.397	**0.733**	0.128	0.392	0.188	0.254
B1	0.262	**0.667**	0.227	0.241	0.175	0.193
C1	0.091	0.059	**0.883**	0.298	0.127	0.212
C3	0.255	0.236	**0.787**	0.111	0.424	0.003
C6	0.377	0.149	**0.656**	0.108	0.399	0.364
C5	0.159	0.184	**0.518**	0.217	0.021	0.008
D1	0.087	0.019	0.412	**0.856**	0.198	0.015
D5	0.008	0.274	0.297	**0.828**	0.355	0.128
D4	0.104	0.136	0.244	**0.779**	0.109	0.371
D6	0.072	0.234	0.173	**0.672**	0.222	0.005
E5	0.018	0.181	0.212	0.003	**0.819**	0.343
E6	0.123	0.027	0.152	0.217	**0.791**	0.217
E2	0.002	0.001	0.180	0.002	**0.766**	0.356
E3	0.215	0.082	0.194	0.084	**0.586**	0.032
E1	0.187	0.042	0.009	0.193	**0.522**	0.189
F4	0.148	0.301	0.104	0.109	0.340	**0.818**
F2	0.178	0.197	0.022	0.002	0.023	**0.802**
F5	0.253	0.288	0.007	0.286	0.188	**0.727**
F6	0.082	0.105	0.195	0.344	0.072	**0.544**

说明：由于表4中每一类需求因子负荷量数值（表中加粗的数值）均是按照从上至下递减的顺序排列的，故每一类需求因子对应的因子编号不能按照正常编号顺序排列。

2. 信度分析

信度分析的目的是检验调查问卷结果的可靠性。本文所得到的调查数据采用了 Cronbach'alpha 一致性系数检验法。据相关资料的结论，我们可以认为若 α 数值大于 0.8，属于信度较好的问卷；若 α 数值在 0.7—0.8 属于可以接受的问卷。经过信度分析后发现，国有企业经营者六类需求的 α 系数有些处于信度较好的范围（α 数值大于 0.8），有些则处于可以接受的范围（α 数值在 0.7—0.8 之间），具体结果如表 5 所示。综合表 5 中的数据可知，调查问卷的可靠性是非常好的，对国有企业经营者六类需求起到了很好的解释作用。

表5　　　　　　　　国有企业经营者需求因子的 α 系数

需求类型	需求因子编号	α 系数
业绩需求	A4	0.8481
	A10	
	A7	
	A2	
	A6	
	A1	
自我价值补偿需求	B3	0.7764
	B4	
	B2	
	B1	
职业发展需求	C1	0.8329
	C3	
	C6	
	C5	
权力需求	D1	0.7526
	D5	
	D4	
	D6	
职位和安全需求	E5	0.7824
	E6	
	E2	
	E3	
	E1	

续表

需求类型	需求因子编号	α 系数
声誉需求	F4	0.8017
	F2	
	F5	
	F6	

(三) 验证性因子检验

对上述调查问卷进行验证性因子检验的目的是验证模型中国有企业经营者需求的信度、聚敛效度、区别效度以及模型与数据的拟合度。采用 AMOS 分析软件分析。国有企业经营者需求的信度、效度及拟合优度的分析结果如表 6、表 7 和表 8 所示。

1. 内部一致性信度检验

由表 6 国有企业经营者需求的 α 信度数值可以看出，每个数值均大于 0.7，达到了可以接受的水平；平均萃取变量均大于 0.5，说明该模型的内部一致性良好，完全符合研究所要求的水平。

表 6　　　　　　　　国有企业经营者需求模型的结构分析

因素	业绩需求	自我价值补偿需求	职业发展需求	权力需求	职位和安全需求	声誉需求
测量误差	0.28	0.19	0.25	0.29	0.32	0.11
平均萃取变量	0.69	0.68	0.62	0.57	0.61	0.54
α 信度	0.8481	0.7764	0.8329	0.7526	0.7824	0.8017

2. 模型拟合度检验

由表 7 中的数值可知：RMSEA 小于 0.08，GFI、AGFI 和 CFI 的数值均在 0.9 左右，从综合项指标的拟合度来分析，国有企业经营者需求模型与调查问卷得出的数据几乎不存在差异，因此该模型的拟合度良好。

表7　　　　　国有企业经营者需求模型的验证性因子分析拟合指数

拟合指标	χ^2/df	RMSEA	GFI	AGFI	CFI	IFI	TLI
数值	3.255	0.047	0.898	0.894	0.921	0.912	0.907

3. 聚敛效度与区别效度检验

由上文表4需求因子负荷矩阵表中的数据可知，各项需求因子负荷量数值已达显著标准，说明各项需求因子间具有明显的聚敛效度；由表8中AVE的开根值与各因素间的相关系数的比较看，可以看出模型同时具备很好的区别效度。

表8　　　　　国有企业经营者需求的相关系数估计

因素	业绩需求	自我价值补偿需求	职业发展需求	权力需求	职位和安全需求	声誉需求
业绩需求	1.000					
自我价值补偿需求	0.378	1.000				
职业发展需求	0.367	0.418	1.000			
权力需求	0.442	0.521	0.447	1.000		
职位和安全需求	0.759	0.367	0.378	0.521	1.000	
声誉需求	0.378	0.782	0.442	0.418	0.378	1.000

本部分运用结构方程建模的原理，对国有企业经营者需求进行了验证性因子检验。通过对国有企业经营者需求模型拟合度的测量，进一步验证了该模型的稳定性和可靠性。

四　结论和建议

本文简评了国有企业经营者需求研究的现状，研究了国有企业经营者需求研究的原则，并依据该原则确定研究了国有企业经营者的六种主要需求：业绩需求、自我价值补偿需求、职业发展需求、权力需求、职位和安全需求以及声誉需求。在此基础上，对国有企业经营者的六种主要需求进行了问卷调查，调查问卷设计采用李克特五级量表的样式。运用调查问卷数据，对国有企业经营者六种主要需求进行了探索性因子检验和验证性因子检验。检验结果表明，国有企业经营者的六种主要需求符合实际情况，具有较强的可信度，可以作为对其激励的内容。

研究国有企业经营者的需求，有利于改革市场经济条件下国有企业经营者的选拔机制，消除行政选拔机制的弊端，调动国有企业经营者的积极性。为此，笔者提出以下建议：

第一，建立国有企业经营者市场。我国已经建立了社会主义市场经济体制，为了适应其需要，应建立国有企业经营者市场。利用国有企业经营者市场配置国有企业经营者这种特殊的稀缺资源，可以提高配置效率和使用效率，为国有企业经营者提供竞争和施展才能的舞台，淘汰不称职的国有企业经营者，提高国有企业经营者的质量。

第二，建立市场化的国有企业经营者激励约束机制。我国还应建立市场化的国有企业经营者激励约束机制。运用激励约束机制，奖励经营管理绩效优秀的国有企业经营者，惩罚经营管理绩效较差的国有企业经营者，进一步调动国有企业经营者的工作积极性，激发其潜在的能力，进一步促进国有企业发展。

第三，改革国有企业经营者退休制度。在行政任命制度下，国有企业经营者往往被规定好了退休年龄，不论国有企业经营好坏，不论国有企业经营者身体状况如何，到了规定年龄就必须退休。这种规定，既影响了快退休的国有企业经营者的工作积极性，浪费了人才，又影响了国有企业发展。目前，优秀的国有企业经营者仍旧是稀缺的资源，应该充分加以利用。因此，对于经营业绩好、身体健康的国有企业经营者，应继续聘用，继续发挥其作用，这对国有企业的稳定发展有益。

国有企业经理人薪酬激励机制深化改革研究[*]

廖红伟　杨良平

一　相关文献与理论综述

（一）相关文献综述

1. 国外研究现状

Palia[①]发现企业中经理人薪酬中长期激励薪酬如股票比例越高，经理人就会认真经营去提高企业业绩，也越有利于企业长远发展。Ozkan[②]运用英国金融企业的相关数据做实证分析，结果表明企业绩效与经理人现金报酬及薪酬总额均具有显著正相关关系。Core[③]等采用英国上市公司数据进行实证研究，结

---

[*] 基金项目：本文得到教育部人文社会科学重点研究基地重大项目"中国国有经营者选拔制度创新研究"（15JJD790013）、教育部重点研究基地重大项目"中国国有资产分类管理研究"（14JJD790036）、吉林大学"985工程"项目"治理研究"资助。廖红伟、杨良平：《国有企业经理人薪酬激励机制深化改革研究》，《财经问题研究》2017年第1期。

[①] Palia, D., "The Endogeneity of Managerial Compensation in Firm Valuation: A Solution", *Review of Financial Studies*, Vol. 13, No. 3, 2001, pp. 735–764.

[②] Ozkan, N., "Do Corporate Governance Mechanisms Influence CEO Compensation? An Empirical Investigation of UK Companies", *Journal of Multinational Financial Management*, Vol. 17, No. 5, 2007, pp. 349–364.

[③] Core, J. E., Guay, W., Larcker, D. F., "The Power of the Pen and Executive Compensation", *Journal of Financial Economics*, Vol. 88, No. 1, 2008, pp. 1–25.

果表明如果用企业业绩来衡量股东财富,那么经理人的薪酬与企业绩效具有相关关系。Conyon 和 He[1] 在研究经理人薪酬与企业绩效之间的关系时,运用不同时期的数据进行回归分析,发现它们之间存在显著的相关关系。Sigler[2] 在研究经理人薪酬与企业绩效关系时,发现二者存在较强的相关性。Rajan 和 Wulf[3] 在研究经理人在职消费问题时发现,在职消费在给企业经理人带来精神满足和荣誉感的同时,也激励经理人努力经营提高企业的经营绩效。Grinstein 等[4]在研究企业经理人薪酬激励机制时着重关注经理人的在职消费情况,在研究经理人在职消费和企业经营绩效之间的相关关系时,发现企业的经营绩效会随着经理人在职消费的提高而下降,并且不利于企业的长远目标,也损害了企业所有者的利益。

国外学者尤其是美国学者就经理人薪酬机制本身进行了研究,主要存在两种观点:一种观点认为经理人权力会凌驾在董事会之上,现行的薪酬激励机制不甚合理;另一种观点则认为大型企业的首席执行官薪酬包带有明显的绩效薪酬特征,总体的绩效薪酬敏感度有所提升,这导致了经营管理者与股东之间的团结有所增强。大部分的学者、董事会成员、薪酬顾问及所有大型企业的经理人都认为伯切克与弗里德的理论存在着严重的局限性。可见,国外学者对于经理人薪酬的研究存在较大分歧。

2. 国内研究现状

魏刚[5]认为我国上市公司经理人以货币形式的年薪水平偏低,经理人的薪酬结构不够合理,不同行业的收入水平差距较大。此外,上市公司经理人年薪与企业的整体经营业绩没有太大的联系。陈冬华等[6]在研究职业经理人薪酬制

---

[1] Conyon, M. J., He, L., "Executive Compensation and Corporate Governance in China", *Journal of Corporate Finance*, Vol. 17, No. 4, 2011, pp. 1158 – 1175.

[2] Sigler, K. J., "CEO Compensation and Company Performance", *Business and Economics Journal*, Vol. 31, 2011, pp. 1 – 8.

[3] Rajan, R. G., Wulf, J., "Are Perks Purely Managerial Excess?", *Journal of Financial Economics*, Vol. 79, No. 1, 2006, pp. 1 – 33.

[4] Grinstein, Y., "CEO Compensation and Incentive: Evidence From M&A Bonuses", *Journal of Financial Economics*, Vol. 73, No. 1, 2004, pp. 119 – 143.

[5] 魏刚:《高级管理层激励与上市公司经营绩效》,《经济研究》2000 年第 3 期。

[6] 陈冬华、陈信元、万华林:《国有企业中的薪酬管制与在职消费》,《经济研究》2005 年第 2 期。

度问题时，发现由于内部缺乏有效的监督管理，经理人通过提升个人在职消费来隐性增加自己的薪酬水平，同时也指出内部的薪酬激励约束机制存在的问题是导致在职消费滥用的主要原因。徐莉萍等[1]选取国有金融类企业为研究对象，采用实证分析方法研究企业整体经营绩效和企业股权集中度之间的关系，结果表明两者之间有着明显的正相关关系，而且这种正相关关系存在于各种性质的控股股东中。辛清泉等[2]将国有企业分为中央国有企业和地方国有企业，发现当经理人努力经营企业提升企业业绩但却没有得到与之对应的薪酬补偿和激励时，那么地方就会出现过度投资的现象，但中央没有出现这种情况。张昉和黄晓红[3]通过实证研究发现经理人薪酬限制政策对经理人经营业绩提升有促进作用。刘戒骄[4]发现经理人身份与经理人薪酬决定相关，应据此为不同身份的经理人制定有区别的薪酬待遇。王晓文和魏建[5]在研究政府对国有企业经理人薪酬限制的效果时，分析得出存在经理人薪酬限制政策，国有企业经理人经营业绩会下降。

综上所述，国内学者在国有企业经理人薪酬激励机制研究中，有的着重于经理人薪酬与经营绩效，有的则从经理人薪酬的激励机制与约束机制入手，还有的则将经理人薪酬激励机制改革纳入整体改革之中。本文在吸纳有关学者观点的基础之上对我国国有企业经理人薪酬激励机制进行规范分析，力求寻找改革的方式与路径。

（二）相关理论综述

1. 委托—代理理论

20 世纪 30 年代，美国经济学家 Berle 和 Means[6]针对传统企业中企业所有

---

[1] 徐莉萍、辛宇、陈工孟：《股权集中度和股权制衡及其对公司经营绩效的影响》，《经济研究》2006 年第 1 期。

[2] 辛清泉、林斌、王彦超：《政府控制、经理薪酬与资本投资》，《经济研究》2007 年第 8 期。

[3] 张昉、黄晓红：《高管薪酬管制有效性的实证研究——来自 A 股上市公司的证据》，《上海金融》2012 年第 5 期。

[4] 刘戒骄：《高管薪酬制度改革分析》，《中共中央党校学报》2014 年第 2 期。

[5] 王晓文、魏建：《中国国有企业高管薪酬管制的原因及其对绩效的影响——基于委托人"不平等厌恶"模型》，《北京工商大学学报》（社会科学版）2014 年第 1 期。

[6] Berle, A., Means, G., *The Modern Corporation and Private Property*, New York: Macmillan, 1932, pp. 471 – 517.

者兼任经营管理人的行为存在诸多问题，提出了著名的委托—代理理论。该理论是随着众多经济学家仔细观察和分析企业中所有者和代理人在双方信息不对称情况下，所有者如何激励代理人认真经营企业而逐步完善和成熟的。委托—代理理论主要研究在所有者处于信息劣势以及双方利益不一致时，所有者如何依靠筹划科学合理的契约来鼓励代理人认真经营企业。现代企业制度中，最突出的特点就是实现了两权分离，即所有者将所有权中的经营权委托给经理人，经理人受所有者委托经营和管理企业。很显然，委托人与代理人双方的利益存在差异，委托人注重公司价值最大化，而经理人追求最大化的薪酬，从而两者具有不同的效用函数，所以两者之间存在着利益冲突。而且代理人自身拥有的知识结构、能力和努力程度等私人信息很难被委托人掌握和观察，因而在所有者掌握更少信息的条件下，经理人很可能存在为了更大程度谋取最大化的薪酬而不顾及公司的长远发展，进而导致代理问题，委托—代理理论也因此应运而生。

其中，所有者与经理人之间的关系就属于委托—代理关系，前者拥有国有资本所有权，经理人则属于受托方，负责对国有资产进行经营管理。然而，在所有者掌握更少信息的情况下，经理人可能为最大程度追求个人薪酬而损害企业和所有者的利益，导致出现代理问题。通过设计科学合理的契约把企业所有者和经理人的目标统一起来，最大程度减少委托—代理风险发生。所有者或委托人可以建立起以企业经营绩效为主要考核体系的薪酬激励机制，积极实行包括股票、股票期权等形式的中长期激励方式，从而促使经理人认真工作，积极提高企业的经营业绩。

2. 企业契约理论

企业契约理论是由著名经济学家科斯开创的，其后又由 Williamson[①]、德姆塞茨、张五常、阿尔钦等著名经济学家发展和丰富，该理论认为企业是由一系列合同或契约缔结而成的。不同身份的企业参与人在签订契约时必须确认自己对投入企业的要素拥有产权，这也是企业产生的必要条件。同样地，所有者委托经理人去经营管理企业，这自然也是一系列契约中不可或缺的部分。企业契

---

① Williamson, O. E., "Organization of Work: A Comparative Institutional Assessment", *Journal of Economic Behavior and Organization*, Vol. 1, No. 1, 1980, pp. 5 – 38.

约理论中，经理人被认为是企业契约的"中心签约人"，意味着代理人的努力程度和能力直接决定着委托人的未来利益。该理论认为是所有者与代理人之间签订了不完备的合约。因此，应该设计科学合理的机制来约束经理人的经营管理行为，并同时促使代理人为委托人的利益而努力工作。

其中，所有者将拥有全部产权中的经营管理权委托给经理人，经理人受托努力工作认真管理企业。由于所有者处于信息劣势，所有者与经理人之间目标不同，经理人会为追求个人薪酬最大化而采取短期行为。如果企业经理人认真经营提高企业业绩却获得较低的薪酬，而不认真经营使公司业绩受损却对其薪酬几乎没有影响，那么企业经理人就没有足够的激励努力工作，必然出现代理问题。那么依据上述理论，依靠筹划出一种科学合理的薪酬激励机制，将所有者与经理人之间的目标统一起来，使经理人更加注重企业的长远发展，代理问题也就迎刃而解了。为了保证所有者与经理人之间签订的契约对经理人产生激励作用，应当设计一套合理有效的薪酬激励约束机制。

3. 经营者激励理论

从 20 世纪 30 年代起，学术界就从各个领域开始探讨激励问题，提出了丰富多样的激励理论，经营者激励理论也由此而生。激励理论认为为了激发、引导和规范组织成员的行为，组织可以借助设计科学合理的外部奖惩机制来确保组织目标的顺利实现。本文所研究的经营者激励理论主要是从激励手段、激励水平和考核体系等方面介绍的。经营者激励的手段主要有货币性激励和非货币性激励，这两种手段都可以借助激发经营者工作的积极性和创造性来提高经营业绩，从而顺利实现组织目标。[①] 而经营者激励的水平不仅取决于经营者工作的努力程度和工作效率，也与经营者所经营企业的经营困难程度、所处行业及行业内其他经营者薪酬水平密切相关。

该理论认为所有者与经理人之间存在的委托—代理问题可以借助设计科学合理的激励机制来解决。尽管经营者激励的手段有货币性手段和非货币性手段，但鉴于可操作性，本文主要研究的是货币性手段，亦即薪酬激励。薪酬激励主要包括短期激励和中长期激励。短期激励一般是指以基本工资和绩效工资等方式而进行的激励，基本工资较为固定，一般与经营绩效无直接关系，而绩

---

① 孙永胜：《经营者股票期权制度》，经济科学出版社 2002 年版，第 45—87 页。

效工资主要依据经营者经营绩效确定,具有很好的短期激励效果。长期薪酬激励主要有期权和股权激励等。对经理人实行长期薪酬激励主要是为了激励经营者在经营管理活动中,不仅关注短期经营业绩,更要注重企业的长远发展,在决策时以企业长期利益最大化为目标。

二 国有企业经理人薪酬激励现状及问题分析

(一)国有企业经理人薪酬激励现状

1. 国有企业经理人薪酬结构

根据我国目前实行的《中央企业负责人薪酬管理暂行办法》,现阶段我国国有企业经理人薪酬主要包含以基本薪酬和绩效薪酬为主要形式的短期薪酬和以股票和股权激励为主要手段的中长期激励薪酬。基本薪酬是经理人基本工资收入,一般来说数额较为固定,我国暂时是按月支付给经理人。目前,国有企业经理人基本薪酬主要根据经理人所经营企业规模的大小、所在行业经理人平均薪酬及经理人经营和管理企业困难程度等情况权衡考虑后确定。绩效薪酬主要根据企业经理人所经营企业的经营业绩确定,目前经理人绩效薪酬计算是以基本薪酬为基础,再结合经营业绩考核情况给予确定。一般来说,绩效薪酬分两次付给企业经理人,当年考核后支付一定的薪酬,剩下的薪酬会在第二年或离职时根据情况支付。中长期激励主要有股票和期权激励等形式,经理人长期激励薪酬与公司业绩指标相关联。目前我国国有企业经理人薪酬激励机制明确了薪酬与经营绩效相关联,指出了经理人薪酬决定的具体操作办法,意味着我国国有企业经理人薪酬制度改革有了长足发展。在上述薪酬形式之外,还包括基本福利和在职消费等辅助性薪酬形式。

2. 国有企业经理人绩效考核方式

根据国资委2013年颁布的《中央企业负责人经营业绩考核暂行办法》,现阶段我国国有企业经理人经营业绩考核采取的是年度考核与任期考核相结合的考核方式。这两种考核方式都采取先由负责人与经理人签订涵盖预期经营业绩的契约,再根据经理人绩效考核指标对经理人经营绩效进行考核。而且上文提及的两种业绩考核方式都包括一级指标和二级指标。国资委将按照各项考核指标对经理人进行经营业绩考核,并根据考核结果对经理人给予相应的奖励或惩罚。

3. 国有企业经理人薪酬水平

鉴于数据的可获得性，本文以国有控股上市公司为例，来说明目前我国国有企业经理人薪酬现状。在 2005—2013 年间，国有控股上市公司经理人的薪酬平均每年环比增速超过 14.0%，这个水平大大超过了其他非国有上市公司经理人薪酬。通过分析，不难发现目前我国国有企业经理人薪酬普遍较高，而且每年以较大的幅度增长。根据 2013 年 A 股上市的 323 家国有控股上市公司的年报统计显示，这些经理人的人均薪酬为 77.3 万元，环比增长 4.3%。同时根据人社部披露信息可以计算得出 2013 年全部 A 股上市公司经理人的平均薪酬为 44.8 万元。从数字上看出国有企业经理人薪酬比全部 A 股上市企业管理人员平均薪酬高出约 42.0%。

4. 国有企业经理人薪酬行业差距

现阶段，随着我国金融等第三产业的迅猛发展，资本市场开放程度日益加深，互联网、信息和高新技术行业也大幅度发展，并给这些行业的经理人带来了较高的薪酬收入。相反，那些处于传统的产业结构亟待调整的行业的经理人薪酬却增幅很小，绝对水平也远远低于平均水平。虽然我国国有企业经理人薪酬绝对水平不高，但经理人薪酬平均增速却是很大，渐渐吸引了社会各界的目光，成为舆论的焦点。目前我国国有企业分布领域和行业广泛，导致经营管理难度和规模等存在较大差异，进而影响经理人的经营业绩，也决定不同行业经理人薪酬相差较大。在 2013 年 A 股上市公司公布的年报中，中信证券的总经理年薪为 5767300 元，而珠冶集团的总经理年薪仅为 66100 元，两者差距 86 倍多。通过分析不难看出，在不同行业的经理人薪酬差距巨大，而且这种差距还在继续拉大。

（二）国有企业经理人薪酬激励机制存在的问题

1. 缺乏长期激励且激励手段单一

目前，我国国有企业经理人薪酬存在薪酬结构不合理，缺乏激励效果的短期薪酬手段较多，而激励效果明显的长期激励又显得形式较少。现阶段我国国有企业经理人的薪酬普遍采用的是年薪加奖金的形式，薪酬结构中明显缺少长期激励，也容易使得经理人由于缺乏长期激励而存在短期行为，为谋求自身利益而损害企业的长远目标。虽然有些国有企业在经理人薪酬激励机制中实施了股票和股票期权激励等长期激励手段，试图让经理人在经营管理企业时更加注重企业的长远发展，但由于我国市场不成熟和相关法律法规不健全，大范围地实行股票期权和股票激励还存在一些困难。目前，对国有企业经理人长期薪酬激励的实现路径及解决方案仍处于探索阶段。

2. 经营业绩考核体系不健全

目前，我国国有企业经理人的薪酬结构主要包含以基本薪酬和绩效薪酬为主要形式的短期薪酬和以股票和股权激励为主要手段的中长期激励薪酬。基本薪酬相当于岗位工资，与经理人的经营业绩基本无相关性。虽然绩效薪酬和中长期激励薪酬与经理人年度经营业绩和任期经营业绩具有显著的相关关系，但目前我国国有企业经理人年度业绩考核指标相对单一，主要注重企业利润指标。追求利润最大化对企业而言本是无可厚非，然而在现代企业中，除了要考虑利润因素外，企业的发展前景、资产管理水平、长期目标及收益质量等都与经理人的经营业绩密切相关。与此同时，还肩负着提供公共产品及服务的供给，也要适当满足国家整个宏观经济调控的需要。那么，国有企业经理人业绩考核应该是内涵丰富的，尽量兼顾多个方面。如果将考核指标仅仅关注在利润上，将此作为衡量经理人绩效最主要的指标，那经理人为了自身利益就会通过各种方式提高表面上的利润，而不顾及企业长期发展。

3. 经理人薪酬信息披露制度和监督机制不健全

根据委托—代理理论，政府部门是国有资产委托人，经理人则是国有资产代理人，由于经理人相对委托人处于信息优势的情况下，很可能导致逆向选择和道德风险。目前，相当一部分经理人由政府选派，在经营企业的同时还承担着行政职能，缺乏认真工作的动力，此外政府对经理人的经营活动缺乏有效监督，导致经理人的权力与义务不匹配。如果经营业绩提升，经理人则会得到薪酬和提升职位的奖励；但相反，如果经营业绩下降，对经理人并没有任何惩罚，也不会对经理人的职业生涯造成较大影响。正是由于上述情况，造成经理人在企业经营管理活动中为了自己的利益最大化，只注重对个人有利的考核指标。缺乏健全的经理人薪酬信息披露机制，导致公众对经理人薪酬的决定机制、与企业经营绩效的相关性以及经理人的在职消费和福利情况都缺乏了解，导致有些企业出现了人为伪造、操纵财务信息、增加在职消费等隐性收入来提升自己的薪酬水平的情况，损害了国有企业的长远发展。

三 国有企业经理人薪酬激励机制设计

所有者追求企业长期价值最大化，经理人则追求个人报酬最大化，二者之间因追求的利益不同而存在利益冲突。这种矛盾容易使经理人的经营行为异化，即当公司的长远利益和经理人的短期薪酬收入发生冲突时，经理人会采取短期行为提高自身短期收入而损害企业长期健康发展。为了解决这种矛盾冲突，所有者可以通过制定科学合理、严谨细密的经理人绩效考核体系和薪酬激励机制，将经理人的个人利益和企业的长期利益统一起来，激励经理人在经营管理企业时，更加注重企业的长期发展。

（一）国有企业经理人薪酬激励绩效考核体系设计

本文选取企业价值增长率作为绩效考核评价的核心指标。通常来讲，企业价值是指企业预期自由现金流量以其加权平均资本成本为贴现率进行折现的现值，它与企业的财务决策紧密相连，企业价值包含了企业资金的时间价值、运营风险和持续发展能力等方面的影响。而企业价值增长率是通过企业价值计算得到的，属于相对指标，有利于反映企业的发展速度，也有利于衡量不同年度的纵向比较和同企业间的横向比较。

本文选取折现现金流的方法来评估企业价值，而且采用该方法的前提条件是企业能够持续稳定经营，未来现金流序列预期为正值。其计算公式为：

$$P_t = \sum_{t-1}^{n} \frac{CF_t}{(1+r)t} \tag{1}$$

其中，P 表示企业的评估价值，n 表示企业的寿命，CF_t 表示企业在 t 时刻产生的现金流，r 表示预期现金流的折现率。

企业价值率的计算公式为：

$$G_t = \frac{P_t - P_{t-1}}{P_{t-1}} \tag{2}$$

其中，G_t 表示 t 时刻企业的价值率，P_t 和 P_{t-1} 分别表示为 t 时刻和 $t-1$ 时刻企业的评估价值。

(二) 国有企业经理人薪酬激励机制设计

国有企业经理人薪酬激励制度设计的重点在于确定薪酬结构中应包括哪些部分及各部分的比例，目前我国国有企业经理人薪酬有基本薪酬、绩效薪酬和中长期激励薪酬三部分。

1. 经理人总薪酬曲线

通常而言，开始时随着经理人薪酬收入的不断增加，薪酬收入的替代效应发挥作用，薪酬收入的激励效果十分明显，且在替代效应转变为收入效应时，激励效果实现最大化。最后随着收入效应的不断加强，薪酬收入呈现边际激励效用递减的特性，即薪酬收入的激励效果越来越弱。考虑到经理人在企业收益中分享比例和公平原则，经理人薪酬收入随着企业价值增加呈现对数曲线降低趋势，经理人薪酬收入随企业价值增加而增加，但增长速度小于企业价值增长速度。根据上述分析，本文设计经理人总薪酬曲线函数关系式为：

$$Y = \beta_0 + \beta_1 \ln(G_t) + \beta_2 \ln(G_t - \Delta Q) \tag{3}$$

其中，Y 表示总薪酬，β_0 表示基本薪酬，G_t 表示企业价值增长率，$\beta_1 \ln(G_t)$ 表示基于企业价值率的绩效薪酬，$\beta_2 \ln(G_t - \Delta Q)$ 表示基于企业价值的长期激励薪酬，ΔQ 表示行业价值平均增长率，β_1 和 β_2 分别表示企业价值增长率对经理人绩效薪酬的影响系数和企业价值净增率对经理人长期激励薪酬的影响系数。

2. 经理人基本薪酬设计

经理人基本薪酬属于短期固定薪酬，它体现企业对经理人相对价值的一种评价。科学合理的基本薪酬可以激励经理人努力工作，认真经营企业，提高企业绩效。然而，如果基本薪酬不能很好地衡量经理人的相对价值，那么经理人会因此而降低工作的积极性。在制定经理人基本薪酬时，要充分考虑各种因素，不仅要考虑到企业规模和经营风险等影响经理人薪酬的内在因素，还有注意到宏观经济状况、行业差别和地域差别等外在因素也影响着经理人薪酬水平。现阶段，我国经理人基本薪酬的确定一般为企业内员工平均薪酬乘以一定的倍数。这种经理人基本薪酬的确定办法显得略微简单，具有很大的随意性。本文在此基础上提出的基本薪酬确定模型如下：

$$\beta_0 = C_0 XY \tag{4}$$

其中，β_0 表示经理人基本薪酬，C_0 表示上一年度本地区员工平均薪酬的某一倍数，X 表示企业的综合测评系数，Y 表示其他因素调节系数。

企业综合测评系数 X 的计算公式为：

$$X = \alpha_1 M + \alpha_2 N \tag{5}$$

其中，M 表示规模系数，N 表示工资调节系数，α_1 和 α_2 表示两者的分配比例且有 $\alpha_1 + \alpha_2 = 1$。

规模系数 M 的计算公式为：

$$M = \mu_1 m + \mu_2 n + \mu_3 r + \mu_4 s \tag{6}$$

其中，m 表示按企业总资产计算的规模系数，n 表示按企业上年度总收入计算的规模系数，r 表示按企业净资产计算的规模系数，s 表示按企业上年度净利润计算的规模系数，μ_1、μ_2、μ_3、μ_4 分别表示上述四者的分配比例，且有 $\mu_1 + \mu_2 + \mu_3 + \mu_4 = 1$。

工作调节系数 N 的计算公式为：

$$N = \gamma_1 c + \gamma_2 d \tag{7}$$

其中，c 表示上年度本企业员工平均工资与本地区员工平均工资的百分比，d 表示上年度本行业员工平均工资与本地区员工平均工资的百分比，γ_1 和 γ_2 表示两者的分配比例，且有 $\gamma_1 + \gamma_2 = 1$。

3. 经理人绩效薪酬设计

经理人绩效薪酬属于短期变动薪酬，体现企业对经理人努力经营促使企业价值增值的一种激励。绩效薪酬一般是由经理人当期经营业绩确定，具有很好的短期激励效果。因此，为了充分发挥其激励作用，经理人绩效薪酬的设计必须做到科学、高效、公平和公正。目前，我国国有企业经理人绩效薪酬主要是通过绩效薪金基数乘以绩效薪金倍数计算得到的，而绩效薪金倍数是根据当年经理人经营业绩考核结果确定。可以看出，这种考核方式只注重考核经理人当期的经营业绩，忽视其前期经营业绩，不能保证经理人努力经营企业的连续性，容易使经理人的经营行为短期化，对企业长远发展产生不利影响。

由于在计算企业价值增长率 G_t 时，同时考虑前期和当期经理人经营结果带来的企业价值增长，保证经理人经营行为的相对连续性。因此，在计算经理人绩效薪酬时，如果使用企业价值增长率 G_t 并结合企业与经理人双方签订的绩效合同，可以很好地做到纵向公平，也是对经理人努力经营的激励和认可。经理

人绩效薪酬 $\beta_1 \ln(G_t)$ 促使经理人更加注重经营行为的连续性和长期性。

4. 经理人长期薪酬激励设计

目前,我国经理人长期薪酬激励的主要形式是股票和股票期权等形式,它的设计是为了激励经理人在经营管理企业时不仅关注企业短期的经营绩效,更要注重企业的长远利益,保证企业健康、稳定和持续的发展。长期薪酬激励的有效性直接关系着经理人经营企业的经济动机和行为,科学合理地设计长期薪酬激励显得尤为必要。本文提出的经理人长期薪酬激励设计为计算所在行业的价值增长率:

$$\Delta Q = \frac{Q_t - Q_{t-1}}{Q_{t-1}} \tag{8}$$

剔除行业因素对企业价值率的影响,则企业在第 t 年的企业价值净增长即为 $G_t - \Delta Q$。可以看出,企业价值净增长率是在剔除行业因素后,反映经理人认真经营企业从而使本企业价值增长超过整个行业价值增长的速度。根据上述结果,并结合绩效合同可以计算出经理人长期薪酬激励 $\beta_2 \ln(G_t - \Delta Q)$。

四 研究结论和政策建议

从上文分析来看,尽管我国国有企业经理人薪酬激励机制改革已经取得一定成效,但依然存在一些问题,诸如薪酬结构中缺乏长期激励、经营业绩考核体系不健全和薪酬信息披露制度尚不完善等。本文根据《中共中央、国务院关于深化国有企业改革的指导意见》并结合目前国有企业经理人薪酬激励机制的现状,也尝试做了一些关于国有企业经理人薪酬激励机制的具体设计,为我国经理人薪酬激励机制改革提供一些思路和启示。然而,完善我国国有企业经理人薪酬制度仅有具体的设计方案还是远远不够的,还需要合理的制度安排来统筹协调各方面的利益,保障国有企业经理人薪酬制度改革顺利进行,因此,笔者提出以下政策建议:

(一) 不断完善经理人薪酬结构,积极推进长期薪酬激励

现阶段,我国经理人薪酬主要包含以基本薪酬、绩效薪酬为主要形式的短期薪酬和以股票和股票期权激励为主要手段的中长期薪酬激励。在实际操作

中，现阶段经理人薪酬有以下特点：第一，在薪酬结构中基本薪酬比绩效薪酬占比高，基本薪酬按照约定时间支付，并没有实现与经营业绩相挂钩的制度。第二，当期薪酬比远期薪酬多，而且一般都是货币性收入，股票期权激励相对较少。第三，短期激励手段相对丰富，长期激励手段略显不足。目前只有部分国有控股上市企业实行仅以股票期权为主要内容的长期激励，可以说我国国有企业经理人长期薪酬激励手段还处于探索阶段。我国经理人薪酬结构改革，主要内容应是积极实行科学合理的长期激励计划，逐步扩大股票和期权等在薪酬结构中比重，不断充实和完善企业经理人薪酬制度。

（二）完善经理人业绩考核体系

第一，应筹划出一套科学高效的国有企业经理人绩效考核指标。这套指标在衡量经理人绩效时，也要注意衡量经理人对企业长期发展目标的影响。除此之外，国有企业承担提供公共产品或服务及满足国家宏观经济调控需要的功能，意味着还需考虑社会公众满意度等其他综合指标。第二，要建立企业薪酬管理委员会，负责经理人经营业绩考核标准和分配政策，并组织对企业经理人进行考核，决定经理人的薪酬数额。为防止出现"内部人控制"现象，可以在企业章程中注明委员绝大部分由独立董事担任。第三，对经理人经营业绩考核结束后必须做到奖罚并举。

（三）强化经理人薪酬的信息披露机制和监督管理机制

相关部门应尽快出台与此有关的法律法规，要求全面完整地披露国有企业经理人薪酬构成，不断提高经理人薪酬透明度。当公众更多地了解经理人薪酬信息时，也为监督经理人的经营管理行为大开方便之门，从而激励经理人更加认真经营提升企业的经营业绩，不但重视企业的短期利益，而且更加重视企业的长期发展。

发达国家国有企业经营者选拔机制及启示*

张炳雷　秦海林

经过长期的改革，中国国有企业已经建立起完备的现代企业制度，在市场竞争中逐渐发展壮大，国有企业资产总额从1978年的7233.9亿元增长到2015年的1192048.8亿元，增长速度之快令人咋舌。而高速增长带来的雄厚资产，让国有企业经营者选拔机制的问题显得尤为突出。企业的核心竞争力在于人才，而经营者又是其中最重要的部分。中国国有企业的经营者选拔机制正在向着市场化、职业化的方向前进，但目前对经营者的选择还有很强的行政色彩，许多国有企业内部依旧存在着行政级别，经营者由上级指派为主，公开竞争、考试选拔等方式比重很低且流于形式。正因如此，对经营者选拔机制全面市场化的呼声越来越高。国有企业经营者选拔是中国国有企业改革过程中一个极其关键的问题，中国的国有企业经营者究竟应该采取何种选拔机制？是否完全市场化才会构成最合理的人才优化配置？事实上，经营者的选拔机制是一个极其复杂的问题，直接涉及企业激励机制的设置，并与企业产品、经营范围乃至经营目的与功能紧密相关，简单地把经营者选拔机制市场化，绝不是一个妥善的解决方案。

---

* 基金项目：本文得到教育部人文社会科学重点研究基地重大项目"中国国有企业经营者选拔制度创新研究"（15JJD790013），吉林大学"985"工程项目资助。张炳雷、秦海林：《发达国家国有企业经营者选拔机制及启示》，《财经问题研究》2016年第12期。

一 国有企业经营者与企业家的区别

一般情况下,企业的经营者被认为等同于企业家。但"企业家"自身是一个比较模糊的概念,从其诞生之日起对其就有着不同角度的解读。坎蒂隆[1]首次定义了"企业家"这一名词,他认为,企业家是利用别人尚未明确认识到的市场机会获得收益的人,而这一定义也为人们对企业家的认识提供了最基础的前提,即企业家是要冒一定风险、通过判断商品价格变动的趋势进行市场交换以获得收益,这种收益存在着极大的不确定性。萨伊[2]认为,企业家是将劳动、资本、土地和知识等生产要素结合起来的经济行为者。马歇尔[3]认为,企业家是发现并利用市场不均衡性,从而组织生产与交易的人。熊彼特[4]的研究对现代企业家理论产生了最重要的影响,他认为,企业家的本质是创新,是把生产要素进行新的组合,创造出新的生产函数的人,这一理论成为对企业家认识最重要的特征之一。而奈特[5]针对熊彼特理论的不足指出,企业家需要在不确定性中寻求机会,并为其决策承担全部后果,这就注定他必须是工商企业主而不是经理。

从对企业家的认识可以看出,在西方市场经济体系下出现的"企业家"称谓与经营者几乎完全重合,但从对它的职能定位界定上可以看出,西方经济学家所说的"企业家"从起源上针对的就是私营企业主,并不涉及国有企业。这不是简单的语言逻辑,而是涉及企业所处的外部经济体系和企业自身的性质。国有企业自身性质与私营企业有很多不同,其中一个重要的关键点,就在于国有企业追求的并非企业利益最大化,而是社会总福利增加值的最大化。[6]大量

---

[1] 理查德·坎蒂隆:《商业性质概论》,余永定、徐寿冠译,商务印书馆1986年版,第24—28页。
[2] 让·巴蒂斯特·萨伊:《政治经济学概论》,陈福生等译,商务印书馆1963年版,第371—375页。
[3] 阿尔弗雷德·马歇尔:《经济学原理》,朱志泰、陈良璧译,人民日报出版社2009年版,第429—438页。
[4] 约瑟夫·熊彼特:《经济发展理论》,何畏等译,商务印书馆1990年版,第142—175页。
[5] 富兰克·H.奈特:《风险、不确定性和利润》,王宇、王文玉译,中国人民大学出版社2005年版,第193—227页。
[6] 张炳雷:《国有企业承担社会责任的政府规制研究》,《中国行政管理》2011年第5期。

存在的公共、准公共品行业让国有企业的经营者直接面对着自然垄断的分割市场，这样的经营者也就无法称之为"企业家"了。同样，西方经济学者也并不认为这类企业的经营者是企业家。"有相当数量的必不可少的服务乃是不可能由市场予以提供的；当然，市场无法提供这类服务的原因也是显而易见的：这类服务的提供者无法向这些服务的受益人索价，或者更为准确地说，这些服务的提供者不可能只让那些愿意支付费用的人或者有能力支付费用的人独享这些服务的好处。"[1] 这一类的企业显然不被认为是能够进行市场竞争的企业，其企业经营者也就不可能被称为"企业家"。在中国，这类企业却一直在国有企业中占有相当大的比重。

可见，国有企业的经营者与企业家并非完全一致。不是所有的国有企业经营者都可以称之为"企业家"，"企业家"的称谓更多的是针对面临市场竞争、有一定经营风险的企业经营者而言。这种对企业家与经营者之间认识的模糊，是造成国有企业经营者选拔机制标准混乱的一个重要原因。因此，要清楚地判断国有企业经营者选拔机制是否合理，就需要对国有企业经营者是否属于企业家的范畴做出界定。而在做出这一界定之前，必须针对国有企业的具体产品与经营范围特性进行区分。但这样的区分也只是对经营者选拔机制做出判断的第一步，如果要准确判断选拔机制是否合理，还要确定选拔出的经营者是何人：是企业的总经理等高级管理人员，还是包括董事会诸多董事和董事长在内的企业管理层。很显然，最初的企业经营者是企业主自己。企业边界的提升带来了股份公司的出现，董事会成为实际的企业经营者，由企业经理作为按照董事会经营策略对企业进行管理的执行者。继续扩大的企业规模迫使企业让专业化的人才（即职业经理人）来经营公司，企业的实际经营决策权也转移到了职业经理人的手中，董事会成为一个批准职业经理人经营策略和进行监督的机构。也正是在这一过程中，逐渐形成了被认为是有效管理体制的现代企业制度，这一制度正是中国国有企业过去二十年一直强调学习并已经全面建立的机制。但国有企业由于其所有制性质的特殊性，董事会的董事并非真正持有股份的股东，而是股东代表，这就注定他们

---

[1] F. A. 冯·哈耶克：《个人主义与经济秩序》，邓正来译，生活·读书·新知三联书店2003年版，第86—129页。

只是委托—代理机制中的"代理"一环,也正是这一点决定了董事会中代表国有股份行使权力的董事、董事长都属于企业的经营者,而非现代西方私有企业管理制度中负责审议和监督总经理经营计划的股东代表。事实上,根据2012年的《中央企业负责人经营业绩考核暂行办法》,国有独资国有资本控股公司的董事长、副董事长、董事,列入国资委党委管理的总经理(总裁)、副总经理(副总裁)、总会计师都是被考核对象,说明这些人都被默认为企业的经营者。只是董事会成员应属于决策层面的经营者,总经理等则属于执行层面的经营者。

二 国有企业经营范围促使经营者选拔机制改变

无论是中国还是发达国家,国有企业因其特殊性,经营者选拔机制与私有企业有着很大的区别,这种区别的根本在于所有制结构和国有企业的经营范围存在差异。公有制与私有制的差别让国有企业的经营者构建体系无法完全复制私有企业搭建的现代企业制度,多层的委托—代理机制是不可避免的。同时,国有企业由于其所处行业和经营范围的不同,企业追求的目标也会有差异,因而经营者选拔机制亦各不相同。

(一)美国

美国现行法律和行政管理制度中没有明确的国有企业概念和定义,但在联邦范围内,有类似于中央国有企业的机构或公司,分别称为联邦政府公司或政府资助企业。联邦政府公司直接属于政府的一部分,员工属于政府雇员,政府资助企业则是市场化运作的企业,包括联邦国民抵押贷款协会、联邦住房贷款抵押公司、联邦农业按揭公司、联邦家庭贷款银行系统和农场信贷系统等。这些企业几乎都处于市场失灵的领域,与私营企业不存在大规模的竞争,州与地区政府也设有国有企业,一般以公共管理局的形式存在。

尽管政府投资企业没有其他股东,但基本上都由董事会作为管理机构存在。多数公司设有兼职董事会,但这些董事来源于独立董事、由总统和内阁部长指派的董事,以及负责管理的政府官员,一些混合所有制公司和政府资助企业的董事会部分董事也由总统指派。① 州和地方政府一级管理局的董事会董事也多由州长和市长指派，同时也有大量的主管官员成为董事。

（二）德国

德国国有企业多为公私合营的股份公司，主要分为三种类型：中央级国有企业、省级国有企业和地方级国有企业。中央级国有企业主要为重工业和军火类公司，省级国有企业多为银行、剧院、无线电广播电视公司和特别医院等企业，地方类国有企业则为从事地方性水电、交通和其他服务性企业②。同时，德国政府针对国有企业的产品性质，将企业分为营利性企业与非营利性企业，对满足公共需求的联邦邮政、水、电和煤气等行业的国有企业均不以营利为目的。

按照德国法律的规定，对国有企业行使所有权的部门为财政部。同时，德国实行双重董事会制度，即监督董事会（监事会）和管理董事会。监督董事会为企业的实际决策与监督机构，管理董事会则按照监视董事会制定的决策执行，其成员由监督董事会任命。可见，德国国有企业的经营者包括监督董事会的董事，而这些监督董事通常由财政部长推荐任命。对于国有企业的管理董事会成员和高级经理，德国政府更倾向于市场化聘任，以签订合同的方式建立委托—代理关系，用市场机制来激励企业经营者更好地完成所有者的经营目标。这样的选拔机制是建立在德国国有企业需要面临严峻市场竞争的条件下，如其中央级国有企业大众汽车、莱茵金属公司等重工业与军火类企业都直接面对着激烈的全球竞争。

（三）日本

日本的国有企业按照经营形态划分，分为政府企业、公共法人企业和特殊股份企业三种。政府企业由政府直接管理，公共法人企业是政府出资并委托给经营者经营，特殊股份企业则是政府部分出资的股份有限公司③。总体而言，

---

① R. K. 米什勒、S. 雷维森片、吴柏均：《美国的国有企业》，《国有经济评论》2012年第1期。
② 毛程连：《国有企业的性质与中国国有企业改革的分析》，中国财政经济出版社2008年版。
③ 田中景：《国企改革之鉴——日本的经验与教训》，中国经济出版社2003年版，第186—187页。

竞争领域的国有企业一般采取股份公司的形式，不过此类企业极少，一般政府功能类国有企业都是采取特殊法人形式。但日本的国有企业受政府影响很大，自主权受到限制，经营者大多都源于政府公务员，其薪酬也多由政府规定。同时，受到日本企业文化的影响，国有企业的经营者也多在企业内部选拔，逐级晋升，多由现任经营者在几位可能的人选中选定接班人进行培养，少数通过企业内部业绩考核进行竞争决定，经营者选拔的市场化程度很低。

不过日本的国有企业大部分集中在电力、煤气和供水等公共部门领域，属于自然垄断行业，且经过长期民营化改革后，比重也在不断降低，国有企业比重已经远低于西欧国家的水平。

（四）新加坡

新加坡的国有企业主要分为两类：法定机构和政联公司。法定机构通常隶属于政府某一部门，是独立的经济法人，主要集中在国家发展部、经济发展部、裕廊镇管理局、公共事业局、民航局和港务局等国家部门。政联公司则是由政府设立，不受国会管辖的公司。这些公司通常由淡马锡控股公司、新加坡政府投资公司等政府类投资公司投资设立。而新加坡现在最主要的国有企业是淡马锡控股公司和裕廊集团，两者的管理模式基本一致，都是由董事会进行管理，其中，独立董事达到甚至超过50%。淡马锡控股公司董事会的四名董事由财政部直接派出，为司局级乃至副部级官员，其他六名独立董事则采取聘任社会知名人士和业内专家的方法，且董事受任期的严格限制。公司的董事长和职业经理人人选需要经财政部复审，由总统批准。对于其下属子公司的高级管理层多采取市场化选拔的方式，由职业经理人管理。

从以上主要发达国家国有企业的经营者选拔机制中可以看出，决策层的经营者基本都是由政府指定的，有些甚至由政府官员直接兼任。对于竞争行业内负责日常经营管理的管理层，大部分采取市场化的方式进行选拔，某些非竞争类行业的经营者选拔，则并不采取市场化的手段。

三 不同经营者选拔机制的实施条件

由现有的国内外国有企业经营者选拔模式可以看出，经营者选拔机制与国有企业的行业与产品有着密切的关系，这主要是因为国有企业所处的行业不同，能够设立的经营者"激励—约束"机制也是不一样的，不同的"激励—约束"机制直接决定了选拔机制的选择。

（一）国有企业经营者市场化选拔机制的实施条件

第一，国有企业实行经营者市场化选拔机制的默认前提，就是市场化的经济体系"激励—约束"机制。国有企业的所有者需要用经济利益的激励让经营者尽心竭力地为企业发展服务，一旦经营者无法达到预期的经营目标就会被淘汰。这种选拔机制看上去最为公平直接，也简便易行，只需要设定好企业预期达到的经营指标，通过长效与短期的激励机制设计，就可以对市场化选聘的企业经营者进行相应的评价，实现经营者的优胜劣汰。

第二，用经济指标衡量"激励—约束"机制的默认前提必须是该国有企业需要以企业的经营效益作为主要目标函数。如果脱离了这一主要目标函数，就无法设计出一个合理的机制来对经营者的经营业绩进行衡量。而这就直接限制了能够实行经营者市场化选拔机制的企业范围。这些企业或处于市场化竞争性行业，以企业盈利为主要经营目的；或处于自然垄断行业，但是存在内部企业管理的提升空间。这两种类型的国有企业的区别在于：一种是在给定的资金投入下通过市场竞争获得更大的盈利；另一种则是在给定的资金投入、价格限制和盈利水平下提供更好的服务。对于市场化选拔的经营者的获利来源，一个是企业的盈利空间，另一个是企业成本的缩减空间，这两者都存在着明显的上限，也都可以通过量化指标衡量，只是难易程度有所区别。

第三，市场化"激励—约束"机制需要通畅、透明的信息沟通，尤其是委托人与代理人之间，这种信息流的沟通更为重要。作为代理人的企业经营者，既拥有企业的信息优势，又存在着隐藏对自己不利信息的道德风险。在某些极端情况下，如企业存在一旦业绩不好就可能被私有化的预期下，他们甚至可以选择恶意经营以获得企业的所有权。[①] 从这一前提条件可以看出，处于市场竞争中的国有企业实行经营者市场化选拔机制更容易，因为衡量企业经营业绩的

---

① Susan F. L., David D., "Profiting From Gaizhi: Management Buyouts During China's Privatization", *Journal of Comparative Economics*, Vol. 41, No. 2, 2013, pp. 635–650.

指标体系设计更清楚、明晰，市场竞争条件下信息流的传递也更通畅、更容易获得且易于比较。而提供公共物品的天然垄断行业，在给定投入、价格和盈利水平等一个或多个限制条件下，依靠管理水平的提升实现企业经营和服务水平的改善，衡量指标体系无法像竞争类企业那样容易构建，虽然能够衡量却易出现误差，信息流无法像竞争性行业企业那样通畅，企业内部管理的"黑箱"为经营者隐瞒不利信息提供了有效的途径和手段。同时，通畅的信息意味着完备的职业经理人市场体系。只有市场中有足够多的各种类型的职业经理人，才能够在市场化选拔的过程中实现充分竞争，真正达到优胜劣汰的目的。

（二）国有企业经营者行政任命制的实施条件

第一，国有企业的所有制性质是国有企业管理者行政任命制实施的天然条件。国有企业最重要的特性在于其所有权的整体性与不可分割性。与私人所有制不同，国有企业的所有者为全体国民，无法指定出具体的所有人，这种特性决定只能由政府作为所有者代表对其进行监管。但政府的行政体系与企业运行又存在着天然的冲突，这就需要有合适的代理人代替政府行使监管权力，因而出现了董事会层次的企业管理层，董事、董事长由政府行政任命，直接对政府管理部门负责。从各发达国家的实际操作上看，在这一决策层面上，基本都采取行政任命而非市场化选择的方式，其根本原因在于其代表的是所有者利益，而所有者利益不存在市场化的基础。

第二，行政任命制的默认前提是拥有政治体系的"激励—约束"机制。行政任命的国有企业经营者拥有一整套政治体系上的"激励—约束"制度。根据其管理职能行使的履行程度，实现其政治收益或惩罚，从而保证政府对国有企业管理的有效性。对政府而言，政治体系内的"激励—约束"机制的实施，远比市场化的经济体系机制更便利，也更有约束性。只是在这种体系下，很容易形成政企不分和对企业过多的行政干预，因此，必须设计出有效的运行与制约机制来保证国有企业经营目标的实现。

第三，公司总经理等执行层面的行政任命制，除了要具备政治体系的"激励—约束"机制，其企业性质也需要更侧重公益类或让政府更易控制以实现政策意图。这类企业所追求的目标函数不是单纯的经济指标，而是更偏重于社会总福利的提升。因此，自然垄断行业、军工和某些涉及国计民生的关键产业可以采取这种控制力更强也更有效的方式。如果对于处于激烈市场竞争的企业选择行政任命制进行经理层的聘任，则很可能会造成效率损失。

四 发达国家国有企业经营者选拔机制对中国的启示

从发达国家现行的国有企业经营者选拔机制中可以看出，即使是发达的市场经济国家，在面对公有制性质的企业时，其经营者选拔也并非完全执行市场化的原则，反倒是行政任命制成为其决策层经营者的首选。对于执行层面的经营者，也会根据企业性质的不同，采取不同的选拔机制，而这些选拔机制又与其历史与制度文化有着千丝万缕的联系。这些现存的选拔机制对中国这样一个拥有多种类型的国有企业国家，有着重要的借鉴意义和启示。

（一）各个国有企业的具体情况不同，选拔制度也不相同

不同行业的国有企业面临的市场竞争环境是不同的，即使相同类型的国有企业，由于其企业具体情况、外部市场环境不同，其能够设计的"激励—约束"机制也必然有差别，某一企业成功的制度模式可能是另一企业的衰落之机，必须慎之又慎。因此，国有企业经营者选拔机制必须针对各个企业的具体情况分别设计，不能采用"一刀切"的方式。一般而言，对于竞争性企业，可以采取市场化的选拔机制。如前文所述，处于市场竞争中的国有企业其经营绩效的评价体系很容易设立，市场化的"激励—约束"机制易于实现。高风险的付出意味着高收益的回报，只有市场化的激励机制才更容易吸引勇于面对压力、喜欢高风险、富于开拓与竞争精神的人才，也只有此类经营者才能够让国有企业在日益激烈的全球化竞争中占据有利地位，实现效益的提升。对于处于自然垄断行业的国有企业，其经营风险小，受到的非市场化影响因素多，这就需要其管理者更加谨慎和稳重，政治提升空间要更符合此类人才的偏好。因此，对于此类国有企业，行政任命制是一个较好的选择。但是，这种任命机制并非完全绝对，尤其是针对自然垄断行业，如果其内部经营成本存在着极大的改善空间，也可以利用市场化机制吸引一些优秀的管理人才。无论是市场化选拔还是行政化任命，应根据企业自身情况因地制宜，这才是国有企业经营者选拔机制设计的根本。

(二）针对国有企业的管理层次不同，选拔机制也应不尽相同

由于国有企业由政府作为出资人代表进行管理，这就决定了其经营目标的设计中，资产保值要列在第一位。在多层委托代理结构中，处于企业决策与监管层面的经营者很难通过市场化的举措进行选拔，相对稳妥、喜欢低风险的政治型选拔机制成为不同国家的首选，这是由其首要的经营目标所决定的。但对处于执行层面的高级经理层，完全可以设置出合理的市场化选拔机制，以激发企业的内在活力。更重要的是，高级经理层可以制定出企业的战略规划提交给董事会，与相对倾向于保守的董事会形成一定程度的制约，在保持稳定的情况下促进企业管理水平的提升。同时，很多国有企业集团存在着大量的二级、三级子公司，尤其是处于竞争行业的企业，这些子公司的管理层几乎都可以采取市场化的选拔机制，对于某些自然垄断行业，它们的子公司往往存在着不同的产品类型，也存在着采取经营者市场化选拔的空间。经营者选拔机制与其所处的委托—代理层次有着直接关系：政府主管部门可以看作是第一层次的代理关系，它对国有企业的所有者——全体国民负责；政府主管部门任命的董事会可以看作第二层次的代理关系，其代表政府对企业决策进行监管，对上级主管部门负责；总经理层的高级管理者为第三层次的代理关系，他们对董事会负责；其下的子公司又属于第四层次的代理关系。随着代理层次的增加，经营者的自由度也逐渐增加，可以进行市场化选拔的可行性也在不断提升。

（三）"党管干部"原则与经营者市场化选拔并非根本性冲突

从发达国家的经验中可以看出，行政任命制与企业的市场化运行、经营者市场化选拔并不存在冲突。实际上，中国现在实行的"党管干部"原则，是将国有企业的经营者纳入到政治选拔体系内，而政治体系参与者重视的是稳定性与低风险，对市场风险是厌恶型，完全符合国有企业第一层与第二层代理机制的主要追求目标，也是所有国家国有企业不可避免的选择。因此"党管干部"原则与经营者市场化选拔针对的完全是不同层次的代理结构对象，两者不存在根本性冲突。对于竞争性企业而言，总经理层的经营者完全可以采用市场化选拔的方式，甚至某些自然垄断行业也可以在此层面进行市场化选聘，只需保持

董事会对企业决策的控制力即可。

（四）用制度制约国有企业经营者道德风险发生的可能

无论是市场化选拔还是行政任命，国有企业经营者发生隐藏信息道德风险的情况是难以杜绝的，这就需要设计出良好的信息沟通发布渠道，利用制度上的设置来制约道德风险发生的可能性。一般而言，这类道德风险发生的主要方式就是在经营过程中，经营者对短期效益的过度追求而忽视了企业的长期发展。在董事会的决策层面，由上级任命的董事会成员为了获得个人的政治资本，可能选择牺牲企业长期利益的决策；在执行层面，以企业经营效益为衡量指标来获得经济收益的管理者也可能会为了任期内的收益最大，而做出损害企业长期发展的经营策略。此类道德风险的发生并不会违背法律，也属于难以监控的范围，只能从制度设置上进行规制。

（五）建立长效的"激励—约束"机制，允许经营者试错

对于某些国有企业尤其是竞争型企业而言，其经营决策存在着很大的约束性。市场上的收益与风险是对应的，高收益必然面临着高风险。面对某些市场机会，私营企业拥有更强的决策力，甚至可以暂时放弃赢利，进行长期的市场布局与技术研发。但对于市场化选拔的国有企业管理者而言，他们很难做出放弃短期效益而追求长期的市场布局与研发，行政任命的国有企业管理者在这点上相对较好，但在常态的市场竞争中却无法取得良好的激励效果，因此，要建立时间尽可能长的"激励—约束"机制，同时允许经营者的试错行为。但这种机制又不能变成纵容经营者胡乱施政的软约束，这就需要在决策层进行慎重的讨论，而且试错的方向要与国家经济政策、产业布局等一致，以获得最大的社会总福利的提升。

（六）国有企业经营者的市场化选拔要与企业内部晋升选拔机制相结合

所谓的市场化选拔，并非只能针对企业外部，还要包括企业内部员工。经营者市场化选拔的优势在于人才的优胜劣汰，这种机制可以最大限度地发挥激励约束机制的作用。同样，企业内部优良有序的晋升选拔机制也是必需的，其是企业留住人才、保持长期健康发展的前提。市场化选拔并不意味着限制企业内部晋升选拔，企业内部晋升体系也不是市场化选拔的阻碍。无论企业内部还是企业外部的管理人才，只有两者能够处在同一个公平的机制下参与选拔，才是真正的市场化选拔机制。

参考文献

F. A. 冯·哈耶克：《个人主义与经济秩序》，邓正来译，生活·读书·新知三联书店 2003 年版。

R. K. 米什勒、S. 雷维森片、吴柏均：《美国的国有企业》，《国有经济评论》2012 年第 1 期有。

《2003 年国务院国有资产监督管理委员会招聘公告》（2003 年 9 月 23 日），国务院国有资产监督管理委员会，http：//www.sasac.gov.cn//n2588035/n2588325/n2588350/c3775840/content.html。

《关于〈中共中央关于全面深化改革若干重大问题的决定〉的说明》（2013 年 11 月 9 日），中国共产党新闻网（http：//cpc.people.com.cn/xuexi/n/2015/0720/c397563-27331312.html）。

《关于加快推进中央企业公开招聘经营管理者和内部竞争上岗工作的通知》（2005 年 3 月 15 日），国务院国有资产监督管理委员会，http：//www.sasac.gov.cn/n2588020/n2588072/n2591302/n2591304/c3728241/content.html。

《江泽民巧引前人诗句谈选拔培养中青年干部》（2006 年 10 月 20 日），中国共产党新闻网（http：//cpc.people.com.cn/GB/68742/69115/69120/4938132.html）。

《劳动部关于实施〈全民所有制工业企业转换经营机制条例〉的意见》（1993 年 2 月 2 日），http：//www.chinalawedu.com/news/1200/22016/22017/22043/2006/3/ga8091213519360021932-0.htm。

《全民所有制工业企业厂长工作条例》，《企业管理》1986 年第 11 期。

《深化干部人事制度改革纲要》，《中国公务员》2000 年第 9 期。

《中共中央办公厅关于印发〈公开选拔党政领导干部工作暂行规定〉等五个法规文件的通知》（2004 年 4 月 8 日），中国共产党新闻网（http：//cpc.people.com.cn/GB/64162/71380/102565/182144/10994542.html）。

《中共中央关于国有企业改革和发展若干重大问题的决定》（1999 年 9 月 22 日），中国共产党新闻网（http：//cpc.people.com.cn/GB/64162/71380/71382/71386/4837883.html）。

《中共中央关于建立社会主义市场经济体制若干问题的决定》（1993 年 11 月 14 日），人民网（http：//www.people.com.cn/GB/shizheng/252/5089/5106/5179/20010430/456592.html）。

《中共中央关于完善社会主义市场经济体制若干问题的决定》（2003 年 10 月 21 日），中央政府门户网站（http：//www.gov.cn/test/2008 - 08/13/content_1071062.htm）。

《中央企业负责人经营业绩考核办法》（2016 年 12 月 23 日），国务院国有资产监督管理委员会，http：//www.sasac.gov.cn/n2588035/n2588320/n2588335/c4258423/content.html。

阿尔弗雷德·马歇尔：《经济学原理》，朱志泰、陈良璧译，人民日报出版社 2009 年版。

安费莎妮·纳哈雯蒂：《领导学》（第四版），机械工业出版社 2007 年版。

敖晓波：《不满电广传媒"以股抵债"方案，股民张卫星状告国资委》，《京华时报》2004 年 9 月 15 日第 B41 版。

白青峰：《国有企业经营者的任用和激励研究》，硕士学位论文，对外经济贸易大学，2001 年。

白重恩、路江涌、陶志刚：《国有企业改制效果的实证研究》，《经济研究》2006 年第 8 期。

蔡长松：《社会主义市场经济与国有企业经营者选拔任用制度改革》，《特区展望》1994 年第 2 期。

柴晓卓：《委托代理理论下的中国国有企业经营者激励约束机制分析》，硕士学位论文，吉林大学，2008 年。

陈冬华、陈信元、万华林：《国有企业中的薪酬管制与在职消费》，《经济研究》2005 年第 2 期。

陈怀桢:《建立国企经营者选用机制的适应性对策》,《鄂州大学学报》2001年第1期。

陈林、唐杨柳:《混合所有制改革与国有企业政策性负担——基于早期国企产权改革大数据的实证研究》,《经济学家》2014年第11期。

陈敏、杜才明:《委托代理理论述评》,《中国农业银行武汉培训学院学报》2006年第6期。

陈平:《国企经营者选拔、激励与约束机制重构的理性分析——一种新的管理学视角》,硕士学位论文,西北大学,2003年。

陈剩勇、曾秋荷:《国有企业"双轨制"用工制度改革:目标与策略》,《学术界》2012年第1期。

陈天荣:《领导特质研究的综述》,载《第十一届全国经济管理院校工业技术学研究会论文集》,全国经济管理院校工业技术学研究会,2012年。

陈文纬:《关于国有企业选拔任用管理干部的思考》,《科技创新导报》2014年第12期。

陈新忠:《企业经营者行为及其需求分析》,《企业家研究》2002年第6期。

程新:《我国国有企业负责人选聘机制改进研究》,硕士学位论文,山东经济学院,2010年。

邓显勇:《领导者特征与团队类型的匹配研究》,博士学位论文,厦门大学,2009年。

丁鹏:《国有企业领导人员选任方式研究与改进》,硕士学位论文,西南政法大学,2015年。

杜金卿:《国有企业经营者的选任、激励和监督机制》,《河北经贸大学学报》2000年第1期。

杜京平:《国有企业领导干部选任和管理制度改革的思考》,《铁路采购与物流》2016年第9期。

杜君:《我国国有企业领导人员选拔任用机制研究》,硕士学位论文,福建师范大学,2015年。

杜玲玲:《劳动力市场分割理论》,北京师范大学出版社2007年版。

杜志丽:《以"双推双选"方式创新国有企业领导人员选任机制》,《商场现代化》2009年第15期。

樊纲、张曙光等:《公有制宏观经济理论大纲》,上海三联书店、上海人民出版社1990年版。

范缤阳:《关于国有企业经营者选择的市场化取向探讨》,《知识经济》2014年第3期。

范缤阳:《国有企业创新:企业经营者选择的市场化取向探讨》,硕士学位论文,四川师范大学,2014年。

范春芳、徐衣显、王世文:《关于建立企业经营者市场选择机制的思考》,《经济论坛》2005年第11期。

方涌:《国有企业经营者选拔:市场化的现实约束及建议》,《生产力研究》2008年第11期。

富兰克·H.奈特:《风险、不确定性和利润》,王宇、王文玉译,中国人民大学出版社2005年版。

高寒:《就业视角下的国有企业社会责任》,《理论导刊》2008年第5期。

高丽、刘昭郡:《混合所有制、资本结构与银行经营绩效》,《财会月刊》2015年第17期。

龚绎雪:《国有企业选人用人现状及其对策》,《特区实践与理论》2016年第5期。

龚玉良:《经营者选拔任用机制创新思路——以石家庄为例》,《经济论坛》2005年第17期。

郭爱民、谭章禄:《社会总成本控制与国有企业经营者的选拔与监督》,《中州学刊》2005年第4期。

郭婧:《国有企业公开选拔干部研究》,硕士学位论文,华东师范大学,2015年。

郭庆松、刘建洲、李婷玉:《新形势下国有企业劳动关系研究》,中国社会科学出版社2007年。

郭学斌:《国有企业经营者选择机制研究》,硕士学位论文,福建师范大学,2006年。

韩丽娟:《国有企业经营者配置方式研究》,硕士学位论文,吉林大学,2005年。

何析霖:《国有企业中层管理干部选拔及管理机制创新》,《中国高新技术企业》2015 年第 35 期。

贺凯歌：《我国国有企业经理层市场化选拔机制研究》，硕士学位论文，首都师范大学，2009 年。

贺伟跃、于广亮：《国资委定位的理论思考——以国资委要求部分央企退出房地产市场这一事件为视角》，《上海市经济管理干部学院学报》2011 年第 3 期。

洪柳：《教育与经济：从人力资本理论到筛选假设理论》，《教育评论》2012 年第 12 期。

胡海涛：《国有资产管理的法律实现机制若干理论问题研究》，中国检察出版社 2006 年版。

胡一帆、宋敏、张俊喜：《中国国有企业民营化绩效研究》，《经济研究》2006 年第 7 期。

黄玲文、姚洋：《国有企业改制对就业的影响——来自 11 个城市的证据》，《经济研究》2007 年第 3 期。

黄速建、金书娟：《中国国有资产管理体制改革 30 年》，《经济管理》2009 年第 1 期。

黄小彤、曾慧华：《当下我国国有企业经营者去行政化改革的路径建构——规范行政者行为还是解除公务员身份》，《理论探讨》2015 年第 2 期。

黄志云：《论我国企业经营者的有效选择机制》，《商场现代化》2007 年第 33 期。

金星火、李迪：《试论国有企业经营者职业化及选拔和培养机制》，《企业家天地》1998 年第 8 期。

靳娟：《关于国有企业经营者选拔、激励与约束机制的探讨》，《北京邮电大学学报》（社会科学版）2000 年第 3 期。

蒯建勋：《论市场经济条件下国有企业领导干部的选用制度》，《江汉石油职工大学学报》2003 年第 3 期。

赖荣：《我国国有企业经营者市场配置的模式探析》，《经济体制改革》2004 年第 2 期。

雷丁：《海外华人企业家的管理思想》，生活·读书·新知三联书店 1993 年版。

黎明：《广东省属国有企业经营者选拔机制创新研究》，硕士学位论文，华南理工大学，2011年。

李春琦、黄群慧：《现代企业高层经理的选择与激励问题》，《福建论坛》（人文社会科学版）2002年第3期。

李东升：《央企高管的选拔动机与实际操作：从国资委层面观察》，《改革》2009年第10期。

李福安：《建立国有企业经营者市场化选拔机制》，《中国经济时报》2000年10月28日第002版。

李敏、张彤：《西方劳资关系冲突管理研究综述》，《华南理工大学学报》（社会科学版）2002年第3期。

李萍：《运用市场机制选聘国有企业经营者》，《上海企业》2012年第3期。

李庆华：《"以管资本为主"加强国有资产监督管理》，《理论与当代》2001年第3期。

李绍明：《试论国有企业经营者的选择机制》，《宁德师专学报》（哲学社会科学版）2006年第3期。

李卫红：《国有企业经营者报酬体系及激励效果的研究》，硕士学位论文，湖南大学，2001年。

李远勤、张祥建：《中国国有企业民营化前后的绩效对比分析》，《南开经济研究》2008年第4期。

李媛媛：《群体意识形态的功能分析》，《实事求是》2013年第3期。

李中建：《国有企业经营者激励问题研究》，博士学位论文，武汉大学，2005年。

李中建：《国有企业经营者选拔中的难题及解决思路》，《武汉大学学报》（人文科学版）2005年第1期。

理查德·坎蒂隆：《商业性质概论》，余永定、徐寿冠译，商务印书馆1986年版。

梁云：《国有企业经营管理者选用机制改革初探》，《石家庄经济学院学报》2001年第2期。

廖红伟、丁方：《产权多元化对国企经济社会绩效的综合影响——基于大样本数据的实证分析》，《社会科学研究》2016年第6期。

廖红伟、梁鑫、周海金：《产权视角下国有文化资产管理体制改革与创新》，

《江汉论坛》2015 年第 6 期。

廖红伟、杨良平：《国有企业经理人薪酬激励机制深化改革研究》，《财经问题研究》2017 年第 1 期。

廖红伟、张楠：《论新型国有资产的监管体制转型——基于"管资产"转向"管资本"的视角》，《江汉论坛》2016 年第 3 期。

刘春、孙亮：《政策性负担、市场化改革与国企部分民营化后的业绩滑坡》，《财经研究》2013 年第 1 期。

刘建林：《基于国有企业人才招聘现状及解决对策的几点思考》，《现代经济信息》2015 年第 1 期。

刘戒骄：《高管薪酬制度改革分析》，《中共中央党校学报》2014 年第 2 期。

刘女丽：《国有企业劳动用工制度改革管理模式与机制探讨》，《中国高新技术企业》2015 年第 1 期。

刘向阳：《国有企业经营者的市场化选择机制》，《河南师范大学学报》（哲学社会科学版）2000 年第 6 期。

刘小玄、李利英：《改制对企业绩效影响的实证分析》，《中国工业经济》2005 年第 3 期。

刘银国、杨善林、李敏：《国有企业经营者选择机制探讨》，《经济体制改革》2005 年第 4 期。

刘有贵、蒋年云：《委托代理理论述评》，《学术界》2006 年第 1 期。

刘贞元：《公开招聘国有企业经理人的实践与探索》，《中山大学学报论丛》2005 年第 5 期。

柳学信：《国有资本的公司化运营及其监管体系催生》，《改革》2015 年第 2 期。

路明、陈玉领：《现代企业制度条件下国有企业领导干部的选拔任用》，《经济界》2000 年第 1 期。

罗昌平、张伯玲、欧阳洪亮、张冰：《通钢改制之殇》，《财经》2009 年第 17 期。

罗建钢：《委托代理国有资产管理体制创新》，中国财政经济出版社 2004 年版。

罗曰镁：《试论国有企业经营者选拔任用制度改革》，《经济师》2004 年第 8 期。

马宏亮：《企业非正式群体的特点和作用》，《现代企业》2006年第6期。

马克思：《资本论》第3卷，人民出版社1975年版。

马颖：《国有垄断企业的收入分配不公问题研究——基于公司治理理论的分析框架》，硕士学位论文，安徽大学，2012年。

毛程连：《国有企业的性质与中国国有企业改革的分析》，中国财政经济出版社2008年版。

孟倩倩：《国有企业职业经理人队伍建设制度体系研究》，《新丝路（下旬）》2016年第4期。

慕明刚：《国有企业竞争性选拔干部工作难点问题研究》，《企业科技与发展》2014年第9期。

年志远、邓瑀伽：《企业个体劳资关系冲突的传染性研究》，《武汉大学学报》（哲学社会科学版）2017年第3期。

年志远、刘斌：《资产专用性与国有企业用工制度分析》，《清华大学学报》（哲学社会科学版）2014年第2期。

年志远、王新乐：《国有企业员工招聘制度与解聘制度匹配性研究》，《经济体制改革研究》2018年第2期。

年志远、王一棠：《企业个体劳资关系研究——兼论国有垄断企业个体劳资关系》，《吉林大学社会科学学报》2016年第1期。

年志远、夏元琦：《完善对国有资产监督管理机构的监管研究》，《经济体制改革研究》2016年第4期。

年志远、许家瞻：《国有企业经营者需求实证研究》，《经济体制改革研究》2017年第1期。

年志远、袁野：《企业劳资关系冲突的形成过程及其政策意义——基于产权视角》，《吉林大学社会科学学报》2013年第1期。

年志远：《论国有企业经营者配置方式选择》，《经济与管理研究》2005年第5期。

年志远：《企业理论与经济发展研究》，吉林大学出版社2014年版。

年志远：《企业委托代理劳资关系研究》，《吉林大学社会科学学报》2011年第5期。

年志远等：《国有资产流失及其治理机制研究》，经济科学出版社2012年版。

欧阳丽宇：《新时期国有企业经营管理者队伍建设理论与实践研究》，博士学位论文，东北师范大学，2011年。

潘胜文：《垄断行业收入分配状况分析及规制改革研究》，中国社会科学出版社2009年版。

彭金开：《浅谈国有企业市场化用工改革》，《人力资源管理》2015年第3期。

彭尚平：《国有企业经营者现行选拔机制存在的主要缺陷及改革的思路》，《经济问题探索》2000年第7期。

彭尚平：《国有企业经营者选择中的识别风险及其规避》，《四川大学学报》（哲学社会科学版）2001年第2期。

彭泗清、李兰、潘建成、郝大海、韩践：《中国企业家成长20年：能力、责任与精神——2013·中国企业家队伍成长20年调查综合报告》，《管理世界》2014年第6期。

戚聿东、徐炜：《国有独资公司董事会与监事会制度研究》，《首都经济贸易大学学报》2008年第1期。

祁玉梅：《国有企业经营者选拔任用机制的创新思考》，《商场现代化》2006年第36期。

祁玉梅：《完善我国国有企业经营者选拔任用机制的对策研究》，硕士学位论文，东北师范大学，2006年。

让·巴蒂斯特·萨伊：《政治经济学概论》，陈福生等译，商务印书馆1963年版。

荣兆梓：《国有资产管理体制进一步改革的总体思路》，《中国工业经济》2012年第1期。

申东臣：《强化国有企业领导干部选任的几点思考》，《人力资源管理》2016年第5期。

申喜连：《试论国有企业经营管理人员任用制度改革的市场化和职业化》，《湖南社会科学》2006年第3期。

盛丹：《国有企业改制、竞争程度与社会福利——基于企业成本加成率的考察》，《经济学》（季刊）2013年第4期。

史月兰：《北京市属国有企业职业经理人制度引入研究》，硕士学位论文，首都经济贸易大学，2016年。

舒尔茨：《论人力资本投资》，北京经济学院出版社1990年版。

宋立刚、姚洋：《改制对企业绩效的影响》，《中国社会科学》2005年第2期。

孙伯良：《国企效益提高的有效途径：经营者选拔的市场化》，《学术月刊》2000年第8期。

孙岩利：《企业家的选择机制研究》，硕士学位论文，首都经济贸易大学，2005年。

孙永胜：《经营者股票期权制度》，经济科学出版社2002年版。

谭浩俊：《如何选聘经营者是国企改革最棘手难题》，《中国中小企业》2013年第12期。

陶敏：《新一轮国企改革中经营者选拔机制创新思考》，《北方经贸》2015年第7期。

田驰：《国有企业经营者选择机制研究》，硕士学位论文，辽宁工程技术大学，2005年。

田利辉：《国有股权对上市公司绩效影响的U型曲线和政府股东两手论》，《经济研究》2005年第10期。

田小平、张国旺：《国有企业家选择机制研究》，《农场经济管理》2006年第2期。

田小平、张国旺：《国有企业企业家选择问题研究》，《商场现代化》2006年第29期。

田中景：《国企改革之鉴——日本的经验与教训》，中国经济出版社2003年版。

同勤学：《论国有企业经营者的选择机制》，《西安联合大学学报》2004年第4期。

王彬：《国有企业人才选拔机制创新思考》，《中外企业家》2016年第5期。

王兵：《国有企业中层领导人员选拔任用机制探讨》，《企业改革与管理》2014年第24期。

王丹：《回顾企业用工制度改革》，《企业管理》2008年第9期。

王方：《国有企业经营者市场选择机制初探》，《经济与管理》2000年第1期。

王方华：《现代企业管理》，复旦大学出版社2007年版。

王福荣：《大型国企总部初级管理者公开招聘研究》，硕士学位论文，西南财经大学，2013年。

王惠卿：《混合所有制改革对国有企业绩效及其波动的影响研究》，《福建江夏学院学报》2015年第5期。

王丽娜、朱向红：《总经理继任者来源的影响因素：739家上市公司样本》，《改革》2007年第3期。

王丽娜：《中国国有企业经营者选择及其改革》，上海财经大学出版社2009年版。

王书坚、尤建新：《国有企业领导人员选拔任用机制的探讨》，《人类工效学》2002年第3期。

王喜团：《探索建立国有企业职业经理人制度》，《法制博览》2016年第5期。

王晓文、魏建：《中国国有企业高管薪酬管制的原因及其对绩效的影响——基于委托人"不平等厌恶"模型》，《北京工商大学学报》（社会科学版）2014年第1期。

王新：《我国国有企业经营者激励机制的约束分析及完善对策》，硕士学位论文，吉林大学，2005年。

魏刚：《高级管理层激励与上市公司经营绩效》，《经济研究》2000年第3期。

魏静芳：《我国国有企业领导人任用制度法律问题研究》，硕士学位论文，山西财经大学，2006年。

吴东晓：《社会胜任力理论研究进展》，《心理科学》2004年第11期。

吴江等：《非公有制企业劳资关系研究——以广东为例》，经济科学出版社2008年版。

吴能全、曾楚宏：《国企经营者选拔机制如何突破"锁定"状态》，《中国人力资源开发》2005年第4期。

吴伟升、李月霞：《我国国有企业领导人才选拔机制的历史变迁、问题及其对策》，《科技致富向导》2010年第27期。

吴震华：《国有企业经营者选择制度研究》，《理论探讨》2005年第3期。

武常岐、张林：《国企改革中的所有权和控制权及企业绩效》，《北京大学学报》2014年第5期。

肖林：《我国国有企业高管人员选拔与任用机制研究》，硕士学位论文，对外经济贸易大学，2006年。

谢岚：《探索建立现代企业制度上的国有企业职业经理人制度》，《企业研究》

2014年第10期。

谢守祥、王雅芬：《国有企业经营者选择机制的若干问题探讨》，《决策借鉴》1999年第1期。

辛清泉、林斌、王彦超：《政府控制、经理薪酬与资本投资》，《经济研究》2007年第8期。

徐莉萍、辛宇、陈工孟：《股权集中度和股权制衡及其对公司经营绩效的影响》，《经济研究》2006年第1期。

徐世君：《论企业非正式群体管理》，《科技创业（月刊）》2012年第6期。

徐学文：《论国有企业领导人员选拔机制的完善——基于中国东方电气集团有限公司的实践分析》，《商场现代化》2010年第32期。

闫威、杨金兰：《锦标赛理论研究综述》，《华东经济管理》2010年第8期。

杨昌辉、梁昌勇：《基于改进多属性群决策的国有企业经营者选择研究》，《财贸研究》2010年第5期。

杨昌辉：《国有企业经营者选择机制研究》，博士学位论文，合肥工业大学，2009年。

杨春学：《国有企业"企业家"选拔方式的经济学思考》，《中国工业经济》2002年第7期。

杨典、秦秀平、仲平：《如何选拔、激励和约束国有企业经营者》，《经济师》1997年第5期。

杨其静：《对国有企业经营者的选择与监控》，《现代经济探讨》2001年第3期。

杨睿：《基于需求分析的国企经营者全方位激励机制的构建》，《经济论丛》2011年第4期。

杨善星：《国有企业领导选拔任用方式的经济学思考》，《管理现代化》2004年第5期。

杨晓猛：《国有企业经营者选择控制权的制度安排》，《理论探讨》2003年第4期。

杨振山、邓辉：《对国企经营者选拔和激励机制的反思》，《经济参考报》2002年6月26日第6版。

杨正喜、唐鸣：《转型时期劳资冲突的政府治理》，《中南民族大学学报》（人文社会科学版）2008 年第 2 期。

姚涛：《国有企业经营者选择的若干问题及对策》，《陕西青年管理干部学院学报》2006 年第 1 期。

《一代钢铁工人变迁沉浮：再没有国企倒不了的想法了》，http：//finance.ifeng.com/a/20161031/14973167_0.shtml。

易国锋：《完善我国国有资产授权经营制度的思考》，《商场现代化》2007 年第 17 期。

易晓芳、章发旺：《有效管理企业中非正式群体的策略分析》，《现代交际》2010 年第 5 期。

约瑟夫·熊彼特：《经济发展理论》，何畏等译，商务印书馆 1990 年版。

张炳雷、秦海林：《发达国家国有企业经营者选拔机制及启示》，《财经问题研究》2016 年第 12 期。

张炳雷：《国有企业承担社会责任的政府规制研究》，《中国行政管理》2011 年第 5 期。

张彩玲：《对国有企业选拔任用管理干部的思考》，《山西科技》2008 年第 1 期。

张长温：《论国有企业经营者的选择机制》，《山东经济》2003 年第 3 期。

张东红、石金涛：《领导者胜任力理论综述研究》，《现代管理科学》2010 年第 9 期。

张东明：《中央企业年薪制存在的两个重大误区》，《经济体制改革》2011 年第 4 期。

张冬梅：《经营者核心人力资本：企业治理中的核心资本》，《山西财经大学学报》2005 年第 5 期。

张昉、黄晓红：《高管薪酬管制有效性的实证研究——来自 A 股上市公司的证据》，《上海金融》2012 年第 5 期。

张光伟：《市场经济条件下国有企业对内公开选拔中层管理干部研究》，硕士学位论文，西南大学，2006 年。

张华：《论国有企业经营者选择机制的分类改革》，《经济体制改革》2001 年第 4 期。

张宁：《国有企业经营者激励机制研究》，硕士学位论文，重庆大学，2004 年。

张仁一：《国企经营者的激励与约束机制分析》，《科技进步与对策》2000年第10期。

张素华：《论国资委法律地位的再定位》，《求索》2009年第11期。

张维迎：《博弈论与信息经济学》，上海三联书店、上海人民出版社1996年版。

张维迎：《企业理论与中国企业改革》，北京大学出版社1999年版。

张伟：《国资委法律地位的困惑及其对策探析》，《福建行政学院学报》2009年第4期。

张相林：《我国国有企业经营管理人才选任机制及其改进》，《中国行政管理》2011年第3期。

张歆华：《探索国有企业改革中的经营者生成机制》，《西安交通大学学报》2001年第S1期。

张英宣、杨康、王娜：《基于需求理论视我国国有企业经营者的精神激励机制》，《价值工程》2012年第23期。

张治栋、樊继达：《国有资产管理体制改革的深层思考》，《中国工业经济》2005年第1期。

张宗浩、胡伟清、王丽辉：《国有企业经营者选择的制度冲突与对策》，《重庆科技学院学报》2006年第1期。

赵洪辰：《国有企业中层管理者的作用与企业权力结构》，《学术交流》2003年第8期。

赵履宽：《劳动科学大辞典》，中国劳动出版社1991年版。

赵纳：《企业经营者非物质激励机制研究》，硕士学位论文，河北工业大学，2007年。

赵威、王永江：《浅谈国有企业经营者的选择与激励约束机制》，《北方经贸》2006年第2期。

赵伟芳：《基于公司治理视角的国有企业经营者选拔机制研究》，硕士学位论位，首都经济贸易大学，2014年。

黄群慧、黄速建：《论新时期全面深化国有经济改革重大任务》，《中国工业经济》2014年第9期。

周丽霞、罗明：《中国国有企业经营者选拔机制研究》，《江西社会科学》2005年第12期。

周燕红:《论市场机制在国有企业经营者配置中的作用》,《管理观察》2015年第1期。

朱宾梅:《尽快完善国企经营者的培养选拔健全激励监督约束机制》,《西安建筑科技大学学报》(自然科学版)2000年第4期。

朱红军:《高级管理人员更换与经营业绩》,《经济科学》2004年第4期。

朱永扬:《试论国有企业领导人员任用制度》,《法学家》2000年第2期。

Ada Demb, Franz-freidrich Neubauer, *The Corporate Board*: *Confronting the Paradoxes*, USA: Oxford University Press, 1992.

Allgood S., Farrell K. A., "The Match between CEO and Firm", *Bus*, Vol. 76, No. 2, 2003.

Arwiphawee Srithongrung, "The Impacts of State Capital Management Programs on State Economic Performance", *Public Budgeting & Finance*, Vol. 28, No. 3, 2008.

Berle, A., Means, G., *The Modern Corporation and Private Property*, New York: Macmillan, 1932.

Cannella, A. A., Lubatkin, M., "Succession as a Sociopolitical Process: Internal Diments to Outsider Selection", *Academy of Management Journal*, No. 36, 1993.

Cannella, A. A., Shen, W., "So Close and Yet So Far: Promotion Versus Exit for CEO Heirs Apparent", *Academy of Management Journal*, No. 44, 2001.

Coase, R. H., "The Problem of Social Cost", *The Journal of Law & Economics*, Vol. 3, 1960.

Conyon, M. J., He, L., "Executive Compensation and Corporate Governance in China", *Journal of Corporate Finance*, Vol. 17, No. 4, 2011.

Core, J. E., Guay, W., Larcker, D. F., "The Power of the Pen and Executive Compensation", *Journal of Financial Economics*, Vol. 88, No. 1, 2008.

Fama Eugene E., "Agency Problem sand the Theory of the Firm", *The Journal of Political Economy*, Vol. 88, No. 2, 1980.

Franz Traxler, "The state in industrial relations: A Cross-National Analysis of Development and Socioeconomic Effects", *European Journal of Political Research*, Vol. 36, No. 1, 1999.

Freeman, R. Edward, *Strategic Management: A Stakeholder Approach*, Cambridge: Cambridge University Press, 1984.

Grinstein, Y., "CEO Compensation and Incentive: Evidence From M&A Bonuses", *Journal of Financial Economics*, Vol. 73, No. 1, 2004.

Harris D., Helfat C. E., "Specificity of CEO Human Capital and Compensation", *Strategic Management Journal*, Vol. 18, No. 11, 1997.

Individual Labor Relation in Enterprise with a Specific Focus on State-owned Monopnly Enterprises.

Lazear, E. P., and Rosen, S., "Rank-Order Tournaments as Optimal Labor Contract (1981)", *Social Science Electronic Publishing*, Vol. 89, No. 5, 2004.

Miller D., Shamsie J., "Learning Across the Life Cycle: Experimentation and Performance Among the Hollywood Studio Heads", *Strategic Management Journal*, Vol. 22, No. 8, 2001.

M. Grubisic, M. Nusinovic, Gorana Roje, "Towards Efficient Public Sector Asset Management", *Financial Theory and Practice*, Vol. 33, No. 3, 2009.

M. Jensen, W. Meckling, "Specific and General Knowledge Organizational and Structure", *Knowledge Mamagement & Organizational Design*, Vol. 8, No. 2, 1996.

N. Robert, *Management Control in Nonprofit Organization*, Young Fourth Edition, 2002.

Ozkan, N., "Do Corporate Governance Mechanisms Influence CEO Compensation? An Empirical Investigation of UK Companies", *Journal of Multinational Financial Management*, Vol. 17, No. 5, 2007.

Palia, D., "The Endogeneity of Managerial Compensation in Firm Valuation: A Solution", *Review of Financial Studies*, Vol. 13, No. 3, 2001.

Qian Y., "Enterprise Reform in China: Agency Problems and Political Control", *Economics of Transition*, Vol. 4, No. 2, 1996.

Rajan, R. G., Wulf, J., "Are Perks Purely Managerial Excess?", *Journal of Financial Economics*, Vol. 79, No. 1, 2006.

Sappington D., "Incentives in Principal-agent Relation-ships", *Journal of Economic*

Perspectives, No. 5, 1991.

Shleifer A., Vishny R. W., "Politicians and Firms", *Quarterly Journal of Economics*, Vol. 109, No. 4, 1994.

Sigler, K. J., "CEO Compensation and Company Performance", *Business and Economics Journal*, Vol. 31, 2011.

Solinger & Dorothy J., *Contesting Citizenship in Urban China: Peasant Migrants, the State, and the Logic of the Market*, Berkeley: University of California Press, 1999.

Steve Williams, "The Nature of Some Recent Trade Union Modernization Policies in The UK", *British Journal of Industrial Relations*, Vol. 35, No. 4, 1997.

Susan F. L., David D., "Profiting From Gaizhi: Management Buyouts During China's Privatization", *Journal of Comparative Economics*, Vol. 41, No. 2, 2013.

S. Ross, "The Economic Theory of Agency: The Principal's Problem", *The American Economic Review*, Vol. 63, No. 2, 1973.

Watanabe, Shigeru and Isao Yamamoto, "Corporate Governance in Japan: Ways to Improve Low Profitability", *Corporate Governance*, Vol. 1, No. 4, 1993.

Weisbach, Michael, "Outside Directors and CEO Turnover" *Journal of Financial Economics*, No. 20, 1988.

Wiener, "Commitment in Organizations: A Normative View", *Academy of Management Review*, No. 7, 1982.

Williamson, Oliver E., "Transaction-cost Economics: The Governance of Contractual Relations", *The Journal of Law & Economics*, Vol. 22, No. 2, 1979.

Williamson, O. E., "Organization of Work: A Comparative Institutional Assessment", *Journal of Economic Behavior and Organization*, Vol. 1, No. 1, 1980.

Zajac E. J., "CEO Selection, Succession, Compensation and Firm Performance: A Theoretical Integration and Empirical Analysis", *Strategic of Management Journal*, No. 11, 1990.

Zhang Yan, Nandini Rajagopalan, "When the Known Devil is Better than An Unknown God: an Empirical Study of the Antecedents and Consequences of Relay CEO Succession", *Academy of Management Journal*, Vol. 47, No. 4, 2004.

Zhang Y., Rajagopalan N., "Once an Outsider, Always an Outsider? CEO Origin, Strategic Change and Firm Performance", *Strategic Management Journal*, Vol. 31, No. 3, 2010.

后　　记

　　本书是年志远带领项目组成员共同完成的研究成果。年志远负责拟定写作大纲，并撰写导言。年志远、王新乐撰写第一章；廖红伟撰写第二章；李中义、马雪娇撰写第三章；张炳雷撰写第四章；张东明、余露欣撰写第五章。全书由年志远负责统稿、修改、定稿。书稿于2018年4月完成。

　　本书的出版，得到教育部人文社会科学重点研究基地——吉林大学中国国有经济研究中心的资助，也得到中国社会科学出版社的大力支持，在此一并感谢！

作者

2019年9月20日